LES GRANDES IMPOSTURES DE L'HISTOIRE DE FRANCE

DU MÊME AUTEUR

Aux éditions Seghers-Robert Laffont :
HISTOIRE CRITIQUE DE LA PENSÉE SOCIALE, De la cité antique à l'État-nation
L'ANNÉE DE LA SCIENCE (1987-1990)

Aux éditions Bordas :
BORDAS ENCYCLOPÉDIE, en 23 volumes : Philosophie, Religions / Sciences sociales (2 vol.) / Mathématiques / Astronomie / Physique, chimie : les lois de la nature / Matière inerte, matière vivante / Botanique : la vie des plantes / Zoologie : la vie animale / Médecine / L'art de l'ingénieur / La locomotion : du chemin de fer... à la fusée / Agriculture, techniques, métiers / Beaux-Arts (2 vol.) / Jeux, divertissements, sports / L'Aventure littéraire de l'humanité (2 vol.) / Visages de la Terre / Histoire universelle (3 vol.)

Collection « Voir l'Histoire » :
HISTOIRE DE LA CORSE

Aux éditions Fernand Nathan :
HISTOIRE DU MONDE : L'époque contemporaine – CORSE

Aux éditions Larousse :
LA FORCE DES FAIBLES (Encyclopédie mondiale des minorités)
DICTIONNAIRE DES NATIONALITÉS ET DES MINORITÉS EN URSS

Aux Éditions n° 1 :
TOUT EN UN – DICTIONNAIRE DES DÉCOUVERTES

Aux éditions du Pré-aux-Clercs :
DICTIONNAIRE DES PERSONNAGES DE LA RÉVOLUTION

Aux éditions Belin :
PANORAMA ENCYCLOPÉDIQUE DES SCIENCES

Aux éditions Hachette Littérature :
ALEXANDRE LE GRAND
NABOO (roman policier historique)

Aux éditions L'Archipel :
JEANNE D'ARC
INITIATION À LA PHILOSOPHIE
JÉSUS, de Bethléem au Golgotha
LES BAÏONNETTES DU 18 BRUMAIRE
MAHOMET
NAPOLÉON, UNE IMPOSTURE
LES CATHARES

Aux éditions Michel Lafon :
L'ISLÃM, CET INCONNU
JULES CÉSAR
(1. Rome, ville à vendre ! – 2. La symphonie gauloise – 3. Le crépuscule du dieu)
AUGUSTE (1. L'Héritier. – 2. L'Imperator)
TIBÈRE ou la Mélancolie d'être
CALIGULA, le Mal-Aimé
NÉRON, le Poète ensanglanté
VESPASIEN, le Bon Empereur
MARC-AURÈLE, l'Empereur philosophe

Aux éditions Albin Michel :
L'ÉGYPTOMANIE, UNE IMPOSTURE

Aux éditions des Presses de la Renaissance :
LES MATHÉMATICIENS DE BABYLONE

ROGER CARATINI

LES GRANDES IMPOSTURES DE L'HISTOIRE DE FRANCE

Tome I

De Vercingétorix à Napoléon

Michel LAFON

7-13, boulevard Paul-Émile-Victor – Île de la Jatte
92521 Neuilly-sur-Seine Cedex

Avant-propos

L'histoire est à la fois une science et un art. En tant que science, elle a pour objet le récit du passé concernant un homme (c'est alors l'histoire biographique), un peuple (on parle alors d'histoire générale), une civilisation (histoire culturelle), une activité (histoire des sciences, de l'art, de la musique, etc.), une ou des idéologies (de l'Islām, des religions en général, du communisme), etc. Quel que soit son objet, l'histoire-science se doit, comme toute science, d'être rigoureuse quant à ses méthodes et quant à son but, qui peut se définir comme la description objective des événements passés, et, s'agissant d'un personnage, d'un peuple, d'un conflit, etc., l'historien se doit de s'abstenir de tout jugement moral personnel ; il se limite à présenter, aussi objectivement que possible, un ensemble de faits historiques à partir des sources qui sont à sa disposition (lois, traités, témoignages, statistiques, etc.), et à rechercher, sans aucun parti pris, leurs causes et leurs conséquences. Ce n'est qu'après avoir effectué un tel labeur que l'historien peut se permettre de porter des jugements de vérité ou de valeur sur les hommes, les événements, les époques ou les civilisations dont il a entrepris l'étude.

Or cette conception rigoureusement globale et, conséquemment, non partisane de l'histoire n'a fait son apparition que tardivement dans nos mœurs intellectuelles (en France, au début de l'année 1929, sous l'impulsion de deux grands historiens, Lucien Febvre et Marc Bloch, créateurs de la revue intitulée *Annales d'histoire économique et sociale*, dont le titre est devenu, en 1947, *Annales, économies, sociétés, civilisations*).

Avant la création de cette école dite « des Annales », qui fait de l'histoire une science à part entière, en quête d'une vérité historique souvent fuyante, la science rigoureuse du passé des hommes a connu bien des déviances. Les historiens grecs, dont Hérodote est le grand exemple, ont vu principalement dans l'histoire une science documentaire, et les historiens latins l'ont conçue comme le récit relativement objectif du passé événementiel de Rome ; leurs écrits nous permettent effectivement de suivre les aventures des conquérants romains et l'évolution politique de Rome mais, tout compte fait, ils n'ont qu'une valeur limitée. Seul de tous les écrivains latins, Jules César a conçu l'histoire comme un instrument de propagande ; mais il l'a fait beaucoup plus en ethnologue qu'en général cherchant à faire approuver ses actions par l'opinion publique ou par le Sénat.

Il n'en est pas de même pour les historiens médiévaux, qui peuvent être classés en deux catégories : les moines et les évêques qui tenaient méticuleusement la chronique des événements qu'ils vivaient et qui étaient prétextes à des leçons de morale ou de religion, et les chroniqueurs attitrés des grands de l'époque, dont ils écrivaient l'apologie, qui ne peuvent être considérés comme de véritables historiens. Il faudra attendre l'œuvre sceptique de Machiavel et la recherche érudite du fait exact telle que la pratiquait l'historien Francesco Guicciardini (1483-1540), auteur d'une *Histoire d'Italie* et d'une *Histoire de Florence*, pour voir naître l'histoire méthodiquement rigoureuse à la fin du XVIe siècle. Malheureusement, en France, l'évolution vers l'histoire objective que prônait Philippe de Commynes (1447-1511) lorsqu'il affirmait se défier, en la matière, des autres autant que de lui-même, va se trouver interrompue non seulement par les préoccupations apologétiques (chrétiennes) de Bossuet (1627-1704), qui met son style héroïque au service de sa religion et dont les ouvrages historiques sont en fait des apologies du christianisme, ce qui leur ôte toute valeur historico-scientifique, certes, mais plus encore par le délire « rationaliste » du duc de Saint-Simon, de Voltaire et de Montesquieu, dont la langue est splendide, certes, et l'idéologie appréciable, mais qui sont à cent lieues d'être de véritables historiens méthodiques et impartiaux.

De proche en proche, nous voici donc arrivés à Augustin Thierry (1795-1856) qui, le premier en France, va enfin introduire la rigueur dans la recherche historique avec ses *Considérations sur l'histoire de France* (1840), son *Essai sur l'histoire de la formation et des progrès du Tiers État* (1853), ses *Lettres sur l'histoire de France* (1827-1837) et ses fameux *Récits des temps mérovingiens* (1840) ; une rigueur teintée de nostalgie politique avec le grand Michelet (1798-1874), dont les principaux titres dénotent l'idéologie : *Le Peuple* (1846), *Histoire de la Révolution française* (1847-1853), *La Bible de l'humanité* (1864), et, après la défaite française de 1870, *Sur les chemins de l'Europe* (1893) ; et une rigueur d'enseignant par trop simplificatrice, que nous aurons l'occasion de critiquer ci-après, avec Ernest Lavisse (1842-1922), qualifié en son temps de « pape de l'histoire officielle de la France ».

Une histoire qui va devenir très rapidement de plus en plus « officielle » (horrible qualificatif pour une discipline aussi noble) avec les réformes scolaires dues à Jules Ferry (1832-1893) sous la IIIe République. Ce régime, issu de la défaite de 1870 et de la chute de Napoléon III, avait une tâche politique très délicate à accomplir, car d'une part il lui fallait faire oublier les réussites sociales indéniables de cet empereur responsable de la défaite et, d'autre part, relever le moral des Français vaincus et entretenir dans leur cœur la volonté de la revanche sur un nouvel ennemi héréditaire qui prenait maintenant la place de l'ennemi traditionnel de la France depuis bien avant Jeanne d'Arc, l'Angleterre, et qui s'était emparé du trésor industriel que constituaient l'Alsace et la Lorraine. À partir de 1871, la politique extérieure du pays allait être guidée par un antigermanisme forcené, et sa politique intérieure par la renaissance et l'entretien d'un esprit guerrier et revanchard. Comme il fallait bien inviter le peuple français – antibritannique depuis la guerre de Cent Ans, et qui ne rêvait que de venger Waterloo – à suivre avec entrain le gouvernement de la IIIe République qui allait naître en 1875, et comme les lois de 1880 et 1881 allaient nantir cette jeune République de l'enseignement primaire obligatoire, le jeu était facile à jouer : il suffisait de changer d'ennemi héréditaire par une habile propagande antigermanique, de mener une politique d'entente cordiale avec l'Angleterre, de relever le pays, vaincu, ce qui était aisé vu sa richesse, de cultiver l'esprit guerrier du peuple français en lui donnant l'occasion de goûter de nouveau aux plaisirs de la victoire sur d'autres champs de bataille qu'en France, autrement dit en Afrique et en Asie, et au jour venu, dans dix ans, dans vingt ans ou dans trente ans, de reprendre aux méchants Prussiens l'Alsace et la Lorraine dont ils avaient dépouillé la France.

Bien entendu, ce plan exigeait que les gouvernements qui se succéderaient entretiennent chez les Français le désir de victoires et de conquêtes et fassent renaître dans leur cœur, dès le plus jeune âge comme chez les plus âgés, l'esprit de Valmy, d'Austerlitz et de Wagram : pour cela, quel meilleur moyen que de leur chanter le catéchisme républicain anti-allemand dès l'école primaire, et d'entretenir l'esprit guerrier en faisant renaître la légende napoléonienne ? Voilà donc comment, de siècle en siècle, la porte de l'histoire de France s'ouvrit aux mensonges et aux impostures, ce qui permit certainement à la IIIe République de connaître une belle épopée coloniale et de sortir victorieuse de la Première Guerre mondiale... mais à quel prix !

Ce livre a pour but de dénoncer les plus grossières de ces impostures dont, à notre avis, la France n'avait point besoin pour assurer sa grandeur.

I

Le mythe du « peuple gaulois »

Quel est l'enfant qui n'a pas récité, dès la première année de sa scolarité primaire, qu'il y a deux mille ans notre pays s'appelait la Gaule et ses habitants les Gaulois ? Il suffit cependant de lire la *Guerre des Gaules* qu'a écrite Jules César à l'époque de la conquête pour constater qu'il n'a jamais existé dans l'histoire un territoire qui se serait appelé « *la* » Gaule, où aurait vécu un « *peuple gaulois* » attaché à une « *patrie gauloise* », pas plus qu'il n'existe de nos jours un « *peuple africain* » ou un « *peuple européen* ». En effet, en ce temps-là, dans les territoires situés au nord de la péninsule italienne (le Piémont, la Lombardie, la Vénétie et une partie de la Toscane), correspondant à ce que nous nommons aujourd'hui l'« *Hexagone* » français, à la Belgique et à la partie méridionale de l'Angleterre, vivaient quelque soixante-quinze peuples distincts dont les langues, le mode de vie, les croyances religieuses n'avaient à peu près aucun point commun : *les* Gaules de César ressemblaient plus à l'Afrique tribale du XIXe siècle qu'à un ensemble national, et le thème de la conquête romaine destructrice d'une « *nation gauloise* » est un mythe concocté par les historiens français du XIXe et de la première moitié du XXe siècle.

En fait, les Romains ont été appelés dans les pays gaulois, en 61 av. J.-C., par l'un des peuples qui y vivaient, celui des *Éduens*, établis dans nos actuels départements de la Saône et de la Loire, afin qu'ils viennent les défendre contre une tentative d'invasion de leurs territoires par un autre peuple gaulois, celui des *Séquanes*, qui avaient demandé leur aide aux *Suèves* d'Arioviste, un peuple germanique établi entre l'Elbe et l'Oder ; dans le même temps, la grande tribu gauloise des *Helvètes* se disposait à quitter les montagnes de l'Helvétie afin d'aller chercher, sur les rives de l'océan, un climat moins rude. Voilà donc que font leur entrée sur la scène de l'histoire trois peuples gaulois différents et rivaux, et, nous allons le constater, il va bientôt s'en manifester des dizaines d'autres.

À cette époque, en mars 58 av. J.-C., se terminait le premier consulat de César, qui s'apprêtait à inaugurer ses fonctions de proconsul des deux provinces romaines situées au-delà des Alpes dont il allait avoir la charge, la *Gaule cisalpine* et la *Gaule narbonnaise*, lesquelles étaient menacées d'être envahies par les Helvètes et par les Suèves d'Arioviste : c'était là pour lui une excellente occasion de pénétrer dans les pays gaulois en s'y présentant comme un sauveur face aux premiers, qu'il arrête à Bibracte, après quatorze heures de combat, le 24 juin 58 av. J.-C., et comme un libérateur en face d'Arioviste, dont il anéantit les forces à Cernay (à quinze kilomètres de Mulhouse) le 14 septembre suivant.

À ce moment de l'histoire des Gaules, César n'est pas considéré par les druides, qui sont les maîtres et les représentants de ce qu'on pourrait appeler « l'opinion publique gauloise » des différents peuples auxquels ils appartiennent, comme un conquérant envahisseur, mais comme un sauveur des pays gaulois, et il va prendre ses quartiers d'hiver à Bologne au mois de décembre 58.

Toutefois, peu après son arrivée dans cette province cisalpine dont le Sénat lui a attribué l'administration et la défense, César est averti par une lettre de son légat pour les Gaules, Titus Labienus, qu'une assemblée générale de tous les chefs et les druides de la Gaule belgique avait été réunie au début du mois de janvier 57 à l'initiative de Galba, roi des Suessions, un peuple belge vivant sur les rives de l'Aisne dont la capitale était Soissons, et que cette assemblée avait décidé de prendre les armes et de chasser les Romains de la Gaule celtique qu'ils occupaient.

Au reçu de cette lettre, qu'il communiqua à ses collègues du triumvirat, Crassus et Pompée, César décrète sans tarder une levée de deux légions supplémentaires qu'il fait conduire en Gaule par son neveu Pedius, aux premiers jours du printemps, et lui-même quitte ses quartiers d'hiver à Bologne pour se rendre à Vesontio (sur le site de la ville moderne de Besançon), capitale du peuple gaulois des Séquanes dont le territoire recouvrait à peu près les trois départements actuels du Doubs, du Jura et de la Haute-Saône.

Lorsque le triumvir arrive devant Vesontio, vers la mi-avril de l'année 57 av. J.-C., l'agitation y est à son comble ; le légat Labienus a en effet rassemblé six légions romaines et des unités gauloises auxiliaires, soit au total trente mille légionnaires et des cavaliers gaulois, dans la plaine où serpente l'Ognon, un affluent de la Saône, à deux ou trois kilomètres de la citadelle : ces forces barrent toutes les routes en provenance de la Belgique, face à un éventuel agresseur. À l'intérieur de la citadelle, ce n'est qu'un ballet incessant d'émissaires, d'éclaireurs, de notables gaulois qui y pénètrent ou qui en sortent, porteurs d'ordres écrits destinés aux tribuns militaires et aux centurions ; assis devant sa tente, Labienus attend César, en compagnie d'un druide ami de ce dernier, le Gaulois Diviciac, qui lui sert occasionnellement d'interprète.

Voici qu'arrive enfin le proconsul, auquel, après les salutations et les embrassades de rigueur, le légat fait son rapport : selon ses informateurs, tous les peuples de la Gaule belgique se sont confédérés et ont voté la guerre contre Rome, au prétexte de défendre leurs libertés menacées, mais, en fait, dans le but de s'emparer des territoires de leurs compatriotes, les Éduens et les Séquanes, qui sont maintenant les alliés de Rome. Les meneurs de cette insurrection sont les Suessions, sous les ordres du roi Galba, et leurs alliés sont tous des peuples de la Gaule belgique ; il y a là, nous apprend César, cent mille Bellovaques (venus de Beauvais), cinquante mille Suessions, des Nerviens (venus de Maubeuge et du Hainaut), quinze mille Atrébates (d'Arras), dix mille Morins (peuple installé dans le Boulonnais), vingt-cinq mille Ménapes (dont le territoire est sur les bouches de l'Escaut), des Calètes du pays de Caux, des Véliocasses venus du Vexin normand, des Véromanduens (du Vermandois), des Aduatiques (de Namur) et même des Germains en provenance de la rive gauche du Rhin, dans les Ardennes. Face à ces forces dont le nombre est imposant, Labienus a posté trente mille légionnaires dans la vallée du Doubs, pour s'opposer à leur éventuelle avance, ce qui lui vaut les reproches de César :

– On ne se bat pas en rase campagne à un contre dix en attendant son adversaire, dit-il à son légat ; nous devons prendre l'initiative de l'offensive et tomber sur nos ennemis par surprise.

Le proconsul a en effet décidé de lancer ses attaques contre les différents peuples gaulois de Belgique une fois l'hivernage terminé, au début du mois de juin 57, avec huit légions.

Il se dirige d'abord vers le pays des Rèmes, qui recouvre les départements actuels de la Marne, de l'Aisne, des Ardennes et l'actuel territoire du Luxembourg ; dès qu'ils apprennent que l'armée romaine est sur la Marne, ces Gaulois envoient au-devant de César deux ambassadeurs, nommés Iccios et Andocumborios, qui viennent l'assurer qu'à la différence des autres peuples de la Gaule, eux, les Rèmes, n'ont pas conspiré contre Rome, qu'ils se mettent sous sa protection, qu'ils sont prêts à lui remettre des otages en garantie de leur bonne foi, à lui ouvrir toutes leurs places fortes et à pourvoir au ravitaillement des troupes romaines.

Les Rèmes vont même jusqu'à trahir leurs frères de race en dévoilant au proconsul le plan de guerre des Gaulois belges : les Bellovaques, qui vivent sur la rive droite de l'Oise, doivent faire leur jonction avec les Suessions à Soissons, puis traverser le pays rémois et pénétrer en Gaule celtique par le pont de Châlons, sur la Marne, comme César vient de le faire mais en sens contraire. De là les deux armées belges marcheront sur Langres, où elles rejoindront les troupes des Germains des Ardennes, en poste sur la rive gauloise du Rhin, ainsi que leurs autres alliés belges, puis cette armée germano-belge, forte de trois cent mille hommes, marchera sur Besançon car, explique Iccios à César, Galba, le roi des Suessions qui a pris la tête des opérations militaires, croit que les troupes romaines s'y trouvent encore.

Lorsque le druide Diviciac a terminé de lui traduire les propos des deux ambassadeurs gaulois, César remercie ces derniers en termes chaleureux, leur assure que les otages que les Rèmes lui enverront seront bien traités et mis à l'abri en Gaule narbonnaise, leur promet d'épargner les Gaules et de les évacuer une fois la guerre terminée. Rèmes et Romains se quittent alors bons amis et César confie les problèmes d'intendance concernant ses corps d'armée au pays des Rèmes à l'un de ses légats, afin de se consacrer uniquement à la mise au point de son plan de conquête de la Gaule belgique avec l'aide de l'indispensable druide Diviciac.

Ce dernier lui propose l'assistance d'un chef carnute de haute naissance du nom de Tasgétios, dont les ancêtres avaient été jadis rois dans leur cité et auquel César, pour le remercier de ses interventions et de ses conseils, avait rendu son trône ; Tasgétios, qui effectuait un remarquable travail de propagande et d'espionnage parmi les tribus celtes et gauloises des vallées de la Seine et de la Loire, où se trouvaient établis les Carnutes, était alors dans la troisième année de son règne lorsque ses ennemis politiques l'assassinèrent, encouragés publiquement, semble-t-il, par plusieurs de leurs concitoyens, qui considéraient le personnage comme un traître vendu à Rome.

On apprend le crime à César qui, craignant que la condamnation des Gaulois coupables n'entraîne la défection de la cité, expédie immédiatement chez les Carnutes son légat, Lucius Plancus, et la légion que celui-ci commandait, avec ordre d'y installer ses quartiers d'hiver, d'arrêter tous ceux qu'il savait avoir trempé dans le meurtre de Tasgétios et de les lui envoyer à Rome, où il se trouvait alors et où il était tenu informé, au jour le jour, des mouvements des troupes belges, des lieux où s'opérait leur concentration, des difficultés qu'elles rencontraient, de l'état des routes et des ponts en Gaule, etc. Sur ces entrefaites, à la fin de l'année 58 av. J.-C., tous les légats et les questeurs auxquels César avait confié les légions lui firent savoir qu'ils avaient pris leurs quartiers d'hiver et que tous leurs camps avaient été fortifiés, comme il se devait, et qu'ils allaient y attendre patiemment le printemps.

Dans cette guerre des Gaules qui commence lentement en Gaule belgique, nous avons déjà rencontré une douzaine de peuples gaulois, dont chacun agit pour lui-même, et César en dénombrera soixante-quinze, tous différents et rarement unis ; aucun d'entre eux ne deviendra prépondérant, aucun d'entre eux ne peut être considéré comme l'ancêtre du peuple qui fit la France et c'est une imposture que de l'affirmer, comme bien des manuels scolaires modernes à destination des classes primaires persistent à le faire. À lire les deux premiers livres du *De Bello gallico* de César, la vérité historique est toute différente et il faut corriger ainsi la formulation d'Ernest Lavisse... et celle des manuels qui en est issue : il y a deux mille ans, les Romains appelaient notre pays actuel « *les Gaules* » et il était habité par soixante-quinze peuples distincts qui s'appelaient (par ordre alphabétique) les Abribactes, les Aduatiques, les Albiques, les Allobroges, les Ambiens, les Andécaves, les Aquitains, les Armoricains, les Arvernes, etc., les Vénètes, les Véromanduens, les Volces arécomioques, qui ne parlaient pas la même langue (mais qui avaient des pratiques religieuses communes, gérées par des druides) et qui ne sont pas nos ancêtres, car la France historique est non pas le pays des Gaulois ni même celui des Gallo-Romains, mais le pays des Francs.

*
* *

S'il est assuré que la Gaule unifiée territorialement est un leurre et qu'au temps de la conquête romaine elle était habitée par un grand nombre de peuples indépendants les uns des autres et distincts, il est établi, en revanche, que la première partie de la « guerre des Gaules » entreprise par César, entre 58 et 55 av. J.-C., et qui était une tentative de pacification du pays, contribua à développer entre ces différents peuples des relations qui leur étaient imposées par la lutte commune contre le conquérant romain, et à leur faire prendre conscience de la nécessité pour eux de s'unir (ce qui se produira trois ans plus tard, en 52 av. J.-C., autour d'un jeune chef d'à peine seize ans qui se nommait Vercingétorix).

Le printemps et le début de l'été 57 sont consacrés par César à la pacification des Rèmes et des Suessions (au nord de l'Aisne), des Bellovaques, des Ambiens et des Sessions (au nord de la vallée basse de la Seine), puis des peuples de l'océan (les Armoricains). Une fois ces pays gaulois ainsi soumis, César repart pour l'Italie afin d'y rendre compte au Sénat des résultats qu'il a obtenus et d'y tenir ses propres assises. En août 57, il débarque à Brindes et gagne immédiatement Rome où il constate que le conflit entre le parti sénatorial, soutenu par Cicéron, et celui des triumvirs (lui-même, Pompée et Crassus le Riche) s'est rallumé. La nouvelle de cet événement parvient dans la province transalpine, puis se diffuse en Gaule où les chefs gaulois, débarrassés de la présence enchaînante de Jules César, saisissent la balle au bond et commencent à se réunir dans des lieux écartés, au milieu des bois, y déplorent le malheur commun de leurs peuples, et certains parlent même de reprendre les armes contre les Romains qui viennent de les soumettre.

– Il faut profiter des circonstances, déclarent les chefs carnutes : César est à Rome, les légions qu'il a laissées dans les Gaules n'osent pas sortir de leurs quartiers d'hiver en l'absence de leur chef et celui-ci, qui n'a plus d'escorte armée depuis qu'il est à nouveau sur le sol romain, ne peut les rejoindre ; de toute façon, concluent-ils, mieux vaut mourir en combattants que de ne pas recouvrer l'honneur militaire que les Carnutes et les autres peuples frères ont perdu et la liberté que leurs ancêtres leur avaient léguée : reprenons les armes.

La décision est prise sur-le-champ : les chefs carnutes prêtent le serment solennel, autour des drapeaux réunis en faisceau, de reprendre la lutte contre les occupants romains et de ne pas abandonner le combat une fois les hostilités commencées. La nouvelle de cette déclaration de guerre fait le tour du pays, transportée par des crieurs de champ en champ, de village en village, de domaine en domaine, de sorte que ce qui avait été dit au lever du jour à Cenobum (Orléans) fut connu avant la nuit au pays des Arvernes, à presque deux cent quarante kilomètres de là.

C'est au cœur des monts du Massif central, dans la cité de Gergovie (dont les historiens n'ont pas retrouvé le site), au pied de laquelle coule à gros bouillons la Loire naissante, que le fils de Celtillos, le roi de ce peuple, un jeune homme nommé Vercingétorix, apprend la nouvelle. Il court aussitôt aux armes, mais son oncle et les autres chefs, qui le jugent turbulent et ambitieux, ne partagent pas son enthousiasme et, pour l'empêcher d'agir, le chassent de leur ville comme un dangereux voyou fauteur de troubles ; voici comment César conte ce qu'il advint du conflit de générations qui vient de naître chez les Arvernes :

> « Vercingétorix ne renonce point et il enrôle dans la campagne des miséreux et des gens sans aveu. Après avoir réuni cette troupe, il convertit à sa cause toux ceux de ses compatriotes qu'il rencontre ; il les exhorte à prendre les armes pour la liberté commune ; il rassemble de grandes forces, et chasse de la ville ses adversaires qui, peu de jours auparavant, l'avaient chassé lui-même. Ses partisans le proclament roi. Il envoie aussitôt des ambassades à tous les peuples gaulois, les suppliant de rester fidèles à la parole jurée. Il ne lui faut pas longtemps pour avoir, à ses côtés, les Sénons, les Parisii, les Pictons, les Cadurques, les Turons, les Aulerques, les Lémovices, les Andes et tous les autres peuples gaulois qui touchent à l'océan. À l'unanimité on lui confie le commandement suprême. [...] À la plus grande activité, il joint une sévérité extrême dans l'exercice du commandement : la rigueur des châtiments rallie ceux qui hésitent. Pour une faute, en effet, c'est la mort par le feu et par toutes sortes de supplices ; pour une faute légère il fait couper les oreilles au coupable ou lui crever un œil et il le renvoie chez lui, afin qu'il serve d'exemple et que la sévérité du châtiment frappe les autres de terreur. » (César, *Guerre des Gaules*, VII, 4.)

La détermination de Vercingétorix fait taire les mécontents et hausser les épaules à ses oncles bien que, en peu de temps, ce jeune chef rassemble une armée qui, n'en déplaise aux historiens nationalistes du XIXe siècle, n'est en rien une « *armée nationale gauloise* » mais, aux dires de Jules César lui même, « *une troupe de miséreux et de gens sans aveu* » (*De Bello gallico*, VII, 4) : il envoie une partie de ses bandes, commandée par le Cadurque[1] Lucterios, à Rodez, chez les Ruthènes, en Gaule narbonnaise, et part lui-même chez les Bituriges[2] pour les décider à s'unir aux Arvernes.

Pendant ce temps, César, constatant que désormais la situation politique s'est améliorée à Rome grâce à la fermeté de Pompée, repart vers la Gaule transalpine... et se trouve bien embarrassé, car il ne sait comment rejoindre ses troupes : s'il appelle les légions dans sa province par la voie d'un messager, elles risquent à coup sûr d'avoir, en chemin, à livrer bataille sans lui, et s'il va les rejoindre avec simplement une escorte, il a de fortes chances de périr dans un guet-apens.

Les événements vont toutefois pousser César à prendre une décision : Lucterios est en effet parvenu à convaincre les Ruthènes et deux autres peuples gaulois – les Nitiobroges d'Agen et les Gabales du Gévaudan – à s'allier aux Arvernes et, ayant réuni de la sorte une forte troupe, il entreprend d'envahir la Narbonnaise. Dès qu'il l'apprend, César, considérant qu'il doit avant toutes choses protéger cette province, part pour Narbonne, rassure les Narbonnais et place des détachements tout autour de la cité, dans les régions qui confinent aux territoires ennemis ; il ordonne que les troupes de la région et des renforts venus d'Italie se concentrent chez les Helviens, installés dans la

1. Habitant du Quercy, pays voisin de ceux des Arvernes et des Ruthènes.

2. Habitants du pays de Bourges.

partie méridionale de l'actuel département de l'Ardèche et dont le territoire était séparé de celui des Arvernes par les montagnes des Cévennes. Or, à cette époque de l'année, celles-ci étaient couvertes d'une neige très épaisse. Les légionnaires s'arment de pelles et de pioches, fendent les blocs de glace, écartent les masses de neige et frayent ainsi un chemin à l'armée romaine qui, au prix des plus grands efforts, débouche dans le pays des Arvernes. Cette arrivée inattendue des troupes romaines frappe ces derniers de stupeur, car ils se croyaient protégés par leurs montagnes, une barrière que jamais, de mémoire de légionnaire, on n'avait vu personne franchir, fût-ce un voyageur égaré. César donne alors l'ordre à ses cavaliers de rayonner le plus loin possible, en terrorisant l'ennemi autant qu'ils le peuvent. De son côté, Vercingétorix apprend par la rumeur publique et par divers messagers que César est parvenu à passer les Cévennes, tous les Arvernes se pressent, émus, autour du chef gaulois et le supplient de ne pas laisser l'ennemi piller leurs biens alors que c'étaient eux qui, jusqu'au moment présent, avaient supporté le poids de la guerre. Vercingétorix les écoute, cède à leurs prières, se décide à quitter le pays des Bituriges, lève le camp et part chez les Arvernes.

Dès lors la campagne de César commence vraiment, et il découvre bien vite que ce n'est pas un peuple uni qu'il va devoir affronter mais plusieurs nations gauloises, et que, pour cette raison, la guerre sera longue, car il lui faudra les combattre séparément et les vaincre les uns après les autres. De fait, dans le courant de la seule année 52 av. J.-C., après avoir franchi les Cévennes, les Romains vont prendre successivement Vellaunodunum (Château-Landon), Cenabum (Orléans) la ville des Carnutes Noviodnum (Neuvy-sur-

Barangeon), Avaricum (Bourges), Decize. César dispose alors de dix légions ; il en confie quatre à son légat Labienus, et lui ordonne de marcher contre les Sénons et les Parisii, et fonce ensuite lui-même, avec les six autres, sur Gergovie, en suivant le cours de l'Allier ; mais il a affaire à forte partie avec le jeune général arverne Vercingétorix qui, lorsqu'il apprend ces nouvelles, fait détruire tous les ponts sur l'Allier (qui ne peut être passé à gué que l'été) et se met à remonter le fleuve sur la rive opposée. Les deux armées avancent alors de concert, elles se surveillent en permanence l'une l'autre et, chaque soir, elles campent face à face, séparées par les flots de l'Allier. À ce jeu de cache-cache, César l'emporte sur son ennemi : un soir, il va camper dans une région boisée à la hauteur d'un des ponts que Vercingétorix avait fait détruire et, le lendemain, il y reste en secret avec deux légions, après avoir fait partir le reste de ses troupes avec tous les bagages en ayant pris soin, comble de la ruse, de fragmenter ses unités, de sorte que son adversaire ne puisse s'apercevoir que leur nombre avait changé durant la nuit.

Le lendemain matin, César fait sortir les deux légions du bois où elles étaient restées cachées, lance un pont de fortune sur pilotis pour remplacer celui qu'avait détruit Vercingétorix, rappelle ses troupes et les fait passer sur l'autre rive de l'Allier. Quand le chef gaulois découvre la chose, craignant d'être obligé de livrer bataille malgré lui, il fait accélérer le mouvement de ses hommes pour prendre de l'avance sur les troupes de César, qui allaient bientôt paraître sur la rive opposée. Finalement, César parvient devant Gergovie en moins d'une semaine ; le jour de son arrivée, il livre un petit combat de cavalerie et reconnaît la place : la petite cité gauloise était haut perchée sur une montagne dont tous les accès étaient difficiles et sans doute bien défendus. Il ne fallait donc pas compter l'enlever en deux ou trois assauts ; quant à l'assiéger, la chose était possible, mais à la condition d'avoir au préalable résolu le problème de l'approvisionnement en vivres des légions romaines.

De son côté, Vercingétorix, qui avait campé sur une hauteur à proximité de Gergovie, avait disposé en cercles autour de lui les forces de chaque cité arverne, en les séparant par un léger intervalle. Selon les écrits de César, tous les sommets de la chaîne montagneuse que l'on pouvait apercevoir autour du plateau de Gergovie étaient occupés par des troupes arvernes et tous les matins, à la première heure du jour, Vercingétorix convoquait les chefs des cités qu'il avait choisis comme membres de son conseil tandis que, chaque jour, cavaliers et archers gaulois s'entraînaient et se tenaient prêts au combat. Quant à César, il avait remarqué, à quelque distance en face de Gergovie, au pied de la montagne, une colline isolée de toutes parts, sauf sur sa face nord, où les habitants de la cité gauloise allaient chercher leur eau et qui était gardée par une garnison bien armée : aussi, la première action que mena César contre Gergovie fut de sortir de son camp en pleine nuit et d'assaillir cette position, dont il se rendit maître après un bref combat, et d'y installer deux légions.

Pendant ce temps, le chef que César avait mis à la tête des Éduens neuf ans plus tôt, en 61 av. J.-C., et qui se nommait Convictolitavis, se laisse tenter par l'or des Arvernes que lui propose un certain Litaviccos, issu d'une très illustre famille de ce peuple, qui lui aurait tenu à peu près ce langage (rapporté par César) :

> « Vous, les Éduens, dit l'Arverne, vous êtes des hommes libres et nés pour commander. Il n'y a qu'un seul obstacle à la victoire des Gaulois sur les Romains, et qui est certaine : c'est votre attitude, car l'autorité de votre exemple retient les autres peuples gaulois [noter que l'Arverne se considère comme appartenant à un autre peuple que les Éduens auxquels il s'adresse] : si vous abandonnez les Romains, ceux-ci ne pourront plus tenir en Gaule. Sans doute avez-vous envers César quelques obligations, mais le désir d'indépendance doit l'emporter sur tous les autres devoirs. Pourquoi donc les Éduens recourraient-ils à l'arbitrage de César quand il s'agit de leur constitution et de leurs lois, plutôt que Rome à celui des Éduens eux-mêmes, qui sont les premiers intéressés ? » (César, *De Bell. gall.*, VII, 37.)

Ce discours entraîne les jeunes guerriers arvernes qui entourent Vercingétorix ; ils se déclarent prêts à partir au combat et cherchent à mettre sur pied un plan d'action pour entraîner les Éduens à se soulever avec eux contre Rome. On décide de confier le commandement de l'armée à Litaviccos mais celui-ci, quand il se trouva avec son armée à quelques milles de Gergovie, s'arrêta brusquement, réunit ses troupes et leur dit tout en larmes, comme pris de remords, que les Romains ont fait massacrer les militaires éduens qui sont entrés en pourparlers avec les Arvernes et qu'eux-mêmes n'ont dû leur salut qu'à la fuite. Une clameur s'élève alors dans les rangs des Éduens qui supplient Litaviccos de leur indiquer quel parti ils doivent prendre, mais celui-ci reste ferme :

> « Il n'est plus question de délibérer : ne sommes-nous pas dans l'obligation d'aller à Gergovie et de nous joindre aux Arvernes, nos frères ? À moins que nous craignions à ce point les Romains et que nous ne doutions qu'ils n'accourent pour nous égorger ? Allons, camarades, si nous avons du cœur, vengeons la mort des victimes qu'ils

ont indignement massacrées, et exterminons ces bandits de Romains. » (*Ibid.*, VII, 38.)

César prétend que ces propos du général Litaviccos sont des mensonges et regrette que ce qu'il appelle « *les desseins pervers de quelques jeunes gens* » fassent renoncer les Éduens à rester les amis et les alliés de Rome, ce qui, dit-il, se produira si tant de milliers d'entre eux se joignent à l'ennemi. Cependant, si affecté qu'il soit de la défection de ce peuple, César reprend énergiquement la situation en main. Il ordonne qu'on se saisisse des frères du général félon, qui se sont enfuis chez les Éduens et qu'il décide de poursuivre avec ses légions. Après avoir parcouru une quarantaine de kilomètres il aperçoit leurs troupes, lance ses cavaliers après leur avoir interdit de tuer qui que ce soit, les Éduens jettent leurs armes, font signe qu'ils se rendent et Litaviccos se réfugie dans Gergovie, accompagné des siens.

César envoie alors des messagers chez les Éduens pour leur apprendre qu'il a fait la généreuse faveur de laisser la vie à des hommes que le droit de la guerre lui aurait permis de condamner à mort et, après avoir accordé à son armée trois heures de repos, il se met en route pour Gergovie ; mais il n'envisage pas de s'y attarder car, après ces événements, l'agitation se répand chez les Éduens et César s'attend à être confronté à un soulèvement général des Gaules et, écrit-il lui-même, craignant d'être enveloppé « *par tous les peuples gaulois*[1] », il songe aux moyens de quitter Gergovie sans que son départ ait l'air d'une fuite.

La guerre contre les peuples gaulois qui se soulèvent

---

1. *Op. cit*, VII, 43.

tour à tour va encore durer deux ans ; si, au début de la campagne, ce furent les Carnutes, les Arvernes, les Bituriges, les Éduens qui se montrèrent les plus actifs et les plus dangereux, ce fut par la suite une coalition de soixante-quinze peuples alliés qui se forma pour défendre les Gaules ; mais elle finit par s'incliner, et le 27 septembre 52 av. J.-C. Jules César adressait au Sénat de Rome la plus brève de ses éphémérides, qui disait : « *César a vaincu, la guerre des Gaules est terminée.* »

Ces Gaules – et non pas « la Gaule » – étaient alors habitées par soixante-quinze peuples gaulois différents dont les soixante-quinze dialectes, les soixante-quinze divinités locales, les soixante-quinze types de mœurs politiques et les soixante-quinze cuisines devaient rapidement disparaître de l'histoire. Quant au « peuple gaulois » cher aux historiens nationalistes français du XIXe siècle, il n'a jamais existé historiquement et Vercingétorix était un chef *arverne*, et non pas un chef *gaulois*. Les Gaulois de César ne constituaient pas plus « un peuple » que les Européens d'aujourd'hui, et le fait que ces tribus gauloises se soient alliées contre un ennemi commun ne permet pas d'affirmer qu'elles constituaient alors *un* peuple historique, pas plus que l'alliance de la plupart des peuples européens contre le nazisme ne permet d'affirmer qu'ils ont alors formé une nation européenne.

II

Attila n'a jamais été le fléau de Dieu (395-453)

Les Romains ont appelé *Hunni* un ensemble de peuples nomades et semi-nomades en provenance des steppes du nord de la Caspienne (entre l'Oural et la Volga, dans le Kazakhstan actuel pour l'essentiel, mais aussi en Kirghizie et dans le sud de l'Ukraine), dont les premiers éléments ont fait leur apparition sur la frontière danubienne de l'Empire en l'an 376, sous le règne, en Occident, de l'empereur Gratien (375-383) ; ils étaient alors conduits par un chef qui se nommait Mundzuck, le père d'Attila (395-453), personnage auquel nous allons maintenant nous intéresser en nous appuyant non point sur des légendes mais sur des sources écrites, en l'occurrence les *Chroniques* annuelles généralement tenues par des évêques, surtout un *Journal de route* tenu par un diplomate grec originaire de Panium, en Thrace, un certain Priskos (son nom a été latinisé en Priscus), qui est mort vers 471. Ce Priskos, qui fit partie de l'ambassade envoyée en Hunnie, au début de l'année 449, par l'empereur d'Orient, Théodose II (408-450) en vue de signer un traité de paix avec les Huns, était un fin lettré et son *Journal* fourmille d'informations sur le pays, les mœurs, les usages et la société des Huns, ainsi, bien entendu, que sur le personnage d'Attila, qu'il a côtoyé et avec lequel il a même participé à un banquet. Son témoignage (écrit en langue grecque), dont il nous reste de longs fragments, a été publié par l'érudit allemand Niebuhr (avec sa traduction latine) au XIXe siècle, dans le *Corpus scriptorium historiæ byzantinæ* (Bonn, 1829), sous le titre *Excerpta de legationibus Romanorum ad gentes* (« Rapports sur les ambassades des Romains à divers peuples ») que nous désignerons, dans nos citations, par le sigle EL.

Les chroniques épiscopales sont, en général, purement factuelles et peu précises en ce qui concerne les Huns, dont elles signalent simplement la présence ou le passage à un moment donné de l'histoire des pays qu'ils envahirent, mais elles nous permettent d'établir la chronologie relative des événements qu'elles relatent. L'une d'entre elles, la *Chronique gauloise* pour l'année 452, nous intéresse ici dans la mesure où elle mentionne des faits qui se sont précédemment déroulés en Orient mais qui étaient assez importants pour que son auteur occidental en fît état ; toutefois elle est particulièrement laconique sur l'invasion de la Gaule par les Huns d'Attila, auquel son auteur consacre à peine les trois lignes suivantes :

> « 451 : Attila a envahi la Gaule et exigé une épouse, comme si c'était son droit. Il infligea une défaite aux Romains, en subit une lui-même, et se retira alors dans ses propres territoires. »

Outre ces trois lignes, on dispose de deux sources antérieures à la venue d'Attila en Occident : l'une est un texte dû à l'évêque Orose de Tarragone (v. 390-v. 418), intitulé *Contre les païens*, et l'autre est la copieuse *Histoire* en trente et un livres d'Ammien Marcellin (335-405), un officier romain à la retraite qui a retracé l'histoire de Rome depuis le règne de l'empereur Nerva (96-98) jusqu'à celui de Valentinien II (375-392).

Ammien est indiscutablement l'un des plus grands prosateurs latins mais il écrit en partisan, comme un soldat qui a combattu les Barbares (sauf les Huns, il est bon de le préciser) pendant treize ans et non pas comme un chroniqueur à la recherche d'une vérité historique, de sorte que le portrait qu'il trace des Huns et de leurs mœurs (voir ci-après) est tout aussi partial et aussi caricatural que celui de Paul Déroulède nous dépeignant les abominables Prussiens sonnant la charge contre « *les zouaves qui vont chantant* ». Voici, par exemple, comment Ammien Marcellin, qui ignorait jusqu'au nom d'Attila (puisque ce dernier, né entre 390 et 400, ne s'est manifesté dans le monde romain balkanique que *bien après* la mort de cet historien), présente à ses lecteurs-auditeurs l'origine des Huns (qu'il n'avait jamais vus et dont il ne savait rien sinon par « une rumeur », comme il l'avoue lui-même) :

> **« [...] Une race hideuse et cruelle à laquelle rien ni personne ne pouvait résister. [...] La rumeur circulait parmi les Goths qu'une race d'hommes jusqu'alors inconnue, issue d'un recoin caché de la terre, avait surgi comme une tempête de neige descend des hautes montagnes, qu'elle s'emparait de tout ce qu'elle rencontrait sur son chemin ou le détruisait [...]. »** (Ammien, XXXI, 5.)

Quant à la formule « fléau de Dieu » (*flagellum Dei*) employée pour qualifier Attila, elle se trouve dans la Bible, plus précisément dans les *Prophéties* d'Isaïe, qui l'applique au roi néobabylonien Nabuchodonosor II (605-562 av. J.-C.), et elle aurait été prononcée pour la première fois par un ermite qui passait pour un prophète et qui vivait dans une forêt proche des *Champs catalauniques* où l'armée des Huns devait être vaincue par Ætius à la fin du mois de juin 451. À la veille de cette fameuse bataille qu'il allait livrer aux Romains, Attila aurait demandé à l'ermite quelle en serait l'issue, et celui-ci lui aurait répondu : « *Tu es le fléau de Dieu, mais Dieu brise quand il Lui plaît les instruments de sa vengeance. Tu seras vaincu, afin que tu saches bien que ta puissance ne te vient pas de la terre.* » Bien qu'il eût été assuré de la sorte qu'il perdrait la bataille, Attila n'en engagea pas moins le combat qui fut « *atroce, multiple, monstrueux et acharné* », comme l'écrit l'évêque goth Jordanès, auteur vers l'an 530 – soit un siècle après cette bataille – d'une histoire de son peuple (*Getica*), et selon lequel les pertes des Huns se seraient élevées à cent soixante mille morts. C'est en se fondant sur ces paroles de l'ermite champenois, et sur ce texte seulement, que la plupart des historiens du XIXe siècle et de la première moitié du XXe siècle ont diabolisé la brève aventure historique d'Attila, dont on a fait le parangon des dictateurs les plus abominables, Hitler compris, ce qui est, nous l'allons montrer par l'analyse des sources écrites, une gigantesque imposture : Attila n'a été qu'un conquérant barbare (c'est-à-dire « non romain ») comme les autres, sans plus, et il n'a fait qu'annoncer la période des grandes invasions germaniques qui ont détruit l'Empire romain d'Occident. Il suffit de conter sa brève histoire pour s'en rendre compte.

C'est en Pannonie[1], vers l'année 395, sur les rives du

---

1. Région des Balkans, au sud du Danube, correspondant à peu près à la Hongrie actuelle.

Danube, au fond d'un chariot bâché où vivait l'épouse du grand chef des Huns, le roi Mundzuck, que naquit le premier fils de ce roi auquel il fut donné le nom germanique d'*Attila*, qui signifie en langue gothique « Petit (*ila*) Père (*atta*) ». Aucune source ne nous informe sur ce que fut réellement le cadre de vie du jeune Attila ; toutefois nous savons qu'en ce temps-là il était de coutume, à la cour de Ravenne (qui avait remplacé Rome comme capitale administrative de l'Empire d'Occident), d'envoyer auprès des rois barbares avec lesquels les empereurs entretenaient des relations sinon cordiales, du moins pacifiques, des jeunes gens appartenant à des familles romaines de haut rang comme garants de ces relations ; on les appelait « otages d'honneur » et, d'une manière générale, l'opération était réciproque. Dans le cadre de cette politique traditionnelle partit vivre pour un temps chez les Huns, en Pannonie, un jeune Romain d'une quinzaine d'années, Ætius Flavius, dont le père avait été jadis gouverneur militaire de cette province.

Ce fut là l'événement le plus important qui se soit produit durant l'enfance d'Attila après la mort prématurée de son père, Mundzuck, en 401, et c'est d'ailleurs le seul que nous connaissions. Ætius, authentique citoyen romain, était lui-même originaire de Durostorum (l'actuelle Silistra, en Bulgarie, sur le Danube) et n'en était pas à son premier séjour chez les Barbares : quand il était plus jeune, il avait déjà été envoyé comme otage d'honneur chez les Wisigoths d'Alaric. Cordialement accueilli par Ruga, l'oncle d'Attila, le jeune Romain ne tarda pas à devenir l'ami inséparable du jeune Hun et de son frère, Bléda, qui lui enseignèrent à bien se tenir à cheval et à tirer à l'arc, tandis que lui-même leur apprit à parler le latin et sans doute même le grec.

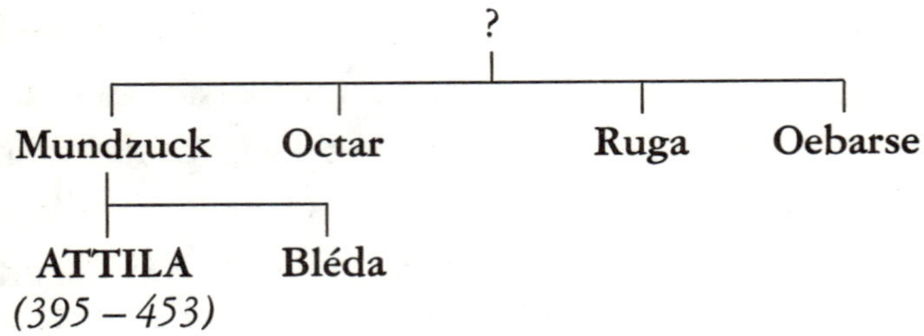

Ce que l'on sait de la généalogie d'Attila : il avait trois oncles (*Octar, Ruga et Oebarse*) et un frère aîné (*Bléda*).

En 408, ce fut au tour d'Attila d'être envoyé à la cour de l'empereur romain d'Occident, Honorius, c'est-à-dire à Ravenne, où il perfectionna son latin et son grec, découvrit les agréments de la civilisation urbaine, qu'il ignorait, ainsi que le plaisir de dormir dans de bons lits, et d'où il suivit à distance la prise et le pillage de Rome par les Wisigoths d'Alaric, en 410, avant de retourner dans sa Pannonie natale en 412 : par un étrange caprice du destin, le jeune Barbare de dix-sept ans que son oncle avait dépêché à Rome afin qu'il y découvrît la civilisation romaine n'y avait pu être que le témoin de son extinction.

Peu de temps après ce drame historique, à la fin de l'année 412, Ruga rappela son neveu en Pannonie. Il avait trois bonnes raisons pour cela : 1° il se sentait vieillir et tenait à confier le gouvernement des Huns à son jeune successeur ; 2° il lui destinait comme épouse la fille, Enga, d'un chef de tribu hunnique qu'il souhaitait honorer et avoir comme allié ; 3° les Huns du Danube, dont il était le chef, avaient reçu des nouvelles inquiétantes de la part des Huns du Caucase, et la présence du jeune Attila à son côté, en cas d'affrontement avec ces derniers, lui semblait plus que souhaitable et même indispensable. Toutefois, Attila ne retourna pas immédiatement dans sa Hunnie natale : il rejoignit d'abord sa horde avec laquelle il circula pendant huit années, dans le Caucase ou ailleurs (on ne sait où), et il ne réapparut sur les rives du Danube qu'en 421 seulement. Il semble qu'il ait passé cette période de sa vie à étudier avec les chefs des nombreuses tribus hunniques qui nomadisaient dans ces régions le double problème de leur unification et de leur sédentarisation qui, compte tenu de l'éducation politique qu'il avait reçue à Ravenne, lui semblait le problème fondamental du peuple hunnique, si disparate et si épars.

Il est bon de noter ici que, lorsqu'il revient en Pannonie, Attila est déjà âgé de vingt-six ans, et qu'il n'a pas encore manifesté une quelconque tendance aux expéditions guerrières ou au pillage ; sa préoccupation primordiale est politique : il désire unifier et, en quelque sorte, civiliser son peuple, qui doit cesser de nomadiser et auquel il faut, maintenant, un territoire fixe et bien à lui, un chef puissant et une organisation sociale moins rudimentaire. On le voit : en 421, Attila ne se présente alors pas à nos yeux comme un conquérant pillard mais comme un rassembleur, dans la lignée de son oncle Ruga qui était, lui aussi, obsédé par deux idées maîtresses : 1° amener toutes les tribus hunniques à vivre en paix entre elles ; 2° obtenir une garantie ferme et définitive de Constantinople en ce qui concernait les territoires de nomadisation des Huns en Pannonie.

De toute évidence, ce qu'on pourrait appeler « la situation internationale » l'y invitait : les Huns vivaient sur les franges d'un des plus solides ensembles politiques qui eût jamais été construit, à savoir l'Empire romain bicéphale, et cet ensemble commençait à se lézarder de toutes parts : certes, les murailles de Constantinople restaient inexpugnables, mais Rome avait brûlé sous les flammes des Wisigoths comme un vulgaire village, Attila en avait été le témoin, et les Goths avaient réduit en pièces l'invincible armée romaine devant Andrinople, en 378. De plus, la division règne maintenant en maîtresse à la cour de Constantinople : la coterie de Galla Placidia, la fille de l'empereur d'Orient en place Théodose II, et la mère du futur empereur d'Occident (Valentinien III) s'opposent à celle du général Ætius qui s'est réfugié chez ses amis les Huns, auxquels il apprend que des émissaires de Théodose parcouraient la vallée du Danube pour soulever contre eux les nations danubiennes qui avaient auparavant signé des traités d'alliance avec Ruga.

En conséquence, Ruga envoya une protestation officielle à Constantinople, qui se contenta de désavouer ses émissaires ; mais le Hun avait des preuves des manœuvres de Théodose, il les produisit et menaça de porter la guerre dans les provinces romaines limitrophes de la Hunnie s'il n'obtenait pas le renvoi des agitateurs et le respect des traités signés. Théodose II n'était pas en état de faire la guerre et il ne pouvait s'attendre à aucune aide de l'empereur d'Occident, car celui-ci n'était encore qu'un enfant, et l'homme qui faisait la pluie et le beau temps à Rome n'était autre que le général Ætius, l'ami de jeunesse d'Attila ; l'empereur devait donc se résoudre à négocier et il prit la décision d'envoyer une députation en Hunnie pour y conclure avec Attila une entente durable.

La conférence pour la paix sur le Danube entre les

Huns et les représentants de l'Empire romain d'Orient se tint environ deux mois après la mort de Ruga, en novembre ou décembre 434, dans une plaine sur la rive droite de ce grand fleuve, à proximité du lieu où les eaux de la Morova viennent s'y jeter, près du bourg de Margum (aujourd'hui Pozarevac, en Serbie, à environ soixante-quinze kilomètres de Belgrade, au sud du Danube). Constantinople avait fait savoir au roi des Huns qu'elle dépêchait deux plénipotentiaires pour négocier, un consulaire du nom de Plinthas et un questeur qui se nommait Épigénès ; de son côté, Attila se fit lui aussi représenter par deux ambassadeurs, deux Grecs qui vivaient depuis longtemps chez les Huns, nommés Onégénèse et Oreste, mais il fit savoir qu'il serait lui-même présent à la conférence, ainsi que son frère Bléda, qui était roi en même temps que lui.

Par politesse – les Huns étant, contrairement à la mauvaise opinion que l'on a de ce peuple, des gens courtois –, la légation hunnique arriva en avance, à cheval, afin de ne pas faire attendre les représentants de Constantinople qui surgirent devant Margum peu de temps après, à cheval eux aussi et qui, pour ne pas faillir à leur dignité, ne descendirent pas de leurs montures pendant tout le temps que dura la négociation, laquelle débuta presque aussitôt et fut d'ailleurs fort brève.

Elle se réduisit en effet à un discours en latin prononcé sèchement par le roi des Huns qui exigeait péremptoirement de l'empereur romain d'Orient qu'il respecte à l'avenir les six clauses suivantes :

1° – la rupture immédiate des ententes conclues par Constantinople avec les tribus hunniques du Caucase, ententes qui allaient contre l'entreprise d'unification des Huns mise en œuvre par Attila ;

2° – l'extradition de tous les Huns déserteurs qui s'étaient réfugiés dans l'Empire romain d'Orient, afin qu'il les punisse ;

3° – la libération de tous les Huns encore maintenus prisonniers dans l'Empire ;

4° – la restitution de tous les prisonniers romains qui s'étaient évadés des camps où les maintenaient les Huns, ou le payement d'une rançon de huit pièces d'or pour chacun d'entre eux ;

5° – l'engagement solennel de l'empereur de ne plus porter secours à aucun peuple barbare en guerre avec les Huns ;

6° – l'augmentation du tribut payé annuellement par Constantinople au roi des Huns, qui passerait de trois cent cinquante livres d'or annuelles à sept cents livres d'or.

À chaque objection des plénipotentiaires envoyés par Constantinople Attila répondait d'une voix grave et menaçante, en articulant ses paroles : « *Vous voulez donc la guerre ?* » Or l'empereur Théodose avait donné comme consigne à ses émissaires : « *Tout sauf la guerre.* » Ses envoyés acceptèrent donc toutes les clauses dictées par Attila, et le traité fut conclu le jour même. En gage de leur serment, les ambassadeurs de Théodose livrèrent à Attila deux jeunes princes de sang impérial que le chef des Huns fit crucifier le jour même, non pas tant par cruauté gratuite que pour montrer aux autorités romaines qu'il était le maître de la situation, et le traité lui revint de Constantinople, dûment scellé, au début de l'année 435.

Lequel des deux ennemis, aussi fourbes l'un que l'autre, allait-il le rompre le premier ?

Ce fut Théodose II, bien entendu, car c'était presque une tradition, à Constantinople, que de ne pas respecter les traités. Pour ne pas y faillir, l'empereur, violant délibérément la première clause du pacte de Margum, incita le petit peuple des Akatzirs à partir en guerre contre les Huns qui nomadisaient autour de la Caspienne et leur ouvrit ses coffres. Attila ne chercha même pas à négocier avec ces tribus, qu'il savait inconstantes, et, en 437, il décida de fondre sur elles par surprise. Mais la route était longue, du Danube aux rives de la mer Caspienne, et la nouvelle de son départ se propagea plus vite que les cavaliers hunniques ne progressaient à travers les steppes : dès que les Akatzirs furent avertis de leur venue, chez eux les arcs se retendirent, les flèches furent aiguisées, les chevaux parés pour les combats, et leur armée marcha vaillamment vers la mort. Le vieux chef des Akatzirs, Kouridakhos, comme il redoutait la vengeance de son peuple qui lui reprocherait fatalement d'être entré en guerre contre les Huns, proposa de partir en reconnaissance avec ses cavaliers vers la montagne où les Akatzirs avaient coutume de se cacher en cas de danger... et ses sujets ne le revirent jamais plus. Quant à Attila, il n'eut aucun mal à écraser les forces désordonnées et peu combatives de cette nation dont il captura, tortura et mit à mort tous les chefs, ce qui était la loi de la guerre parmi tous les peuples des steppes, mais il épargna intelligemment leurs sujets (conduite qui va à l'encontre de l'accusation de « fléau de Dieu » portée traditionnellement contre lui), leur promit la vie sauve et leur donna comme nouveau roi son propre fils aîné, Ellac. La suite de sa campagne ne fut plus alors pour le Hun qu'une marche triomphale. Il lui suffisait de paraître, rapportent les commentateurs, pour que montent vers lui des acclamations et des protestations de fidélité : un vainqueur qui ne massacrait pas les vaincus ou qui n'en faisait pas des esclaves, cela ne courait pas les steppes ! Les fragments des discours d'Attila à ses adversaires que nous ont rapportés les historiens latins ne sont certes pas des modèles de style, comme ceux de César par exemple, mais ils n'en dénotent pas moins un sens inattendu de la propagande.

La croisade panhunnique d'Attila fut longue, et nous n'en connaissons hélas pas les détails. Après avoir soumis les Akatzirs à sa loi, en 437, il guerroya pendant quatre années contre les tribus dispersées qui nomadisaient à travers les steppes de la Caspienne, revenant périodiquement en Pannonie, sa patrie de départ. Si nous en croyons les sources chrétiennes (les « chroniques » tenues par les évêques), Attila, parti des rives orientales de la mer Caspienne, parvint à soumettre à sa loi tout le nord-est de l'Europe, à l'exception de la péninsule scandinave et des territoires germaniques compris entre la mer du Nord et les cours inférieurs du Rhin et de l'Elbe. Son empire éphémère était alors comparable, en étendue, au double de la superficie de l'Empire romain d'Occident, qui s'était déjà écroulé sous les coups des Germains (la Grande-Bretagne était aux mains des Saxons, l'Aquitaine, l'Espagne et une partie de l'Italie aux mains des Wisigoths, la rive gauche du Rhin et celle du Rhône appartenaient maintenant aux Burgondes et la Gaule belgique aux Francs, qui avançaient désormais irrésistiblement vers la Somme et la Celtique). Rappelons que ce qui subsistait de l'ancien empire occidental de Rome était gouverné depuis 423, à partir de Ravenne, par l'empereur Valentinien III, qui devait rester au pouvoir jusqu'à sa mort, en 455.

*
* *

Au cours de cette première partie de sa carrière de conquérant, rien dans sa conduite et dans ses comportements ne distingue Attila des autres conquérants de l'histoire ancienne ou même moderne, sinon la pauvreté et la rusticité de ses moyens. Ses « buts de guerre » sont, dans l'ensemble, les mêmes que ceux de tous les conducteurs de peuples « nouveau-nés » de l'histoire, comme un bon nombre de peuples errants de la Bible ; en un certain sens, les Huns sont comparables aux Hébreux avant Moïse, aux Cananéens ou aux Indiens d'Amérique des temps préhistoriques, dont les chefs cherchaient à conquérir des territoires pour y installer leurs hordes. Leur culture de nomades est encore fruste en comparaison de celle du peuple romain, et leur dimension démographique est de l'ordre de la population d'une province romaine moyenne.

En d'autres termes, Attila n'est ni un Hammourabi, ni un César, ni un chef franc, car il n'en a ni les moyens matériels, ni les moyens démographiques, et, confronté à l'Empire romain d'Orient sur les terres duquel son peuple tente de prendre souche, il ne pourra qu'être vaincu ; mais rien n'est plus émouvant que l'énergie dont a fait preuve ce conducteur des Huns dont le combat était perdu d'avance, dont les méthodes brutales n'étaient pas tellement différentes de celles de ses adversaires et qui, sous des dehors barbares, ne manquait pas d'une certaine grandeur, comme nous allons le découvrir en feuilletant le

Journal de voyage de Priskos, ce diplomate byzantin qui partit pour la Hunnie et qu'il suffit de lire pour constater que traiter Attila de « *fléau de Dieu* », comme le fera plus tard un ermite en colère est plus qu'une imposture, c'est une aberration stupide dans laquelle ont persévéré tous les manuels scolaires jusqu'à une époque récente.

*
* *

Dans les premiers jours de l'année 449, alors que l'hiver venait à peine de commencer, deux notables venant de Hunnie (que, dans son *Journal*, Priskos nomme, en grec, des « *logadès* ») se présentent à Constantinople comme des ambassadeurs du roi des Huns, sous les noms grecs d'Edecon et d'Oreste ; le premier était le chef des gardes du corps d'Attila, et le second un Romain originaire de Pannonie qui lui servait de secrétaire. Tous deux sont reçus en audience par l'empereur Théodose II, en la présence d'un interprète nommé Vigilas : ils sont venus lui remettre une lettre d'Attila, dictée par celui-ci en latin – langue qu'il pratiquait parfaitement –, contenant un projet de traité de paix entre son peuple et les Romains. Soulignons ici le respect de l'étiquette : Attila, roi des Huns, écrit à Théodose, empereur des Romains, d'égal à égal et cérémonieusement ; sa lettre énumère les cinq conditions suivantes en vue du rétablissement de la paix entre les deux peuples :

1. Suppression de la frontière danubienne et du *limes* (ligne de fortification protégeant cette frontière) avec intégration dans l'empire hunnique des territoires balkaniques situés au sud du Danube (correspondant à l'Autriche, la

Hongrie, la Roumanie, la Bulgarie et la Yougoslavie actuelles).

2. Création d'un statut spécial pour les villes frontières, notamment pour Nish, ville natale de Constantin le Grand, où se tiendront dorénavant les grands marchés, ouverts aux Huns comme aux Romains.

3. Envoi en Hunnie, par Constantinople, d'ambassadeurs dignes de ce nom, et non pas de fonctionnaires de second rang comme c'était alors le cas ;

4. Extradition vers la Hunnie de tous les Huns transfuges qui s'étaient réfugiés dans les provinces de l'Empire romain.

5. Interdiction à tout citoyen romain de posséder et/ou de cultiver des terres dans les territoires nouvellement acquis par les Huns au sud du Danube sans autorisation.

La missive d'Attila était sèche, précise et assortie d'une menace : si les Romains tardaient à mettre en application les deux derniers articles du traité, les Huns reprendraient immédiatement la guerre et mettraient la vallée du Danube à feu et à sang. Tout cela parut très normal et conforme aux habitudes juridiques du temps à Théodose qui expliqua à son entourage, scandalisé par le ton brutal de cette lettre, qu'il ne fallait pas s'en offusquer outre mesure, car les Huns ignoraient l'hypocrisie des formules de politesse et qu'Attila, qui était chez lui, en Pannonie, considérait les Romains, y compris lui-même, leur empereur, comme des voleurs de territoires auxquels, en tant que roi des Huns, il se devait de parler en maître, de la même manière qu'un seigneur parlerait à des voleurs de pommes qui feraient irruption dans son jardin ; puis il congédia les deux émissaires des Barbares d'un geste auguste et lent.

Cependant il était de tradition en Orient, et spécialement à Constantinople, que toute transaction fût accompagnée de quelques manœuvres financières occultes, au nom du fameux principe que l'on n'a rien sans rien. En l'occurrence, après avoir pris congé de l'empereur, les deux envoyés d'Attila demandèrent à être reçus discrètement par l'eunuque et porte-épée de celui-ci, Chrysaphius, un vieil habitué des complots et des intrigues, et lui proposèrent d'assassiner Attila dès leur retour en Hunnie en échange d'une discrète prime de cinquante livres d'or. L'eunuque saisit la balle au bond, mais, en bon Grec, refusa de payer d'avance ; il fut convenu que l'or serait confié à Vigilas, l'interprète de l'empereur, qui rémunérerait les assassins une fois leur crime accompli.

Cela faisait beaucoup de monde à envoyer en Hunnie pour y porter une simple lettre, et Attila, méfiant de nature, risquait de découvrir le complot et de faire exécuter ses propres ambassadeurs ; il fut donc décidé que l'empereur Théodose répondrait aux conditions de paix proposées par Attila d'une manière ferme et noble appelant à son tour une réponse de la part du roi des Huns et que cette réponse serait remise à ce dernier par un ambassadeur romain, un certain Maximin, qui s'adjoignit comme compagnon de voyage un historien grec de ses amis nommé Priskos.

Ainsi partent le même jour, de Constantinople, deux ambassades en direction de la Hunnie : celle des Romains, composée de l'ambassadeur Maximin (porteur de la réponse de l'empereur Théodose), de son collaborateur Priskos et de l'interprète Vigilas (porteur de cinquante livres d'or), et celle des Huns qui s'en retournaient chez eux, dirigée par Edecon et Oreste. Les premiers sont anxieux et se demandent comment Attila va accueillir la réponse de l'empereur, les seconds le sont tout autant, mais pour une autre raison : ils craignent que leur complot ne soit découvert et se voient déjà torturés ou empalés par les bourreaux d'Attila, qui sont experts en la matière.

Tous chevauchent en silence, pendant des jours et des jours, sur les pistes des Balkans recouvertes d'une neige glacée où les chevaux, parfois, trébuchent ; le Danube charrie d'énormes glaçons et l'ambassadeur Maximin constate que ses rives sont encombrées de barques qui ont été creusées dans des troncs d'arbres ; les bateliers, interrogés, expliquent à son interprète qu'Attila campe dans le voisinage et qu'il a ordonné que l'on mette sur pied une grande chasse au sanglier et au loup qui doit ouvrir au début du mois de mars.

Les deux ambassades franchissent maintenant le fleuve. Les voici enfin sur les terres que les Huns se sont appropriées depuis bien des années, à la merci de toutes les embuscades. Un matin, à la grande déception de Maximin, les ambassadeurs hunniques et leurs escortes s'arrêtent un instant : Edecon informe l'ambassadeur Maximin qu'ils vont rejoindre Attila par des sentiers de traverse et confie les Romains à quelques guides, auxquels il donne la consigne de les conduire jusqu'à la capitale du royaume hunnique avant de disparaître dans la brume épaisse et froide.

À la tombée de la nuit, la petite troupe romaine s'arrête. Les légionnaires montent les tentes et se préparent à bivouaquer lorsqu'un bruit de galop frappe leurs oreilles : ce sont des cavaliers hunniques envoyés à la rencontre des Romains pour leur annoncer qu'Attila les attend dans son camp, lequel est très voisin du leur. Maximin en est ravi et Priskos note sur son carnet de voyage : « *Nous les invitâmes à prendre part à notre repas, ils acceptèrent et, descendant de leurs chevaux, ils firent bonne chère avec nous* » (EL, p. 41) ; remarquons au passage que ces Huns sont descendus de cheval pour dîner « à la romaine », et non pas sur leurs chevaux : seraient-ils moins « sauvages » qu'on le prétend à Constantinople ?

Le lendemain les Romains se remettent en route, toujours guidés par des Huns que leur avait laissés Edecon. Il fait toujours aussi froid, le sol est toujours aussi glacé, mais le ciel est maintenant sans nuages et le paysage a changé : à l'horizon se profile une rangée de petites collines blanches de neige, derrière lesquelles le soleil commence à briller. À partir de ce stade du voyage en pays hunnique, le *Journal* de Priskos est tout à la fois passionnant et pittoresque à lire : nous assistons à une sorte de ballet diplomatique sur le sol glacé de la Pannonie où les deux ambassadeurs romains, Maximin et Priskos, encadrés par des guerriers hunniques envoyés par Attila pour les protéger, sont à plusieurs reprises arrêtés dans leur progression par d'autres guerriers qui semblent avoir reçu la consigne contraire d'empêcher l'ambassade de parvenir jusqu'au roi des Huns pour des raisons obscures qui n'ont rien de politiques et que l'on peut déduire de ce *Journal*, dans lequel Attila est dépeint comme un homme volontaire, certes, qui pense à la destinée de son peuple, mais qui n'a rien d'un barbare assassin de paysans ou d'évêques, et encore moins d'un « fléau de Dieu ».

Suivons donc Priskos, au cours des quelques semaines que dura son séjour en Hunnie, dans ses rapports avec son entourage et avec les quelques civils, romains ou grecs, qui y vivaient alors et qui semblent s'y trouver mieux qu'à Rome ou Constantinople ; Priskos nous en cite quelques-uns, mais tout porte à croire que ce ne sont que des exemples parmi plusieurs autres.

Celui sur lequel il s'étend le plus, un certain Onégénèse, est un Grec de naissance qui a émigré chez les Huns – parmi lesquels il vit depuis longtemps – en compagnie de son épouse et de ses enfants, dans une sorte de villa rustique en pierres dotée de « bains romains » avec eau chaude et eau froide, en marbre de Pannonie, et non pas sous une tente ou sous la bâche d'un chariot comme les guerriers d'Attila, dont il est le principal conseiller et auprès duquel il joue le rôle d'un « Premier ministre » chargé des affaires civiles. Priskos nous parle aussi d'un autre Grec, un ancien épicier à Viminacium (aujourd'hui Kostolac, en Serbie) qui lui confie ainsi les raisons de son installation chez les Huns :

> « Je mène parmi les Huns une vie exempte de soucis, lui explique-t-il. Ici, ce que chacun a reçu du sort, il en jouit paisiblement ; nul ne le moleste et rien ne vient le troubler. La guerre nourrit les Huns alors qu'elle épuise et qu'elle tue les sujets de l'empereur romain, parce qu'une loi aberrante interdit aux citoyens romains de s'armer pour se défendre eux-mêmes, et les légionnaires à qui elle les confie, si braves soient-ils, combattent très mal, du fait de leur ignorance des mœurs de leur ennemi ou de la lâcheté de leurs propres chefs. Bien plus : les maux dus à la guerre qui accablent les citoyens romains ne sont rien en comparaison des calamités qui les affligent en temps de paix : les impôts, les tributs qu'il faut payer aux vainqueurs, les exactions des agents du fisc, l'oppression des puissants. Comment pourrait-il en être autrement ? En outre, les lois ne sont pas les mêmes pour tous, à Constantinople ou à Rome. Le riche ou le puissant les transgressent impunément et profitent de son injustice ; mais les pauvres, les

humbles, l'homme qui ignore le dédale et les formalités du droit, celui-là n'échappera jamais à aucune sanction, même injuste, à moins qu'il ne meure de désespoir avant son jugement, épuisé, ruiné par un procès sans fin. Le comble de l'injustice, c'est de ne pouvoir obtenir ce à quoi on a légalement droit qu'à prix d'argent. Chez les Romains, quelle que soit la mauvaise action dont vous êtes victime, vous ne pouvez ni aller devant un tribunal, ni demander un jugement à un juge sans avoir préalablement déposé une somme d'argent qui ira dans les poches de ce juge et de toute la clique des juristes. » (EL, p. 62, *sqq.*)

Un autre Grec, dont le nom est cité dans le *Journal* de Priskos, est Andoche, évêque de Margum qui avait un faible coupable pour les objets en or et qui n'hésitait pas à envoyer des terrassiers violer des sépultures romaines ou hunniques pour y récupérer plats, vases, bijoux et autres objets précieux ; certes, l'empereur Théodose II ne pouvait être rendu coupable de la conduite criminelle de cet ecclésiastique, mais Attila tenait là un bon prétexte de guerre, un *casus belli* et, en 441, il avait engagé sur-le-champ les hostilités. Le premier acte de cette guerre fut une attaque surprise des Huns sur le marché de Margum qu'il lança durant l'été 441, dans laquelle périrent quelques centaines de civils romains ; cette agression fut suivie d'une série d'expéditions punitives contre les territoires romains de la basse vallée du Danube et de la destruction par les armées d'Attila d'un grand nombre de villages romains dans cette même vallée.

Théodose II n'avait pas tardé à être informé de ces troubles par les autorités provinciales de la Mésie[1] et avait adressé, en conséquence, des instructions précises aux

1. Province romaine correspondant en partie à l'actuelle Bulgarie.

administrateurs locaux, leur ordonnant de livrer l'évêque aux Huns s'il était coupable, ou de châtier militairement les Huns dans le cas contraire ; dans le même temps il avait adressé, par l'intermédiaire d'un messager, une note de protestation à Attila : il espérait, lui écrivait-il, que ces actes de brigandage étaient le fait de ce que nous appellerions aujourd'hui « des éléments incontrôlés » et que son ami, l'empereur des Huns, saurait les châtier ainsi qu'il convenait. Attila lui aurait froidement fait répondre par le messager que le saccage de Margum n'était que la juste punition des viols de sépultures hunniques auxquels s'était livré l'évêque, ce à quoi les autorités de Constantinople auraient répliqué à leur tour que, puisque le roi des Huns se prétendait civilisé, il devait agir comme tel et assigner l'évêque devant un tribunal compétent, qui saurait le condamner s'il est coupable ; réponse méprisante du roi des Huns : il n'a que faire des tribunaux romains et de leur procédure, et réclame purement et simplement qu'on lui envoie l'évêque pour le faire pendre lui-même.

Puis l'affaire se byzantinise : l'évêque se défend comme il peut, prétend ne même pas savoir où se trouvent les tombes royales qui ont été profanées, des tentatives de pourparlers sont entamées qui tournent court et l'évêque de Margum, craignant que l'empereur ne sacrifie sa tête à la paix sur le Danube, prend le parti désespéré de passer dans le camp d'Attila et lui promet de lui livrer les clefs de la ville s'il lui garantit la vie sauve et que Margum restera le siège de son évêché. Attila, qui n'est pas un tueur de prélats mais un chef réaliste, apprécie le fait de voir tomber dans son escarcelle une ville si riche sans avoir à tirer l'épée et accepte immédiatement les conditions de l'évêque Andoche qui, la nuit suivante, lui ouvre les portes de Margum.

Cette victoire d'Attila sans combattre étonna le monde romain et en particulier la princesse Honoria, sœur de l'empereur d'Occident Valentinien III qui rêvait d'épouser le roi des Huns, dont le propre rêve était, évidemment, de s'emparer de Constantinople aussi aisément que les Wisigoths avaient pris Rome une trentaine d'années auparavant. Attila ne cessait donc d'inventer, chaque jour, de nouveaux prétextes pour justifier des expéditions punitives et dévastatrices en territoire romain (en Mésie ou en Pannonie) et, peu à peu, ces expéditions prirent l'aspect d'une véritable campagne qui, commencée à Margum en 441, le mena jusqu'au pied des murailles de Constantinople au mois de novembre 447 ; elle a été résumée en des termes extrêmement précis dans la *Chronographie* écrite par un moine qui vécut à Constantinople au début du IXe siècle, Théophane le Confesseur :

> **« Théodose [*il s'agit de Théodose II*] envoya Aspar [*nom d'un général romain*] contre Attila, qui avait déjà pris plusieurs villes, après avoir fait de nombreux prisonniers et amassé un énorme butin. Au cours d'une série de batailles, les généraux romains subirent de très lourdes défaites et Attila atteignit les rives de la mer de Marmara et de la mer Noire [*Constantinople s'élève sur une péninsule qui s'avance dans la mer de Marmara*]. Il prit toutes les villes et toutes les forteresses et Théodose II se vit alors obligé d'envoyer des ambassadeurs à Attila. »**

L'empereur romain ne put donc que s'incliner, et l'armistice fut conclu en décembre 447. Dans ses termes le traité ressemblait à celui qui avait été scellé à Margum trois années plus tôt, mais les conditions financières étaient beaucoup plus élevées, et il fut complété, quatorze mois plus tard, par un traité de paix beaucoup plus lourd pour les Romains vaincus.

*
* *

À lire le *Journal* de Priskos et les quelques rares autres documents écrits que nous possédons, Attila apparaît donc aux yeux des Romains non pas comme une brute sanguinaire ou un « *fléau de Dieu* », ainsi qu'on l'enseigne encore aujourd'hui aux enfants des écoles primaires, mais comme un chef de guerre efficace et bien secondé ; il ne nous est pas présenté par ses adversaires comme un conquérant aveugle et ambitieux, mais comme un chef de guerre analogue à César ou à Auguste qui, quatre siècles et demi avant lui, ont fait exactement la même chose, c'est-à-dire conquis par les armes des territoires étrangers et asservi leurs populations avant de les transformer en citoyens romains.

En effet, face aux peuples qu'ils ont combattus, les Romains ont d'abord été impitoyables, comme l'étaient maintenant les Huns, et César a tué beaucoup plus de Gaulois qu'Attila n'a massacré de Romains et ce n'est qu'après plusieurs années, voire plusieurs dizaines d'années plus tard qu'ils les ont intégrés dans l'Empire sur un pied d'égalité avec eux. Les Huns n'étaient ni assez nombreux, ni assez évolués socialement pour se comporter de la même manière, et leurs « buts de guerre » se limitaient à s'emparer de territoires – pour y faire courir leurs chevaux ou pour y chasser (non point pour y vivre) – et de leurs habitants pour les utiliser comme esclaves, à quelques exceptions près.

Attila aurait peut-être mérité d'être traité de « fléau de Dieu » s'il avait pu ravager l'Empire romain sur une plus grande échelle et pendant plus longtemps ; mais à peine est-il parvenu à se tailler un petit royaume en Pannonie, aux dépens de Constantinople, sans massacres et sans bataille à l'exception de celle de Margum, avant de partir, en 451, pour l'Italie du Nord et pour la Gaule, province dans laquelle il a commis plus de dévastations, parce que, dans ces riches provinces romaines, les villes étaient nombreuses et les églises riches. Ce sont d'ailleurs celles-ci et les évêques qui ont été ses principales victimes et c'est en Gaule que les Huns ont fait le plus de dégâts. Or, en ce temps-là, l'histoire était écrite par les religieux, et Attila a été maladroit et souvent même cruel avec les évêques des villes qu'il traversait. Il n'en a pas fallu davantage pour qu'il revienne de ses deux campagnes en Gaule affublé du surnom de « fléau de Dieu » par l'un d'entre eux et pour que les chroniqueurs religieux aient considéré son passage en Occident comme la marque de la punition divine qu'avaient annoncée les Écritures, ce qui est une imposture à la rigueur excusable ; en revanche, les historiens français du XIXe siècle n'ont pas fait sur ce point précis un travail consciencieux, et ils ont contribué à la démonisation du personnage.

III

Capet l'usurpateur (987-996)

La grande histoire du royaume que bâtirent les rois issus du clan auquel le chef des Francs Saliens, Mérovée, fils de Clodion le Chevelu, donna son nom – le clan des *Mérovingiens* – et dont le petit-fils, Clovis fut accepté en 481 comme roi de tous les Francs – qu'il avait unifiés – se termina, on le sait, avec la prise du pouvoir par les maires du palais de la famille des *Pippinides.* L'avant-dernier de cette lignée fut le fameux Charles Martel (maire du palais de 716 jusqu'à sa mort, en 741), père de Pépin le Bref, fondateur de la dynastie des *Carolingiens*. Ce dernier, après avoir été maire du palais pendant dix ans, fut élu « roi des Francs » par l'assemblée des grands de son peuple en 751 et, pour conférer à ce titre accordé par des humains une valeur divine, il se fit oindre par le futur saint Boniface dans le courant de la même année. Trois ans plus tard, le pape Étienne II accourut de Rome à Ponthierry, afin de demander au roi des Francs son aide contre le roi des Lombards, Astolf, qui avait envahi les territoires pontificaux ; pour l'obtenir plus facilement, il proposa à Pépin de le consacrer roi des Francs, ainsi que ses deux fils, dont l'un au moins serait appelé à succéder à son père. C'est par ce double sacre que fut instaurée et sacralisée en France la tradition de la monarchie héréditaire, régime qui ne fut aboli que plus de mille ans plus tard, le 21 septembre 1792, par la Convention.

La dynastie carolingienne s'éteignit avec la mort, le 21 mai de l'an 987, du roi Louis V, surnommé « le Fainéant », qui n'avait régné qu'une seule année. Le chroniqueur Richer, moine en l'abbaye de Saint-Rémi de Reims[1], nous décrit ainsi l'accident qui provoqua sa mort :

> **« En chassant pendant l'été, il fit une chute qui lui causa une violente douleur au foie. Comme les médecins affirment que le foie est le siège du sang, le choc subi par cet organe provoqua un afflux de sang dans cet organe et le sang lui coula abondamment par le nez et la bouche. Il fut assailli de douleurs continuelles aux mamelles, éprouva une brûlure intolérable dans tout le corps. Ainsi, un an seulement après la mort de son père, le 11 des calendes de juin (22 mai 987), le roi Louis V paya sa dette à la nature et expira. »** (Richer, *Histoire*, III, 6.)

La disparition subite du roi posait un grave problème aux évêques et aux grands du royaume, car Louis V était mort sans postérité, après un règne qui n'avait été guère rempli que de querelles domestiques : Emme, la mère du roi disparu, qui était la fille d'Othon le Grand, l'empereur d'Allemagne, passait même pour avoir empoisonné son époux, le roi Lothaire, puis elle était devenue la maîtresse de l'évêque Adalbéron : qui donc allait succéder à Louis V sur le trône de France ? Le premier prétendant à se décla-

1. Richer écrivit son *Histoire* à l'époque où Gerbert – qui devait être ultérieurement élu pape sous le nom de Sylvestre II – était archevêque de Reims, entre 991 et 998.

rer fut l'oncle paternel du roi défunt, Charles, duc de Basse-Lorraine, frère de Lothaire (voir le tableau généalogique p. 65, résumant le passage des Carolingiens aux Capétiens) ; il vint trouver l'archevêque de Reims et tenta de le circonvenir en ces termes, que nous rapporte Richer :

> **« Tout le monde sait, père vénérable, qu'en vertu du droit héréditaire je dois succéder à mon frère [*Lothaire*] et à mon neveu [*Louis V, fils de Lothaire*]. Bien que mon frère m'ait repoussé du trône [*c'est faux : selon le droit successoral latino-germanique, le fils du roi défunt l'emportait sur le frère de celui-ci : Charles n'a donc pas été « écarté »*], la nature ne m'a rien refusé de ce qui constitue un homme. Je suis né avec tous les membres sans lesquels on ne peut être promu à une dignité quelconque. Je ne suis pas non plus dépourvu des qualités qu'ordinairement on réclame de ceux qui doivent régner : la naissance et, j'ose le dire, le courage. Pourquoi ai-je été chassé d'un pays que mes ancêtres, personne ne le conteste, ont possédé, puisque maintenant mon frère est mort et que mon neveu n'est plus, et qu'ils n'ont pas laissé de postérité ? Mon père a laissé deux fils, mon frère et moi ; mon frère a pris possession de tout le royaume et ne m'a rien laissé. J'ai pourtant servi sous ses ordres non moins fidèlement que les autres et, je l'affirme, depuis cette époque rien ne m'a été plus à cœur que le salut de mon frère. »** (*Ibid.*, II, 9.)

Le duc Charles était certes un prétendant valable mais, dans cette affaire de succession, Hugues Capet, duc lui-même, qui avait alors quarante et un ans et qui était le fils d'un riche propriétaire terrien (Hugues le Grand, ainsi surnommé en raison de l'étendue de ses domaines), fut en définitive le plus têtu et le plus malin. Il sut faire taire son ambition tant qu'elle ne pouvait être assouvie, il feignit de ne pas s'apercevoir des manœuvres de Charles, il fit mine de vénérer feu le roi Louis V et sut jouer, au bon moment, la carte truquée de l'archevêque Adalbéron : il se trouvait maintenant en position de supériorité par rapport à ce dernier, qui lui devait son siège épiscopal. Les propos qui furent tenus, lors de l'assemblée qui suivit la mort accidentelle de Louis V, sont un modèle de fourberie politique. Selon Richer, Hugues ouvrit la séance par un discours modéré et subtil en faveur de l'archevêque :

> « "Je sais que le défunt roi accusait Adalbéron d'intelligence avec l'ennemi ; s'il y a quelqu'un qui soutienne encore une telle accusation, qu'il se présente, qu'il expose sa pensée, qu'il charge sans crainte l'inculpé. S'il dit la vérité, il nous trouvera, sans aucun doute, disposés à approuver ses paroles ; mais si c'est un calomniateur qui forge des mensonges, qu'il se taise, sinon il sera puni de son forfait quand celui-ci aura été démasqué." On fit trois sommations pour inviter un accusateur à se présenter, mais personne ne se désigna pour jouer ce rôle ingrat. » (Richer, III, 6.)

Selon le plan qu'il avait prévu, Capet passe alors à la deuxième partie de la comédie qu'il joue devant les grands du royaume assemblés, et il leur demande d'écouter l'avis de l'archevêque, lequel se tire fort habilement de l'affaire.

> « "Puisque notre roi très pieux a été transporté dans le monde des purs esprits, prêche Adalbéron, je suis venu siéger pour consulter des affaires de l'État, mais il n'est pas dans mes intentions de rien proposer qui ne soit dans l'intérêt public et je demande l'avis général, car c'est le bien de tous que je désire, mais comme j'observe que les princes ne sont pas tous présents, la délibération sur le choix d'un roi doit être, à mon avis, ajournée", conclut-il habilement. » (*Ibid.*, III, 8.)

La proposition de l'archevêque est accueillie favorablement, et les grands se séparent satisfaits ; mais Charles de

Lorraine, qui n'est pas sot, a compris que l'évêque est en train de tourner casaque, et il décide de tenter une dernière fois de le convaincre ; ce n'est que peine perdue : Adalbéron reste inflexible et, avec la plus mauvaise foi du monde, il lui déclare qu'il ne traite pas avec les parjures ou des complices de parjures et éconduit le prétendant au trône. À la fin du mois de mai 987, l'assemblée des grands au complet se réunit à nouveau, à Senlis cette fois, et l'archevêque tient un subtil discours que nous rapporte Richer et dont voici la teneur surprenante, adaptée en termes modernes.

> « Évitons que la haine ou les passions nous égarent, dit en substance le prélat. Je n'ignore pas qu'il y a un héritier présomptif au trône de France, à savoir Charles de Lorraine, frère de Lothaire et oncle de feu le roi, et qu'il a ses partisans. Mais un trône n'est pas un bien qu'on transmet héréditairement, il faut aussi le mériter. Celui qui s'y élève doit non seulement posséder de la noblesse, mais aussi de la sagesse, le sens de l'honneur et de la générosité, et l'histoire ne manque pas d'empereurs de race illustre déposés à cause de leur lâcheté. Charles de Lorraine ne mérite pas le trône : il est sans honneur, car il a prêté serment de fidélité à l'empereur Otton, mais il le combat comme un rival en Brabant et il s'est abaissé en épousant une femme appartenant à une classe inférieure à la sienne. Comment un personnage d'aussi grande lignée que le duc de France[1] pourrait-il s'incliner devant une reine qui n'est que la fille d'un de ses vassaux ? Souhaitez-vous le malheur de l'État ? Choisissez le duc Charles. Souhaitez-vous sa prospérité ? Donnez la couronne à l'éminent duc Hugues... Vous trouverez en lui un défenseur non seulement du royaume, mais de vos intérêts privés. Grâce à sa bienveillance, vous aurez en lui un père. »

1. Il s'agit d'Hugues Capet.

Les paroles du prélat sont claires comme de l'eau de roche : par ses manœuvres, Hugues Capet a damé le pion aux Carolingiens qui cherchaient à se maintenir envers et contre tout sur le trône de France, et le leur a subtilisé.

Mais ses ancêtres n'avaient aucune noblesse. Les princes carolingiens – Charles le Chauve, Charles le Simple, Louis IV, Lothaire, Louis V – avaient toujours été soutenus contre les prétentions capétiennes par les grands et les évêques ; Eudes fut toléré parce que Charles le Chauve était encore un enfant et que les Normands étaient bientôt aux portes de Paris, Robert Ier fut combattu et périt en usurpateur mais les tentatives de Raoul de Bourgogne, d'Herbert de Vermandois et d'Hugues le Grand, le père d'Hugues Capet, tournèrent court : Charles le Simple, roi en dépit de sa captivité, et les deux derniers Carolingiens, Lothaire et Louis V, ne cédèrent aucune de leurs prérogatives ni au père de Capet, ni à Capet lui-même. En réalité, l'accession de ce dernier au trône de France fut, comme nous allons le montrer, le produit d'une imposture.

L'avènement des Capétiens sur la scène de l'histoire de France ne se fit ni par la gloire des armes, ni par celles de la grandeur, mais par la ruse de ce petit roi modeste qui, selon ce qu'affirme Dante dans un célèbre passage de la *Divine Comédie*, n'était pas fils de roi mais descendait en fait d'un boucher parisien ou, pour être plus exact, d'un riche propriétaire de bestiaux ; dans le chant XX du *Purgatoire*, le poète fait en effet avouer ses origines au premier Capétien :

> « Je fus la racine de cette plante coupable qui par son ombre funeste nuisit à toute terre chrétienne [...]. On m'appela Hugues Capet [...]. J'étais le fils d'un boucher de Paris [*beccato di Parigi*] ».

On a proposé diverses explications de cette affirmation inattendue que François Ier aurait qualifiée de mensongère ; on a notamment avancé que le surnom de « *Caputius* », porté non seulement par Hugues Capet mais aussi par son père, était une allusion au « tranchoir » des bouchers (en latin *caputius*) et non à la petite « cape » que portait Hugues Capet (mais que ne portait pas son père). Cela dit, il n'en demeure pas moins que le premier roi capétien n'était pas de haute lignée et qu'à la mort du Carolingien Louis V, en 987, il restait encore en vie de grands noms dans la dynastie de Charlemagne, tels Charles de Basse-Lorraine et le fils aîné de ce dernier (donc le cousin germain de Louis V), Otton de Basse-Lorraine (né avant 985) : il n'était donc pas nécessaire de lui chercher un successeur dans la branche capétienne ; mais de toute évidence Hugues Capet, qui avait alors quarante-sept ans, voulait le pouvoir et semblait en être le plus digne, et Adalbéron, qui était le maître de la cérémonie du sacre, tenait à le lui octroyer, ce qu'il fit en le couronnant roi de France le 1er juillet 987.

Nous connaissons tous les détails de cette « course au sacre » par les *Chroniques* de divers ecclésiastiques contemporains des événements, lesquels nous les commentent, en particulier celles de Guillaume de Jumièges (mort vers 1090), de Raoul Glaber (fin Xe-1046), par la correspondance du pape Gerbert, le traité *Des hommes illustres* de Sigebert de Gembloux (v. 1030-1112), etc.

Voici sur cette affaire un bref témoignage soulignant bien le caractère illégitime de l'usurpation dont Hugues Capet se rendit coupable ; il est dû au moine Gerbert d'Aurillac (pape de 999 à 1003 sous le nom de Sylvestre II) qui déclare lui-même, dans une lettre adressée à l'un de ses amis en Germanie et qui nous est restée :

> **« Lothaire est roi de nom, Hugues l'est de fait ; si vous vous fussiez assurés de son amitié, vous n'eussiez plus, depuis longtemps, rien à craindre des rois des Français. »**

Le titre royal qui fut conféré à Hugues Capet n'ajoutait rien à sa puissance mais l'obligeait à défendre sa couronne contre le duc de Lorraine, et il résulta de ce conflit une guerre civile opposant les vassaux des deux prétendants et qui se termina par la défaite du nouveau roi de France, vaincu devant Laon au printemps de l'an 989. Cet échec aurait pu avoir de graves conséquences, car Hugues vit son autorité méconnue, mais, grâce au soutien de l'évêque de Laon, Adalbéron, il finit par s'imposer à ses vassaux.

En raison du peu de documents relatifs au règne de Hugues Capet qui nous sont parvenus, il est impossible de juger si le fondateur de la dynastie des Capétiens fut un prince éminent ou un personnage médiocre porté au trône par le cours des événements et par ses intrigues. Car s'il faut en croire le chroniqueur bénédictin Guillaume de Jumièges, qui vécut peu après le règne d'Hugues Capet (il mourut en 1090), le seul événement notable de son règne, qui dura une quarantaine d'années, fut la fondation de la ville d'Abbeville ! De même, le seul conflit d'importance qui ait marqué le règne d'Hugues Capet, à savoir la mainmise de Charles de Lorraine sur l'évêché de Laon, dont Adalbéron était l'évêque, s'est déroulé et résolu sans son intervention et dans des conditions bien médiocres qui – à les lire dans l'*Histoire de France* de Richer, notre unique source – relèvent plus du fait divers que du fait historique.

En conclusion de tout cela, on se doit de dire que si l'histoire des Capétiens fut indiscutablement glorieuse, cette gloire n'est pas seulement due au fondateur de la dynastie. Les manuels d'histoire traditionnels continuent d'appeler « révolution capétienne » le fait que le souverain qui succéda au dernier Carolingien fut *élu* puis sacré roi en juillet 987 par les grands vassaux du royaume en la personne du *Robertien* Hugues Capet, et que près de six mois après son sacre, le 25 décembre 987, il demanda à ces mêmes électeurs de bien vouloir élire comme successeur éventuel son fils aîné, Robert, qui fut surnommé Robert le Pieux. Par la suite, les souverains capétiens perpétueront ce rite et les historiens pourront affirmer que tous les rois capétiens auront été des souverains « élus », et, lorsque le hasard voudra que l'aîné désigné et couronné meure avant son père, le cadet (s'il existait) ou le plus proche parent mâle du souverain sera de nouveau proposé au suffrage des grands vassaux.

Ainsi donc, sous les Capétiens, ce n'était pas en vertu de l'hérédité qu'un prétendant accédait à la couronne de France, mais à l'issue d'un processus électoral, et le premier souci d'un souverain était d'assurer sa descendance mâle, au besoin par un divorce et un remariage si son épouse ne lui donnait pas d'enfant mâle, afin de faire élire son successeur de son vivant. Ainsi le fils d'Hugues Capet, Robert II le Pieux, qui succéda à son père comme il se devait et dont le mariage avec Berthe de Bourgogne, en 996, était resté infécond, dut répudier cette épouse qu'il aimait tendrement et épouser, en 1003, Constance d'Arles, qui lui donna quatre fils. De même, le roi Louis VII épousa Aliénor d'Aquitaine en 1137 ; mais comme celle-ci, après quinze ans de mariage, n'avait eu que des filles, il la répudia et se remaria avec Constance de Castille qui mourut sans lui avoir donné de fils. Le roi se maria une troisième fois, avec Adèle de Champagne, dont il eut enfin un héritier mâle : Philippe Auguste. Il le fit « élire » par les grands vassaux, et les historiens oublieront que le premier Capétien n'était qu'un vulgaire homme du peuple, fils d'un important éleveur et marchand de bestiaux...

Charles Martel
v. 686-741
(fils du Pippinide Pépin
de Herstal, v. 635-714)

Pépin le Bref
v. 715-768

CHARLEMAGNE
742-814
(empereur 800-814)

LOUIS Ier le Pieux
778-840
(empereur : 814-840)

- **LOTHAIRE Ier**
  v. 795-855
  (empereur 840-855)
  - **LOUIS II**
    v. 825-875
    (empereur 855-875)
- **Louis II
  le Germanique**
  v. 806-876
  (n'a pas été empereur)
  - **CHARLES III le Gros**
    839-888
    (empereur en 881)
- **CHARLES II
  le Chauve**
  823-877
  (empereur 875-877)
  - **Louis II le Bègue**
    846-879
    **(n'a pas été
    empereur)**
    - **Louis III**
      v. 863-882
    - **Carloman**
      v. 866-884
    - **Charles III le Simple**
      879-929
      - **Louis IV
        d'Outremer**
        v. 921-954
        - **Lothaire**
          941-986
          roi de France (954)
          - **Louis V**
            (v. 967-987)
          - Arnoul
            (m. en 1021)
        - Mathilde
          v. 943-v. 991
        - Charles
          de Basse-Lorraine
          953-v. 993

Généalogie des Carolingiens (686-987)

IV

La sanglante imposture des croisades (1095-1291)

En plein cœur du Moyen Âge et durant deux longs siècles, la fine fleur de la chevalerie française et les plus valeureux des guerriers musulmans – turcs ou arabes – se sont éventrés, égorgés, massacrés les uns les autres à travers tout le Proche-Orient : les premiers, en apparence, parce qu'ils y avaient été entraînés par des prédicateurs chrétiens exaltés, les seconds parce qu'il leur fallait bien répondre aux agresseurs chrétiens qui envahissaient leurs terres sous le prétexte de défendre le tombeau du Christ – alors que celui-ci, pour tout bon musulman, était un prophète aussi vénérable que Mahomet lui-même, sur lequel le Dieu unique des musulmans et des chrétiens avait fait descendre les versets suivants du Coran, alors qu'il venait d'être cloué sur la Croix :

> **« Jésus, voici que Je te recouvre, t'élève vers Moi, que je te purifie de ceux qui t'ont dénié, jusqu'au jour de la résurrection. »** (Sourate III, verset 55.)

Dans la chaîne des prophètes qu'énumère le Livre Saint de l'Islām, Jésus joue donc un rôle particulier : pour les musulmans Il a été le dernier Envoyé, avant Mahomet, et

Dieu l'a chargé de guider à nouveau les hommes vers la pure religion d'Abraham que les juifs, arabes ou non arabes, avaient pervertie ; mieux encore : toujours selon le Coran, Jésus a annoncé la venue d'un ultime prophète, en lequel l'Islām a reconnu Mahomet. C'est dans ce contexte très particulier que vont naître les croisades : au sortir des affrontements féodaux du Haut Moyen Âge, dans le courant du XIe siècle, à travers la prédication des moines et des abbés, on voit fleurir et se répandre en Occident, dans les milieux paysans notamment, un besoin de salut qui se manifeste par la multiplication des pèlerinages vers des lieux divers, sanctifiés par la présence passée de quelques personnages exemplaires, canonisés pour avoir fait preuve des vertus chrétiennes traditionnelles (foi, charité, espérance, etc.) à un degré héroïque : le pèlerinage, qui implique toujours des efforts, des moments de méditation ainsi qu'une certaine exaltation intérieure, est un exercice spirituel dont la pratique s'étend alors dans toutes les classes sociales. Le plus « salvateur » d'entre eux est, bien entendu, le pèlerinage à Jérusalem sur les traces du Christ : le pèlerin y met en jeu sa vie non pas en raison de la présence en Terre Sainte des musulmans (auxquels le Coran, on l'a vu, enseigne que Dieu éleva Jésus vers Lui), mais en raison de la conquête militaire et politique qui se révéla être le véritable but des croisades dès la seconde d'entre elles (celle des chevaliers) ; de sorte qu'elles dégénérèrent d'abord en une sanglante guerre de reconquête des anciennes terres romaines que les califes fatimides avaient enlevées à la chrétienté, puis en une guerre de conquête coloniale, de caractère plus « raciste » que religieux.

Ces guerres meurtrières et absurdes – autant pour les

« Infidèles » musulmans, turcs et arabes, que pour les « Fidèles », chrétiens d'Europe et de l'Empire byzantin (qui ne se déchiraient pas encore entre eux) – ont été chantées sur le mode épico-lyrique par les poètes arabes et chrétiens du temps, ce qui peut à la rigueur se comprendre, mais elles ont été par la suite transformées en une sublime épopée chrétienne par les historiens européens, dont l'interprétation « héroïque » des croisades s'est prolongée jusqu'à nos jours ou presque. Or cela constitue une véritable imposture, d'autant que cette version circule encore dans certains manuels scolaires... sans parler des délirantes versions cinématographiques !

En fait, non seulement les croisades ne furent pas déclenchées pour des motifs religieux mais, de surcroît, celle que prêcha le pape Urbain II en 1095 ne les inaugura pas, contrairement à ce que l'on enseigne encore. En effet, les premières dynasties musulmanes – notamment celle des Abbassides (750-1258) qui régna à Bagdad, et celle des Ayyubides (XIIe-XIIIe siècles), fondée par Saladin Ier (1171-1193) – avaient conquis un vaste empire aux dépens de Byzance. En particulier, la quasi-totalité du Proche-Orient (l'Arménie, la Syrie, le Liban, l'Égypte, l'Iraq et l'Iran) dépendait des califes, ce qui avait déjà conduit les empereurs byzantins à tenter de réagir. Le premier guerrier chrétien qui parvint à freiner – pour peu de temps – les progrès de l'Islām fut le Byzantin Nicéphore II Phocas (empereur de Byzance de 963 à 969), qui entreprit la reconquête d'une partie des territoires dont s'étaient emparés les musulmans. Au cours de cette *croisade byzantine*, qui ne fut prêchée par aucun pape mais décidée par l'empereur de son propre chef comme une simple opération militaire, près d'un siècle avant la prédication de la première croisade par le pape Urbain II, Nicéphore parvint à reprendre aux Arabes la plupart des villes de Syrie qui étaient tombées entre leurs mains, puis il étendit sa domination territoriale jusqu'à l'Euphrate, qu'il atteignit vers 968, et réussit à faire trembler le calife abbasside qui régnait en ce temps-là dans Bagdad, al-Muti.

Nicéphore serait peut-être même parvenu à abattre la puissance des Abbassides s'il n'avait commis la faute de négliger les frasques et les ambitions de son épouse, Théophano. Celle-ci, aidée par son amant, le général Tzimiscès, petit de taille mais néanmoins d'une ambition herculéenne, conspira contre son époux qui guerroyait en Iraq et, lorsque ce dernier fut de retour à Constantinople, le fit assassiner : dans la nuit du 10 au 11 décembre 968, le général traversa le Bosphore en bateau puis, guidé par l'impératrice et un eunuque jusqu'à la chambre écartée où dormait Nicéphore, allongé sur une peau d'ours, il réveilla l'empereur d'un coup de pied puis, comme celui-ci levait la tête en s'appuyant sur son coude, un soldat du nom de Balanès lui fendit le crâne d'un coup d'épée et traîna ensuite le corps aux pieds de son chef qui l'accabla d'injures, lui arracha la barbe, lui fit briser les mâchoires avec le pommeau des épées de ses soldats et finalement l'acheva d'un coup de lance à travers le corps. Comme les gardes accouraient au secours du prince et que la foule s'assemblait déjà au dehors, les meurtriers coupèrent la tête de Nicéphore et la brandirent devant une fenêtre, à la lueur des flambeaux. Horrifiée, la foule se dispersa rapidement, le cadavre de l'empereur resta toute la journée étendu sur la neige et ne fut enterré que le soir.

Ainsi périt l'un des plus grands généraux que Constantinople eût possédé et le seul prince qui, depuis le règne de Justinien, eût reculé les limites de l'Empire. Nicéphore fut aussi le premier empereur d'Orient à entreprendre la reconquête des territoires chrétiens dont les Arabes s'étaient rendus maîtres, mais il s'en empara en son nom propre, si l'on peut dire, et non point « au nom de Dieu », ce qui ternit quelque peu son image.

Son successeur sur le trône de Constantinople ne fut autre que son meurtrier. Tzimiscès (969-976) reprit la lutte contre les musulmans mais, tout comme celle de Nicéphore, la guerre qu'il entreprit contre eux fut purement laïque, sans aucune motivation religieuse. Ce qui intéressait ces deux guerriers chrétiens, c'étaient les terres considérées comme perdues par l'Empire byzantin, et non pas en soi la « Terre Sainte » où avait prêché et où était mort le Christ : ce n'est donc que plus d'un siècle plus tard qu'Urbain II prêchera qu'il fallait faire pour Dieu ce que Nicéphore et les Byzantins avaient fait pour leur empire et reconquérir cette Terre Sainte au nom de la chrétienté, et non plus au nom d'une dynastie.

La « croisade » byzantine de 975 tourna court. Les guerriers de Jean Tzimiscès (que l'on n'appelait pas encore des « *Croisés* », pas plus que l'on ne qualifiait les Arabes d'« *Infidèles* ») parvinrent à rétablir sous la suzeraineté (chrétienne) de Byzance les émirs musulmans des territoires correspondant, en gros, à la Syrie actuelle, au Liban et à la Galilée, mais ils ne purent aller plus loin que Tripoli qui demeura aux mains des Fatimides. Le successeur de Tzimiscès (mort en, 976, à son retour à Constantinople), Basile II (empereur d'Orient de 976 à 1025), finit par conclure un traité avec eux, en 1001, limitant ses possessions au duché d'Antioche et à quelques terres dans la région d'Alep, l'ensemble de la Syrie, du Liban et de la Palestine actuels restant sous la domination des califes.

À partir du successeur de Basile II, le territoire de l'Empire grec d'Orient ne cessa de se rétrécir comme une peau de chagrin sous les coups des envahisseurs turcs, qui se convertirent les uns après les autres à l'Islām ; les Byzantins, divisés et incapables de résister à leurs assauts, furent finalement défaits à la bataille de Mantzikert (aujourd'hui Malazgirt, au nord du lac de Van), le 19 ou le 26 août 1071, où le sultan seldjoukide Alp Arslan[1] écrasa littéralement l'armée byzantine (cent mille hommes) que commandait l'empereur Romain Diogène : ce fut le plus grand désastre militaire de l'histoire de Byzance.

À partir de cette date, il fut clair pour les chefs politiques et militaires européens que la reconquête par les armes des territoires byzantins, que traversait la précieuse route de la soie, s'imposait de toute nécessité, au moins autant – sinon plus – que la protection des pèlerins qui partaient pour la Terre Sainte. Certes il ne se trouva aucun pape, aucun homme d'Église pour évoquer ce problème et les auteurs de manuels d'histoire traditionnels, plus enclins à célébrer les grands sentiments – la foi pour les auteurs religieux, l'héroïsme militaire des Francs pour les autres – sont restés longtemps muets sur ce point. Il n'est toutefois pas inutile de rappeler ici l'habile attitude politique du vainqueur turc et les conséquences de sa victoire.

Alp Arslan traita son ennemi vaincu avec la plus grande courtoisie et le renvoya en territoire grec, où le haut fonctionnaire qui avait pris sa place pendant sa captivité,

---

1. Deuxième sultan seldjoukide (règne de 1063 à 1072), successeur de Thugrilbeg.

Michel VII Doukas, s'était saisi de la couronne impériale. Romain Diogène eut donc à combattre l'usurpateur, qui le captura près d'Adana et le livra au bourreau pour qu'il le mette à mort en lui crevant les yeux. Quant à Alp Arslan il s'en alla guerroyer en Transoxiane, où il trouva la mort, et son fils Malik Shâh (qui régnera de 1072 à1092) achèvera d'asseoir sur des bases solides, politiques et militaires, le grand empire des Seldjoukides.

*

* *

Les historiens de la IIIe République, qui se disaient « laïcs », mais qui ont exalté les croisades, ont été des imposteurs. Selon eux les croisades auraient été organisées par les chrétiens d'Occident pour : 1° protéger les Lieux Saints contre les agressions sacrilèges des « Infidèles » ; 2° protéger les pèlerins qui s'y rendaient.

En fait, si telle avait été l'étiologie des croisades, sans doute n'auraient-elles pas eu l'ampleur qu'elles ont connue, ou bien auraient-elles débuté plus tôt, du temps de la grande expansion de l'Islām et de la conquête de l'Espagne par les musulmans, en 711-719, ou encore de leur avancée jusqu'à Poitiers en 737, voire de la grandeur des Abbassides ; mais, au XIe siècle, l'organisation religieuse des pays musulmans a atteint son sommet. L'Europe a connu ses premières grandes « terreurs » (que l'on songe à celle de l'an mil) et le Proche-Orient ses premières grandes dynasties arabes qui dirigent aussi bien les armées musulmanes sur les champs de bataille que les croyants musulmans d'Égypte, d'Arabie ou de l'Empire ottoman, qui est devenu une très grande puissance militaire.

Si les terreurs métaphysico-religieuses n'existent pas dans le monde islamique (où les croyants sont convaincus qu'ils seront certainement jugés sur leurs actions et que, si elles ont été bonnes durant leur vie, ils vivront après leur mort dans le Jardin d'Allah), il n'en est pas de même chez les chrétiens dont le salut après la mort dépend de la sincérité de leur repentance, des sacrifices personnels qu'ils feront au Seigneur et du retour de Celui-ci à la fin des temps. Parmi les rites de pénitence qui, selon qu'ils sont observés ou non, feront que le chrétien qui les exécute sera ou sauvé ou perdu pour l'éternité, le pèlerinage en Terre Sainte, à Jérusalem, est le rite par excellence qui crée chez le croyant une vie nouvelle, au même titre que l'engagement dans un ordre religieux : faire pénitence à Jérusalem, y recevoir un nouveau baptême, avoir la grâce souveraine d'y mourir presque certainement en état de sainteté et, sublime chance, de s'y trouver lorsque Notre-Seigneur y réapparaîtrait, voilà le souhait ineffable de tout chrétien à cette époque. Un témoignage du temps – parmi des centaines d'autres qui nous sont parvenus –, dû au chroniqueur bénédictin Rodulphe Glaber (« le Chauve ») qui mourut au monastère de Cluny vers 1050, est particulièrement instructif à ce sujet ; pour l'année 1028, il note ceci :

> « Quelques personnes de poids et d'autorité, consultées au sujet du concours prodigieux de peuple à Jérusalem – empressement comme on n'en avait jamais vu jusqu'alors – répondaient avec sagesse que c'était le signe avant-coureur de la venue de l'infâme Antéchrist que les hommes redoutaient, sur la foi des divines Écritures : aussi toutes les

nations s'ouvraient-elles un passage vers l'Orient, qui devait être sa patrie, pour marcher bientôt contre lui. »

La papauté s'y préparait d'ailleurs depuis l'époque de Charlemagne et déjà le pape Léon IV (mort en 855) écrivait aux combattants chargés de chasser les Sarrasins qui menaçaient d'envahir l'Italie par la mer que le royaume des cieux était ouvert à ceux qui mourraient dans la sainte guerre qu'ils avaient entreprise. De même, dans la *Chanson de Roland*, l'archevêque Turpin promet aux chevaliers partis à la reconquête de l'Espagne sur les mêmes Sarrasins que, s'ils mouraient, ils deviendraient de saints martyrs et bénéficieraient des plus hauts sièges du Paradis.

Plus tard, sous le pontificat de Grégoire VII (1073-1085), la priorité sera accordée par Rome à la lutte contre l'empereur germanique Henri IV, dans le cadre du conflit entre le Sacerdoce et l'Empire, mais le souci de rétablir la suzeraineté de l'Église sur les territoires orientaux qu'avaient accaparés les Maures commençait à agiter la papauté.

C'est ainsi que le pape Urbain II (1088-1099) prit la décision d'engager la guerre sainte après le concile de Plaisance, en mars 1095, où l'empereur byzantin Alexis Comnène était venu prier le pape de lui accorder quelques secours en vue de défendre la Sainte Église d'Orient qui était en danger. C'est à ce moment que débuta l'imposture, absurde d'abord, et pour laquelle on peut avoir quelque indulgence (la croisade populaire de Pierre l'Ermite, qui part de France en 1095 et qui échouera lamentablement en 1096), puis criminelle et sans excuse, menée par des barons avides de conquérir des fiefs en Palestine bien plus que de défendre la foi chrétienne. Cette deuxième phase de l'histoire des croisades, de loin la plus importante, s'est soldée par une défaite générale de la chrétienté occidentale devant le monde islamique dont l'Occident subit encore les conséquences : malgré cela, bien des historiens célèbrent encore les croisades comme une aventure héroïque, bien que malheureuse, alors qu'elle fut en fait assez proche des guerres colonialistes et idéologiques modernes, que les thuriféraires de la IIIe et de la IVe République ont présentées comme de glorieuses entreprises civilisatrices alors qu'elles ne furent que la conquête et l'exploitation de peuples faibles et pauvres par une des plus riches et des plus puissantes nations européennes. La même remarque peut d'ailleurs s'appliquer au colonialisme britannique.

V

Azincourt et le prétendu « honteux » traité de Troyes

Tous les historiens contemporains, français ou britanniques, sont d'accord sur ce point : il n'y a jamais eu sur la terre de France une quelconque guerre qui aurait duré cent ans et qui aurait opposé les armées des rois d'Angleterre (de la lignée des Plantagenêts, puis des Lancastres) à celles des rois de France (de la lignée des Valois) ; en revanche, après l'avènement sur le trône d'Angleterre, en 1327, du roi Édouard III Plantagenêt, après la mort en 1328 du dernier Capétien direct, Charles IV le Bel et l'avènement sur le trône de France de son neveu Philippe VI, fondateur de la dynastie des Valois, une querelle dynastique s'est instaurée entre les deux couronnes à laquelle se mêlèrent les ducs de Bourgogne et qui va déboucher sur un siècle d'affrontements armés, entrecoupés de trêves plus ou moins longues et de divers traités de paix, dont aucun ne fut définitif jusqu'aux conventions de Picquigny, conclues entre Louis XI et Édouard IV d'Angleterre le 29 août 1475, qui mirent fin à cet interminable conflit, régulièrement aggravé par des épidémies de peste et de choléra, les famines et les catastrophes naturelles.

Les poètes et les chroniqueurs du temps nous ont légué

d'abondants récits de ces malheurs dont ils ont été les témoins, et les historiens du XIXe siècle et du début du XXe siècle se sont laissé prendre aux pièges de leur talent, cultivant ainsi l'imposture historique dont les écrivains romantiques firent leurs choux gras, aussi bien les Britanniques comme Walter Scott que les Français tel Victor Hugo, et tous les écoliers de France ont appris et récité, pendant des décennies, le « catéchisme » de la guerre de Cent Ans.

L'imposture maîtresse a été l'introduction, par les historiographes britanniques et français, des expressions « Guerre de Cent Ans » et « *One hundred years War* » ; voici ce qu'écrit, par exemple, l'historienne C. Gauvard, qui remet nettement les choses au point :

> « L'expression “guerre de Cent Ans” qui désigne le conflit entre la France et l'Angleterre ne correspond pas à la réalité : la guerre est entrecoupée de longues périodes de trêves [...]. La guerre de Cent Ans s'inscrit dans la vieille rivalité qui, depuis le XIIe siècle, oppose les Capétiens et les Plantagenêts. Cependant, les hostilités qui reprennent au XIVe siècle ne peuvent pas être réduites, comme aux siècles antérieurs, à des explications féodales. La guerre s'éternise parce qu'elle engendre sa propre durée sous l'effet de forces qui ont intérêt à la continuer. Peu à peu elle change de sens, pour devenir un conflit national où les protagonistes ne sont plus seulement des adversaires, mais des ennemis. » (C. Gauvard, *La Guerre de Cent Ans*, Collection « Nouvelle Clio », p. 372.)

En fait, le conflit franco-anglais fut essentiellement une querelle dynastique entre les représentants de la dynastie des Capétiens, qui régnaient en France, et de la dynastie des Plantagenêts qui régnaient en Angleterre et qui possédaient, par le fait des alliances et des héritages, une grande partie de l'ouest de l'hexagone français. Ce conflit s'est aggravé sous le règne du roi de France Louis VII le Jeune (1137-1180), en vertu non pas de quelques exploits guerriers du roi d'Angleterre, Henry II Plantagenêt (1154-1189), mais des exploits galants d'Aliénor d'Aquitaine, l'épouse de Louis VII. Ce dernier, qui avait en 1143 – dans le cadre d'une guerre féodale contre le comte de Champagne – incendié le bourg de Vitry et son église où s'étaient réfugiées plusieurs centaines de personnes, sensible à la prédication de la seconde croisade par saint Bernard, décida de partir avec les croisés pour la Terre Sainte afin d'expier son crime ; la croisade échoua, et Louis VII revint en France... pour découvrir qu'Aliénor d'Aquitaine, « *fatiguée de son mari, oubliait jusqu'à la foi due au lit conjugal* » dans les bras de son oncle, le comte de Toulouse, et dans ceux d'un jeune Turc nommé Saladin, écrit le chroniqueur Guillaume de Tyr (auteur d'une *Histoire des croisades*, mort en 1184), mais aussi pour apprendre que la conduite de l'épouse infidèle avait été sanctionnée, en son absence, par une sentence de divorce prononcée par un concile, assemblé à Beaugency, le 18 mars 1152. Louis VII, malgré les sages remarques de son conseiller, l'abbé Suger, accepta la sentence, tandis qu'Aliénor d'Aquitaine récupéra ses terres et s'en retourna dans son duché... pour épouser, six semaines plus tard, Henry II Plantagenêt auquel elle l'offrit en dot.

C'est ainsi que le roi Louis VII perdit la Guyenne, sa plus belle et plus riche province, dont la superficie représentait plus du tiers de celle de la France d'alors, au profit du Plantagenêt, qui devint roi d'Angleterre en 1154. Cet état de choses n'avait rien, en soi, qui pût engendrer légitimement une quelconque guerre franco-anglaise, et la duchesse de Guyenne, répudiée par son époux le roi de France, passa avec son fief du lit de ce dernier à celui du roi d'Angleterre, son nouvel époux, conformément aux lois de l'Église. Toutefois, le roi de France exigea que les règles du jeu féodal fussent appliquées, c'est-à-dire que le roi Henry II d'Angleterre, devenu son vassal, lui prêtât le traditionnel hommage lige pour le duché de Guyenne (autre nom de l'Aquitaine) dont il était le nouveau duc ; Henry II Plantagenêt s'y refusa, au nom de sa dignité de roi d'Angleterre, et c'est ainsi que s'installa entre les deux souverains un conflit féodal qui se perpétua sous les règnes de leurs premiers successeurs et qui se transforma progressivement en un conflit dynastique, c'est-à-dire en une guerre de succession à laquelle se superposa, sur le sol de France, une guerre civile entre les partisans de la maison du duc d'Orléans (les *Armagnacs*, dont le chef était Bertrand d'Armagnac) et ceux de la maison du duc de Bourgogne (les *Bourguignons*) auxquels s'étaient alliés les Anglais.

La victoire d'Henry V Plantagenêt sur les chevaliers du roi de France à la bataille d'Azincourt, le 25 octobre 1415, a été présentée pendant longtemps comme un désastre militaire sans précédent à la suite duquel le roi d'Angleterre aurait pu conquérir une grande partie de la France ; malgré les progrès de l'historiographie scientifique française, c'est encore ce qu'enseignent les manuels d'histoire destinés à l'école primaire et les dictionnaires courants comme le *Larousse*, qui écrit que « *cette défaite française permit à Henry V de conquérir une grande partie de la France* », ou le *Robert*, dans lequel il est affirmé que « *grâce à la victoire des Anglais et à la guerre civile entre Armagnacs et Bourguignons, les Anglais purent s'emparer de la Normandie* ».

En réalité, le désastre d'Azincourt eut un double effet : d'une part il a décimé la noblesse française, dans les rangs de laquelle étaient recrutés les chefs de guerre, les capitaines et les officiers civils du roi (les baillis et les sénéchaux), et dont les grands princes sont morts ou ont été faits prisonniers par les Anglais, de sorte que le roi d'Angleterre put espérer s'emparer facilement du royaume de France ; mais d'autre part, et pour la première fois dans l'histoire française, l'opinion publique a été ébranlée par cette défaite et la « grande pitié du royaume de France » devient, après Azincourt, un thème populaire que trouvères et troubadours transportent de château en château et de campagne en campagne. En un certain sens, on peut se hasarder à affirmer que le « patriotisme », cette valeur à laquelle il sera si souvent fait allusion plus tard, après la Révolution de 1789, est né au lendemain d'Azincourt et, en ce sens, cette défaite eut un effet bénéfique pour l'Histoire de la France.

*
* *

Cependant, ce n'était pas la seule défaite de 1415 qui avait plongé la France dans ce qu'on pourrait appeler un deuil national. Bien avant Azincourt il régnait une ambiance inquiétante d'instabilité politique dans le royaume, où les partisans du duc d'Orléans (dont le chef est, à partir de 1410, le comte Bernard VII d'Armagnac) s'opposaient à ceux de Jean sans Peur (duc de Bourgogne depuis 1404). Et l'on murmure, dans le peuple comme chez les grands, que cette défaite est la punition infligée par Dieu aux habitants du royaume et à leurs seigneurs dont la faute est d'entretenir une lutte fratricide entre les Armagnacs et les Bourguignons.

Dans un précieux texte qui nous est resté, auquel on a donné de nos jours le titre de *Journal d'un Bourgeois de Paris*, un clerc anonyme de l'Université de Paris nous décrit l'atmosphère de guerre civile qui régnait alors dans la ville : « *Jamais on n'avait vu si grande foison d'armes à Paris, au point que les villages alentour s'étaient vidés de leur population* », nous apprend-il, et des bandes armées appartenant au duc de Bourgogne bivouaquaient en permanence autour des murailles parisiennes. À la fin de l'été 1407, les trois plus grandes portes de Paris – la porte du Temple, la porte Saint-Martin et la porte Montmartre – sont murées de plâtre et les rumeurs les plus folles courent sur la présence de ces bandes bourguignonnes dans la ville et autour d'elle, ce qui inquiète au plus haut point les Parisiens : « *Les gens de Paris étaient si émus, comme si tout le monde était contre eux et voulait les exterminer* », rapporte l'auteur du *Journal*.

Au début du mois de novembre 1407, un personnage qui se dit étudiant loue une chambre dans un petit hôtel à l'enseigne de l'image de Notre-Dame, rue Vieille-du-Temple (à l'angle de l'actuelle rue des Rosiers), et dans les jours qui suivent ce n'est plus qu'un va-et-vient de noirs cavaliers qui ne cessent d'entrer et de sortir de cet hôtel. Le 15 novembre, au Conseil du roi qui assure la régence du royaume depuis que ce dernier, Charles VI, est devenu fou, une dispute éclate entre le duc Louis d'Orléans, frère du roi, et le duc de Bourgogne, Jean sans Peur : ce dernier proteste violemment contre la réorganisation du conseil de régence, qui a été remanié pendant son absence : sur vingt-six conseillers, il y a maintenant vingt orléanistes ;

chacun a déjà tiré qui son épée, qui un poignard, mais la querelle s'apaise et les armes sont rentrées dans leurs fourreaux.

Huit jours plus tard, vers 19 heures, le même duc d'Orléans se trouve au Louvre, comme à son habitude, dans les appartements de la reine Isabeau, dont certains prétendent qu'elle serait sa maîtresse ; arrive un cavalier porteur d'un message du roi Charles VI qui le convoque sur-le-champ à l'*Hotel Saint-Pol*, où il se trouve. Le duc prend immédiatement congé de la reine, saute sur son cheval et se dirige avec une petite escorte vers les quais de la Seine, par une petite ruelle qui porte aujourd'hui le nom de *rue Barbette* ; le soir est déjà tombé lorsqu'il y parvient et soudain sortent de l'ombre sept à huit hommes masqués, armés d'épées et de haches, qui se précipitent sur le duc et le font tomber de son cheval en hurlant : « *À mort ! À mort !* » Le duc d'Orléans s'écroule, tente de se défendre en criant à l'aide, mais en vain. Alors, déclarera plus tard un témoin de la scène – une femme nommée Jaquette qui habitait rue Vieille-du-Temple et qui s'était mise à la fenêtre pour guetter l'arrivée de son mari –, un homme sortit rapidement de la maison, le visage dissimulé sous une cagoule rouge, marcha vers les agresseurs, leur fit éteindre leurs torches et leur cria, après avoir examiné le corps de leur victime : « *Maintenant partons, il est mort !* » puis les assassins s'enfuirent par la rue des Blancs-Manteaux.

Le meurtre avait été décidé et peut-être même organisé par le duc de Bourgogne, Jean sans Peur, et le sang royal qui avait coulé ce soir-là déclencha, entre les Armagnacs et les Bourguignons, une terrible vendetta qui dégénéra bien vite en guerre civile. La succession des événements est terriblement significative : en 1419, douze ans après l'assassinat du duc d'Orléans, Jean sans Peur (qui l'avait sans doute commandité) est tué par les Armagnacs sur le pont de Montereau, sous les yeux du dauphin impassible ; l'année suivante son fils, le jeune duc de Bourgogne Philippe le Bon, s'allie au roi Henry V d'Angleterre qui conclut avec lui et Isabeau de Bavière (laquelle dirige maintenant le Conseil de régence imposé par la folie du roi) le traité de Troyes (21 mai 1420), accordant la couronne de France au futur fils de Henry V à la mort du roi Charles VI, déshéritant de la sorte le dauphin (le futur Charles VII) qui tente de reprendre sa couronne par la guerre ; mais le dauphin est battu à Cravant (1423) et à Verneuil (1424). Dès lors, il n'a plus d'autre solution que d'aller se réfugier de l'autre côté de la Loire, à Chinon, où il va devenir l'insignifiant « roi de Bourges », et il ne retrouvera sa couronne que cinq ans plus tard grâce, en partie, à Jeanne d'Arc.

Le traité de Troyes fut accepté et juré par les États généraux du Languedoc (et pour cause, puisqu'ils représentaient en particulier le duché de Guyenne, qui appartenait au roi d'Angleterre) et par l'Université de Paris ; il a été qualifié de « honteux » par nombre d'historiens classiques dès le XIXe siècle, au nom du patriotisme royaliste. Mais l'était-il vraiment ? Que pouvait Charles VII, roi sans couronne, qui devait subir les directives de sa belle-mère, Yolande d'Aragon, laquelle défend alors, avant tout, l'indépendance de sa principauté (le duché d'Anjou) dont les deux principales villes, Tours et Angers, sont menacées par les armées anglaises ? Dans quelle mesure nos historiens républicains, blessés par la perte de l'Alsace et de la Lorraine après la guerre de 1870, pouvaient-ils apprécier l'existence d'un tel sentiment en France, à l'époque de Jeanne d'Arc, d'autant que ce sentiment n'était en rien blessé par ce traité qui promettait, dans l'une de ses clauses, que :

> « Chacun des deux royaumes conservera ses droits, ses libertés, ses coutumes, ses usages et ses lois. »

En résumé, le traité de Troyes n'était pas « honteux » pour les Français, il était inévitable. Mais, dans la mesure où il entérinait la loi du plus fort, il ne pouvait que réveiller le sentiment national chez les sujets du roi de Bourges dépossédé, donc en ce sens amorcer le relèvement de son royaume divisé, d'autant que les Anglais eux-mêmes, instigateurs du traité, en étaient maintenant prisonniers ; car en fait, au lieu de donner la France aux Anglais, il avait divisé la France en trois : celle des Lancastres, dont le noyau était le duché de Normandie et que dirigeait le régent Bedford, celle du duc de Bourgogne, qui regroupait autour de son duché la Flandre, l'Artois, le Nivernais, le Charolais et l'est du pays (dont le Barrois), et celle du dauphin Charles VII, qu'assistent les meilleurs administrateurs de l'ancien royaume de France.

En quelque sorte le traité de Troyes était un *diktat*, pour employer le vocabulaire des politologues de l'époque bismarckienne, qui exprimait le droit du plus fort, qui ne fit pas évoluer la situation, mais qui la bloqua. Quant au jeune roi Charles VII (il a dix-sept ans en 1420), ligoté qu'il est par les exigences de Yolande d'Aragon, qui ne pense qu'à préserver ses fiefs, on ne peut l'accabler. Il eut d'ailleurs, à terme, une heureuse conséquence : en 1428, le duc de Bedford, revenu d'Angleterre où il lui fut sans doute ordonné d'en finir avec Charles VII et la guerre française, confie au général Salisbury le soin d'ouvrir un passage sur la Loire à ses armées, dans le but de reconquérir le Maine et l'Anjou qui appartenaient aux Plantagenêts. C'est dans le cadre de cette mission que Salisbury fit son apparition sous les murs d'Orléans, le 12 octobre 1428, à la tête d'une petite armée : l'aventure guerrière de Jeanne d'Arc allait commencer.

VI

« L'affaire » Jeanne d'Arc[1] (1411-1431)

Nulle « affaire » historique n'aura suscité pendant si longtemps autant de disputes, entre de nombreux historiens, que l'aventure héroïque de la petite bergère de Domrémy. Précisons d'emblée que les travaux des spécialistes comme Guido Gorres (1895), Jules Quicherat (1850), Henri Wallon (1860), Henri Guillemin (1860), Régine Pernoud (1986) et quelques autres ne sont pas en cause ; en revanche : nous ne nous intéresserons pas, ici, aux sottises qui ont été débitées, depuis des siècles, sur le personnage de Jeanne et sur ses origines : pour les dénoncer, il nous suffit de rappeler que nous possédons pratiquement toutes les pièces de son procès et tous les témoignages écrits (ou dictés) qu'ont portés sur elle, sous la foi d'un serment devant Dieu, de grands seigneurs comme Dunois, ou d'humbles paysans de Domrémy, ainsi que les cent trente-sept témoins qui déposèrent lors du procès en

1. Nous citons ici les comptes rendus minutieux du procès de condamnation de Jeanne d'Arc, qui eut lieu en 1431, et ceux du procès en nullité, qui se déroula en 1456 (à la demande du roi Charles VII), d'après la traduction pour le premier de Pierre Tisset (3 vol., Paris, Klincksieck, 1960-1971) et, pour le second, de Pierre Duparc (5 vol., Paris, Klincksieck, 1977-1983).

nullité en 1456[1] et qui étaient sincèrement persuadés que s'ils mentaient après un tel serment ils étaient promis aux affres de l'Enfer pour l'éternité ; ce sont là les seules sources valables.

Nous nous attacherons principalement à la place qu'ont donnée les historiens à l'importance de l'intervention de Jeanne dans la guerre de Cent Ans qui fut minime, si l'on veut bien considérer que le conflit franco-anglais se termina plusieurs décennies après la mort de la Pucelle. Que cette jeune fille ait été héroïque, nul n'en peut douter, mais affirmer que son héroïsme, qui se manifesta pendant à peine deux ans, ait pu renverser le cours de la guerre de Cent Ans est une imposture aussi grossière que d'attribuer la défaite de l'Allemagne du Kaiser, en 1918, aux prouesses héroïques de Guynemer ou celle de l'Allemagne nazie, en 1945, à celles de Jean Moulin ou de Danielle Casanova, avec tout le respect ému que l'on se doit de ressentir autant pour ces deux héros que pour Jeanne ! L'héroïsme individuel est une valeur morale qui est une des composantes du patriotisme ; il est donc admirable à ce titre ; c'est une des conditions nécessaires, parmi plusieurs autres, de la victoire à l'issue d'un conflit : mais l'intervention, remarquable mais fugitive, de la Pucelle dans la guerre de Cent Ans n'a pesé en rien sur ce conflit, qui s'est terminé – sans vainqueurs ni traités – quarante-quatre ans après sa mort.

1. Lors du procès en nullité, trois commissions d'enquête furent diligentées pour recueillir les dépositions de 137 témoins ; elles furent mises par écrit et nous sont toutes parvenues.

*
* *

La première imposture que l'on relève dans l'historiographie de la Pucelle a trait à ses origines. Jeanne, tout le monde le sait, est née à Domrémy : elle l'a elle-même déclaré à ses juges et vingt et un témoins, originaires de ce village ou y vivant à l'époque l'ont confirmé.

De nos jours Domrémy, un petit village situé sur la rive gauche de la Meuse, est inclus dans la région moderne de la Lorraine dont fait partie le département des Vosges où il se trouve ; mais, au XVe siècle, c'était ce qu'on appelait un *finage* (« circonscription ») de la châtellenie de Vaucouleurs incluse elle-même dans le comté (puis duché) de Bar, dont le seigneur était depuis 1301[1] vassal du roi de France pour tous ses biens situés sur la rive gauche de la Meuse (ces territoires constituaient ce qu'on nomme le « Barrois mouvant »), et vassal de l'empereur germanique pour toutes ses terres situées sur la rive droite (en 1301 ce vassal était Henri III de Bar).

En 1388, les terres du village de Domrémy avaient été incluses dans le Barrois mouvant : elles étaient devenues de ce fait des terres appartenant au roi de France et ne dépendaient plus, depuis cette date, du duc de Lorraine. Conclusion de cet imbroglio seigneurial : les parents de Jeanne d'Arc et Jeanne d'Arc elle-même (née en 1411) étaient des sujets du roi de France et non pas du duc de Lorraine, ils étaient donc « français » et non pas

1. Date du traité de Bruges.

« lorrains » ; de sorte que, lorsque Villon écrit sa fameuse *Ballade des Dames du temps jadis*, la recherche de la bonne rime l'emporte chez lui sur le respect de la vérité historique et de sa plume jaillissent les fameux vers mélancoliques :

> « *Et Jehanne la bonne Lorraine*
> *Qu'Anglais brûlèrent à Rouen* »

Il est vrai qu'ils sont beaux, ces deux vers, même si Villon se moque allègrement de la vérité historique (ce qui est son droit le plus strict de poète) ; mais tout est faux dans ce qu'il écrit. Car non seulement la Pucelle n'était pas « lorraine » (c'est-à-dire sujette du duc de Lorraine) mais « barroise » et, à ce titre, sujette du roi de France, donc « française » : ses parents, ainsi qu'elle-même, étaient nés en effet sur les terres du comte de Bar, un vassal du roi de France ; en outre, ce ne sont pas les Anglais qui ont brûlé Jeanne à Rouen, mais l'Église, qui l'a jugée et a ordonné son supplice, et plus précisément les cent vingt-six juges – tous religieux – du tribunal que présidait Mgr Cauchon, évêque de Beauvais, parmi lesquels il n'y avait que dix Anglais. En dépit de cela, les historiens de la IIIe République se sont évertués à répéter que la Lorraine qu'avait perdue la France après la défaite de 1870 était la patrie de l'héroïne barroise, ce qui est une imposture dont les intentions « patriotiques » et anti-germaniques de ses auteurs sont évidentes.

*
* *

La deuxième imposture, commise, celle-ci, par les historiens « officiels » de la IIIe République et par des historiens amateurs qui l'ont largement propagée, apparaît comme de beaucoup la plus grave sur le plan historique, car elle concerne les conditions dans lesquelles Jeanne a pu forcer la porte de son destin.

L'acte volontaire initial de la Pucelle a été la décision irrévocable qu'elle a prise à Domrémy, au tout début du mois de mai 1428, alors qu'elle avait à peine dix-sept ans (cinq mois avant que ne débute le siège d'Orléans, que personne n'avait encore envisagé), de quitter sa famille et de se rendre à Vaucouleurs, auprès du sire de Baudricourt, qui commandait cette place. Pourquoi une telle décision ? Parce que, prétendit-elle lors de son procès public à Rouen, depuis l'âge de treize ans (donc depuis 1424), elle entendait régulièrement une *voix* venant de Dieu pour l'aider à se gouverner, que cette voix lui enseignait à se bien conduire et que, lorsqu'elle fut un peu plus âgée, elle lui ordonna de quitter son village natal et de partir pour la France (alors que, dans le comté du Barrois, le seigneur était un vassal du roi de France). Il fallait, à cet effet, qu'elle allât jusqu'à Vaucouleurs trouver Robert de Baudricourt, le capitaine de cette place forte, qui lui donnerait des gens pour l'accompagner (*Null.,* III, p. 277). En principe cette démarche aurait dû se solder par un échec, car Baudricourt avait bien d'autres affaires à régler dans le Barrois, où les désordres étaient fréquents, que de prêter l'oreille aux dires d'une jeune bergère de dix-sept ans qui prétendait avoir été chargée par Dieu de délivrer le pays de France des Anglais qui l'occupaient et de partir pour Chinon afin de porter secours au roi

– non encore couronné – qui s'y était réfugié. Néanmoins Jeanne parvint à convaincre un sien cousin, Durand-Laxart, qui fut plus tard entendu comme témoin lors du procès en nullité, et qui expliqua simplement comment les choses s'étaient passées.

Selon ses dires et ceux d'autres témoins qui déposèrent aux procès de condamnation et en nullité, Jeanne aurait eu trois entrevues avec Baudricourt. La première, fortuite, aurait eu lieu le jeudi 13 mai 1428, jour de l'Ascension, sans doute dans les rues de Vaucouleurs ; lors de son procès, Jeanne affirmera avoir reconnu ce capitaine parce que « *sa voix* », le lui aurait désigné :

> **« Elle a dit que lorsqu'elle vint en ladite ville de Vaucouleurs, elle reconnut Robert de Baudricourt, alors que cependant elle ne l'avait jamais vu auparavant, et elle reconnut le susdit Robert par cette voix, qui lui dit en effet que c'était lui. Et Jeanne dit à ce même Robert qu'il fallait qu'elle allât en France. Mais ce Robert, par deux fois, refusa et la repoussa, puis, à la troisième, il l'accueillit et lui donna une petite suite. »** (*Condamn.*, II, p. 49 *sq.*)

Après cette brève rencontre, Jeanne retourne à Domrémy (la veille de la Saint-Jean-Baptiste, dit un autre témoin lors du procès en nullité, c'est-à-dire le 23 juin 1428) ; mais, à la fin de ce même mois de juin, une petite armée de routiers[1] bourguignons, puis les troupes régulières du maréchal de Vergy – un Bourguignon qui combattait du côté des Anglais – envahissent les alentours de Domrémy et de Vaucouleurs.

1. Soldat irréguliers et pillards qui vivaient de rapines.

Lors de son procès, interrogée sur son comportement à cette occasion, Jeanne déclarera qu'elle-même et ses parents, dès qu'ils apprirent la venue des Bourguignons, s'enfuirent à Neufchâteau, avec troupeaux, armes et bagages :

> **« Jeanne confessa que, par crainte des Bourguignons, elle quitta la maison paternelle et s'en alla à Neufchâteau, où, pendant une quinzaine de jours, elle sera hébergée, avec ses parents, dans la maison d'une femme aubergiste nommée La Rousse où elle résida pendant environ quinze jours. »** (*Condamn.*, II, p. 45.)

Quinze jours plus tard, quand la Pucelle et ses parents furent de retour à Domrémy, ils ne retrouvèrent plus que des ruines calcinées : en leur absence, leur village avait été incendié par les envahisseurs bourguignons. On imagine bien que leur détresse et celle des habitants de Domrémy – ainsi que la vision de ces ruines et peut-être des quelques tombes qu'avaient laissées derrière eux les Bourguignons – produisirent un puissant choc émotif chez cette jeune adolescente, qui avait à peine dix-sept ans et qui se voyait ainsi en contact, concrètement, pour la première fois de sa vie, avec les horreurs de la guerre. Aussi, vers la fin de l'année 1428, le calme étant revenu dans le Barrois et les campagnes alentour, Jeanne va-t-elle reprendre ses démarches auprès du capitaine de Baudricourt et elle obtient que celui-ci lui accorde une deuxième entrevue.

Celle-ci eut lieu au début du mois de décembre, et il semble qu'elle fut orageuse, si l'on en croit le témoignage sous serment de Durand-Laxart, qui l'avait accompagnée : selon ce dernier, le capitaine agacé lui aurait répété à plusieurs reprises qu'à sa place « *il reconduirait Jeanne chez son père et lui donnerait des gifles* » (*Null.*, III, p. 283). De retour chez Durand-Laxart, à Burey, Jeanne, déçue et irritée, voulut partir immédiatement pour Chinon, seule et par ses propres moyens, afin de parler au dauphin Charles, mais son cousin la raisonna, finit par l'apaiser et la reconduisit à Vaucouleurs, où elle fut de nouveau hébergée chez les époux Royer.

C'est au début de ce deuxième séjour à Vaucouleurs, vers la mi-décembre de l'année 1428, que Jeanne fit, dans les rues de la cité, une rencontre trop heureuse pour être fortuite, celle de l'écuyer Jean de Nouillompont, dit aussi Jean de Metz ; ce personnage, qui devait devenir par la suite l'un de ses plus fidèles compagnons, a témoigné dans le procès en nullité et a décrit ainsi cette rencontre :

> « Je la vis habillée de pauvres vêtements de femme de couleur rouge ; elle logeait dans la maison d'un certain Henri Le Royer à Vaucouleurs. M'adressant à elle je lui dis : "Ma mie, que faites-vous ici ? Convient-il que le roi soit chassé du royaume et que nous soyons anglais ?" Laquelle Pucelle répondit : "Je suis venue ici, à la chambre du roi, parler à Robert de Baudricourt, pour qu'il veuille me conduire ou me faire conduire au roi. Il ne se soucie pas de moi, ni de ce que je lui dis ; cependant, avant la mi-carême [*qui, en 1429, devait tomber le 10 mars*], il faut que je sois auprès du roi, dussé-je y perdre les jambes jusqu'au genou. Car nul au monde, ni rois, ni ducs, ni fille du roi d'Écosse ou autres, ne peut recouvrer le royaume de France. Pourtant, je préférerais filer auprès de ma mère, cette pauvre femme, car ce n'est pas de ma condition ; mais il faut que j'aille et que j'agisse ainsi, parce que mon Seigneur le veut." Et le témoin [*Jean de Metz*] lui demandant qui était ce Seigneur, elle répondit que c'était Dieu. Alors ledit Jean promit à la Pucelle, en lui touchant la main en signe de foi, qu'il la conduirait avec l'aide de Dieu vers le roi. » (*Null.*, III, p. 277.)

À peu près à la même époque, Baudricourt se rendit chez Catherine Le Royer accompagné d'un prêtre muni d'une étole qui exorcisa rituellement sa maison. Peu de jours après cette troisième entrevue de la Pucelle avec le capitaine, le duc de Bar et duc d'Anjou, qui était le souverain politique de Jeanne, celle-ci recevait du duc Charles II de Lorraine un sauf-conduit pour lui permettre de venir lui rendre hommage à Nancy. C'est à ce stade de sa vie que le destin de Jeanne va basculer. Cependant, contrairement à ce que dit sa « légende dorée » (qui, comme toutes les légendes, est trop belle pour être vraie), ce n'est pas la foi naissante qu'elle avait en sa mission qui sera l'instrument de ce basculement : ce sera la volonté farouche et le sens exceptionnel de l'intrigue dont sut faire preuve la belle-mère du roi Charles VII, Yolande d'Aragon, elle-même fille du roi d'Aragon et reine de Sicile, épouse du duc d'Anjou qui était aussi duc de Bar comme le sera plus tard son fils, René d'Anjou[1].

Vers la fin de l'année 1428, au moment où la querelle des Armagnacs et des Bourguignons entre dans sa phase la plus aiguë, au château de Chinon – où vit la cour – Yolande régente les éminences grises du roi, fait et défait les favoris, cornaque les favorites. Et lorsque la guerre anglaise menace ses terres angevines, elle va utiliser tous les moyens et toutes les ruses possibles pour secouer l'apathie du dauphin son gendre et redresser la situation. Il n'est donc pas impossible que, lorsqu'elle eut vent des

1. René d'Anjou (né à Angers en 1409, mort à Aix-en-Provence en 1480), duc d'Anjou, de Lorraine et de Bar, comte de Provence et de Piémont, roi de Naples, de Sicile, de Jérusalem, etc.

dires de cette petite paysanne du Barrois, sujette de son fils René, duc d'Anjou et duc de Bar, Yolande d'Aragon ait eu l'idée de la convoquer à Chinon. On était alors à la fin du mois de décembre 1428 ou au début du mois de janvier 1429 : la Pucelle venait de gagner sa première bataille.

Résumons-nous : 1° que Jeanne ait été émue par la situation du dauphin de France n'a rien de surnaturel, cela prouve simplement qu'elle était d'un tempérament particulièrement émotif, et elle n'était certainement pas la seule demoiselle de son village qui le fût ; 2° que, dans sa naïveté d'adolescente, elle ait rêvé qu'elle pourrait sauver le « gentil dauphin » relève du même processus psychologique ; 3° qu'elle ait voulu réaliser ce rêve est la preuve d'un tempérament particulièrement énergique (et c'est sans doute ce qu'il y a d'admirable chez elle).

Cependant l'épopée de la Pucelle n'aurait jamais eu lieu si Yolande d'Aragon n'avait décidé de l'utiliser pour créer à la cour de Chinon une sorte de « mouvement d'opinion » dont on verrait bien ce qui en résulterait, quitte à la faire reconduire dans le Barrois si rien ne se produisait. Il semble qu'elle n'était pas la seule à penser ainsi : la réaction de Jean de Metz quand il rencontra Jeanne pour la première fois est significative. Il est plus que vraisemblable que ni ce dernier, ni la reine d'Aragon, ni Baudricourt, qui finira par recevoir Jeanne, ne pensaient que cette petite paysanne était capable de redresser la situation militaire de la France ; d'ailleurs ce n'est pas elle qui l'a redressée, et elle n'a pas « bouté » un seul Anglais hors de France : ce fut l'affaire de Dunois et des « capitaines » français de son temps : Poton de Xaintrailles, le duc d'Alençon, le connétable de Richemont et celui de

Clermont, puis finalement celle des capitaines de Louis XI, sous le règne duquel les Anglais évacueront tous les territoires et toutes les places qu'ils possédaient ou qu'ils avaient conquis, à l'exception du port de Calais.

En fait, le passage proprement militaire de la Pucelle dans la guerre de Cent Ans n'aura duré qu'une grande année, du 21 avril 1429 (date de son départ pour Orléans) au 23 mai 1430 (date de sa capture par les Anglais au pont de Compiègne).

Voici les principaux événements auxquels Jeanne a assisté plus que participé physiquement au cours de cette brève période : on constatera qu'aucun d'entre eux, même la levée du siège d'Orléans, ne fut décisif (en **gras** : les engagements armés auxquels la Pucelle a participé).

1429

5 avril. Jeanne se rend de Chinon à Tours ; confection de son armure et de son étendard.
21 avril. Jeanne part pour Blois où l'attend une armée royale d'environ dix mille hommes (?) et un convoi de vivres pour Orléans que surveille l'armée anglaise.
29 avril. Arrivée de Jeanne devant Orléans, par la rive gauche (sud) de la Loire. Elle y pénètre par la porte de Bourgogne et y logera dans la maison de Jacques Boucher, trésorier du duc d'Orléans.

1er au 4 mai. Dunois part chercher le reste de l'armée à Blois.
2 mai. **Jeanne inspecte les bastides anglaises** qui bloquent les entrées de la ville (à une certaine distance des murailles).

4 mai. Dunois parvient devant Orléans avec l'armée du roi ; Jeanne le rejoint. **Prise d'une bastide anglaise près de la porte de Bourgogne.**
5 mai. Jeudi de l'Ascension ; trêve générale.
6 mai. **Prise de la bastide des Augustins**, à l'entrée du pont qui mène à Orléans.
7 mai. **Prise de la bastide des Tournelles**, qui double la précédente ; Jeanne est blessée d'une flèche qui l'atteint au cou.
8 mai. Les Anglais lèvent le siège d'Orléans et se retirent vers Meung-sur-Loire. Procession d'action de grâces dans la ville.
13 mai. À Tours : Jeanne rencontre le dauphin (futur Charles VII, qui a vingt-six ans).
23-24 mai. Jeanne rejoint le dauphin à Loches.
29 mai. Jeanne à Selles-en-Berry.

7 juin. Jeanne à Romorantin.
9 juin. L'armée des Français se regroupe à Orléans, en vue de la libération des places occupées par les Anglais dans la vallée de la Loire : Jargeau, Beaugency, Meung-sur-Loire, Patay. Le dauphin ne participe pas à cette campagne et reste à Sully-sur-Loire.
12 juin. Attaque, prise et occupation de Jargeau par les Français.
17 juin. Prise du château de Beaugency.
18 juin. **Bataille de Patay**, en terrain découvert ; défaite des Anglais, dont le chef, Talbot, est fait prisonnier.
19 juin. Retour à Orléans.
22 juin. À Châteauneuf-sur-Loire, le roi tient conseil, avec Jeanne et les chefs de guerre. Il est décidé de conduire le dauphin à Reims, pour le sacre.

27 juin L'avant-garde de l'armée du sacre, commandée par Gilles de Rais, se met en marche sur la route de Reims.
29 juin Le dauphin et le gros de l'armée du sacre partent à leur tour.

1er-4 juillet. L'armée du sacre se rassemble devant Auxerre puis, dans les jours qui suivent, toutes les villes entre Gien et Troyes s'ouvrent les unes après les autres devant le dauphin.
5-10 juillet. L'armée campe devant Troyes, occupée par une forte garnison bourguignonne. Au matin du 10 juillet la ville se rend sans combattre ; le dauphin et Jeanne font leur entrée, accueillis par l'évêque Jean de Laiguisé. L'archevêque de Reims, qui se trouve avec le dauphin, envoie une lettre aux bourgeois de Reims pour leur demander de se soumettre au dauphin quand il arrivera.
12-14 juillet. L'armée du sacre quitte Troyes pour Reims ; itinéraire : Troyes, Arcis-sur-Aube, Bussy, Châlons.
15 juillet. Départ de Châlons pour Sept-Saulx, à 20 km de Reims, où le dauphin passe la nuit.
16 juillet. Les notables de Reims viennent à la rencontre du dauphin et lui remettent les clés de leur ville, dans laquelle il fait une entrée triomphale.
Dimanche 17 juillet. Cérémonie du sacre en présence de Jeanne tenant son étendard près de l'autel.
21 juillet. Le roi Charles VII quitte Reims et se dirige vers Corbeny, où il procède au toucher des écrouelles.
21 juillet. Marche triomphale du cortège royal jusqu'à Paris.

17 août. Charles VII s'établit à Compiègne jusqu'au 28 août.
23 août. Jeanne marche sur Saint-Denis, où le duc d'Alençon la rejoint.

7 septembre. **Jeanne maîtresse de Saint-Denis** ; les Parisiens se barricadent dans Paris.
8 septembre. **Tentative de Jeanne pour prendre Paris** mais elle échoue et le roi ordonnera un repli général vers la Loire.
21 septembre. L'armée du sacre est dissoute à Gien par Charles VII. **Jeanne est blessée devant Paris.**

Automne-hiver. Période d'inaction et de rivalités dans l'entourage du roi, qui s'installe à Sully-sur-Loire.

1430

Janvier. Jeanne à Bourges, puis à Orléans ; elle circule, seule, avec une petite armée (composée d'éléments de l'armée du sacre et d'éléments de l'armée qui a pris Orléans).

Février-mars. Le roi s'est installé à Sully-sur-Loire ; les trêves conclues avec le duc de Bourgogne s'achèvent le 15 mars et leur renouvellement pose quelques problèmes.

Mi-avril. Jeanne est à Melun, avec une petite troupe. Ses « voix » lui apprennent qu'elle sera prise avant la Saint-Jean (le 24 juin).

22 avril. Jeanne est à Lagny.
Avril-mai. Troubles à Compiègne. Jeanne circule avec sa petite troupe entre Melun, Lagny et Noyon, dans l'attente de renforts et d'instructions de la part du roi. Elle s'enferme dans Compiègne.

7 mai. Le duc de Bourgogne, Philippe le Bon, s'empare de la forteresse qui protège Compiègne.
11-12 mai. Jeanne est à Soissons.
17-23 mai. Jeanne est à Crépy-en-Valois.
22 mai. Jeanne apprend que les Bourguignons mettent le siège devant Compiègne ; elle y part immédiatement et y **pénètre dans la nuit du 22 au 23 mai, à 5 heures du matin.**
23 mai. Vers 6 heures du soir, **Jeanne fait une sortie en passant par le pont de Compiègne** ; elle est attaquée par la compagnie d'avant-garde de l'armée bourguignonne, commandée par Jean de Luxembourg, et capturée.
26 mai. Jeanne est emmenée dans un château appartenant à Jean de Luxembourg, le château de Beaurevoir.

Mai-décembre. Jeanne est conduite à Arras, puis au château du Crotoy et finalement livrée aux Anglais contre paiement par ces derniers d'une rançon entre les mains de Jean de Luxembourg. Cauchon, évêque de Beauvais, la réclame pour la juger. Elle est finalement emprisonnée au château de Bouvreuil, sur l'ordre de l'évêque Cauchon qui prépare son procès.

Comme on peut s'en rendre compte à la lecture de ce tableau, Jeanne a simplement *suivi* l'armée royale du 21 avril 1429 au 23 mai 1430, c'est-à-dire pendant onze mois, et elle n'a guère combattu, ni même eu l'occasion de se battre, sauf toutefois à Orléans – où elle a payé de sa personne devant la bastille des Tournelles – et devant Paris, où elle a été blessée par deux fois ; son rôle dans les différents engagements militaires a été minime (le roi avait d'excellents spécialistes pour cela), et plus psychologique que physique ; tous les plans de combat et les combats eux-mêmes ont été préparés, décidés et accomplis par les généraux du roi et les grands capitaines (le duc d'Alençon, Dunois, La Hire, le connétable de Richemont, les maréchaux Gilles de Rais, Sainte-Sévère, Poton de Xaintrailles et bien d'autres encore), dont Jeanne d'Arc a plus été la « mascotte » que la conseillère, bien que, souvent, ses avis aient été sollicités. En particulier, la campagne de la Loire, qui est la plus importante des phases guerrières auxquelles elle a participé, est due intégralement au connétable de Richemont (Jeanne n'y a été qu'un combattant comme les autres), et la seule initiative stratégique qu'elle ait prise fut de conseiller l'assaut contre Paris, en septembre 1429, mais celui-ci faillit tourner au désastre et le roi se priva alors de ses services.

Si donc il est indiscutable que Jeanne d'Arc a joué un rôle psychologique et moral important auprès du dauphin et sans doute de son entourage, ses interventions sur le plan militaire ont été fort modestes et n'ont abouti à « bouter » aucun Anglais hors de France : pour cela, il faudra attendre les accords de Picquigny, signés par Louis XI et Édouard IV le 29 août 1475, près d'un demi-siècle après la mort de la Pucelle qui a peut-être, par son enthousiasme et par sa persévérance, sorti le dauphin de son inertie et l'a conduit presque « par la main » jusqu'à Reims où il a été sacré roi de France ; ce qui a fait de sa cause une juste cause face aux prétentions des Anglais, mais elle n'en pas été pour autant la sauveuse de la France, ni même celle de la dynastie.

VII

Henri IV fut-il vraiment le « bon » roi Henri ?

La dynastie française des Valois s'éteignit avec la mort, le 2 août 1589, du roi Henri III (1574-1589[1]), duc d'Anjou et troisième fils du roi Henri II et de Catherine de Médicis[2], poignardé dans son quartier de Saint-Cloud par le dominicain Jacques Clément ; ce meurtre était la réponse des catholiques à celui du duc de Guise, qui avait eu lieu à Blois, le 23 décembre 1588, et que ce roi avait ordonné. Un récit particulièrement circonstancié de son assassinat se trouve dans les mémoires du comte de Cheverny, qui écrit :

> « Un nommé Jacques Clément trouva moyen de se faire introduire par le procureur général au Parlement, nommé de La Guesde, comme ayant quelque important secret à lui dire ; il l'amena le matin du premier jour d'août, sur les 8 heures, en la chambre du roi, qui était encore à ses affaires sur une chaise percée et en laquelle il n'y avait personne que le sieur de Bellegarde, premier gentilhomme de la chambre, et ledit procureur général, conduisant ce détestable personnage, qui faisant belle contenance de lui

1. Les dates entre parenthèses qui suivent le nom d'un pape ou d'un souverain sont des dates de règne.

2. Catherine de Médicis fut la mère de douze enfants, dont les rois de France François II (1559-1560), Charles IX (1560-1574) et Henri III, ainsi que de Marguerite de Valois.

vouloir encore dire quelque chose en secret, s'approcha du roi, tira dextrement un petit couteau qu'il avait caché dans sa manche par-dessus son scapulaire, et en donna un coup au roi dedans son petit ventre ; et il lui fut facile, le roi étant tout indifférent sur sa chaise percée, de laisser ledit couteau dans le ventre de Sa Majesté, laquelle s'écrit : "Ha, traître ! Qu'as-tu fait ? " et, retirant elle-même ce couteau Sa Majesté en donna courageusement un coup au front de ce monstre infernal [...]. Au commencement de cette malheureuse blessure du roi, les chirurgiens et médecins estimèrent que ce coup n'était pas mortel ; mais sur le soir, ils reconnurent apparemment le contraire, et, jugeant qu'ils n'y pouvaient apporter remède, Sa Majesté se résolut à la mort. »

Henri III, petit-fils de François Ier, n'avait pas d'héritier direct mâle ; de sorte qu'après sa mort, en 1589, la couronne de France passa très régulièrement, mais non sans mal comme nous l'allons voir, sur la tête de son cousin – petit-neveu de François Ier – Henri de Bourbon, né à Pau le 14 décembre 1553, qui régna sous le nom de Henri IV (1589-1610) et qui mourra assassiné, comme son prédécesseur, le 14 mai 1610.

Il a couru sur ce roi, sur son caractère et sur ses actions nombre de légendes que les historiens spécialistes ont largement redressées mais qui, hélas, traînent encore dans bien des ouvrages de vulgarisation ou même dans certains manuels scolaires, et que nous nous proposons de corriger en suivant pas à pas les différentes étapes de la vie de ce monarque qui fut surnommé – on ne sait par quelle tradition – « *le bon roi Henri* », appellation qui, nous l'allons montrer, lui convient fort mal.

Lorsqu'il naquit, en 1553, le futur Henri IV se trouvait, du simple fait de sa naissance, héritier du royaume de Navarre par sa mère, Jeanne d'Albret, qui en était la reine, et premier prince du sang de la maison de France par son père, Antoine de Bourbon (mort en 1562, au siège de Rouen), qui descendait en ligne directe de saint Louis. Il fut d'abord élevé au cœur des montagnes pyrénéennes, dans la religion calviniste qui était celle de Jeanne d'Albret. Dans le courant de l'année 1561, survint un événement qui devait orienter la vie du jeune prince, en l'espèce un complot tramé par des catholiques espagnols, qui avaient l'intention de l'arracher à sa mère et de le retenir prisonnier en Espagne (on ignore dans quel but). Ce complot échoua, mais il décida la reine de Navarre à éloigner son fils du pays palois et à l'emmener à Paris : Jeanne d'Albret vendit donc ses pierreries, hypothéqua ses domaines et, escortée par deux cents gentilshommes navarrais, elle conduisit d'abord son fils, en 1569, à La Rochelle, au sein de l'armée protestante qui s'y trouvait réunie, prête à engager le combat contre les catholiques dans la troisième des huit guerres de religion qui devaient ensanglanter le royaume[1].

C'est avec cette armée que, le 13 mars 1569, le jeune Henri de Navarre, qui avait alors à peine quinze ans, participa au combat de Jarnac, que remporta l'armée des catholiques commandée par le duc d'Anjou (le futur Henri III) ; au cours de cette rencontre, son oncle, le prince de Condé, chef militaire du parti protestant, trouva la mort, et Jeanne d'Albret accourut alors sur le champ de bataille, réconforta les troupes vaincues et leur présenta son fils comme leur nouveau général. Le jeune homme

1. Il y eut à cette époque huit guerres (civiles) de religion en France : la première en 1562 ; la deuxième en 1567-68 ; la troisième en 1568-70 ; la quatrième en 1572-73, au cours de laquelle eut lieu la Saint-Barthélémy ; la cinquième en 1574 ; la sixième en 1576-77, la septième en 1579-80 et la huitième en 1585-93.

harangua l'armée des calvinistes comme il se devait, reçut de ses officiers le traditionnel serment de fidélité et fut proclamé séance tenante chef du parti protestant, dont toutefois l'amiral de Coligny prit le commandement effectif en raison du jeune âge du prince. À cette occasion, Jeanne d'Albret fit graver en l'honneur du jeune Henri une médaille d'or portant cette inscription : *Pax certa, victoria integra, mars honesta*[1].

Tels furent les premiers pas – malheureux – dans l'histoire du futur roi de France Henri IV, dont autrement on ne sait que peu de choses. Les pas suivants, qu'il fit le 3 octobre 1569 au combat de Moncontour, furent plus désastreux encore et portèrent un deuxième coup au parti huguenot, plus terrible que la défaite de Jarnac, à tel point que l'amiral de Coligny donna l'ordre formel au jeune roi de quitter le champ de bataille, de se retirer à Parthenay avec son cousin, le prince Henri de Condé, et de laisser aux généraux expérimentés le soin de conduire eux-mêmes les batailles : sans doute l'amiral avait-il jugé que le prince était encore trop jeune pour diriger une armée. Les troupes protestantes, épuisées par les deux défaites qu'elles venaient de subir, se replièrent alors vers le midi de la France, où le prince Henri de Navarre les conduisit avec succès, et Coligny put reprendre, en quelques mois, presque toutes les places qu'avaient perdues les calvinistes.

L'amiral s'apprêtait alors à marcher sur Paris lorsqu'une grave maladie l'obligea à laisser, pour un temps, le commandement suprême des forces protestantes au jeune Henri dont le sang-froid et l'autorité firent alors l'admira-

1. Paix certaine, victoire totale, guerre honnête.

tion de tous ; plus tard, celui-ci, quand il sera devenu le roi Henri IV, évoquera souvent ce qu'il appelait « ses premiers exploits d'armes ». En réalité ce n'étaient pas vraiment des exploits et les historiens ultérieurs qui les ont célébrés sont des imposteurs que les propos de Henri IV lui-même ridiculisent : il avouera en effet lui-même, par la suite, qu'il était alors trop inexpérimenté pour vaincre en chef de guerre comme Coligny, et qu'il avait engagé le combat... parce qu'il ne pouvait pas faire autrement, de sorte que sa victoire fut pour lui une « divine surprise » :

> « Il était question, confiera-t-il à son historien Pierre Matthieu, ou de combattre ou de me retirer : en me retirant, je n'avais de retraite qu'à plus de quarante lieues de là, et je demeurais à la merci des paysans [*catholiques*] ; en combattant, je risquais d'être pris ou tué, parce que je n'avais point de canons et que l'armée ennemie en avait. Mais j'ai recommandé à Dieu le succès de cette journée, et Dieu l'a rendue favorable. » (*Recueil des Lettres missives de Henri IV*, dans H. Martin, *Histoire de France*, t. X, p. 347.)

La paix entre les protestants et les catholiques fut signée à Saint-Germain, le 8 mai 1570 : négociée pour le roi par Armand de Gontaut, duc de Biron (v. 1524-1592), cette paix mal assise – que l'on surnomma la « *paix boiteuse* » – mettait fin à la troisième guerre de religion mais les catholiques n'avaient pu tirer aucun avantage de leurs premières victoires et le parti protestant obtint, malgré ses défaites, des conditions de paix avantageuses.

Quant à Henri IV, il envisage maintenant d'épouser la très catholique Marguerite de Valois – celle qu'on appellera « *la reine Margot* » – malgré les hésitations de sa mère, Jeanne d'Albret, et surtout malgré l'opposition du pape à cette union d'une princesse catholique avec un roi hérétique. Ces difficultés s'aplanirent lorsque Pie V eut la bonne idée de mourir et de laisser la place à un pontife moins rigoriste, Grégoire XIII ; le conflit s'apaisa donc, le mariage eut lieu à Paris, le 18 août 1572, et les fêtes qui, pendant trois jours, accompagnèrent la cérémonie furent splendides. Les protestants étaient joyeux, car cette union signifiait pour eux la fin des persécutions, et les catholiques l'étaient tout autant, car ils voyaient s'éloigner le spectre d'une guerre civile. Tous les princes, après avoir bu, chanté, mangé et folâtré pendant encore deux ou trois jours, regagnèrent donc leurs châteaux respectifs : c'était enfin la paix, bien que, parmi les « *esbats et folastreries* » qui eurent lieu dans les jardins encore sauvages qui entouraient le palais du Louvre, on put remarquer une sorte de joute dans laquelle le second fils du roi de France Henri II et de Catherine de Médicis, Charles IX et ses frères, costumés en chevaliers errants, défendaient la porte du paradis que tentaient de leur enlever le roi de Navarre – le futur Henri IV – que des diables repoussaient en enfer.

*
* *

Tandis que les Parisiens s'amusaient ainsi, les hôtes du Louvre complotaient, comme de coutume. Depuis la paix de Saint-Germain, la faveur dont l'amiral de Coligny et ses amis protestants jouissaient à la cour du jeune roi Charles IX inquiétait celle-ci, dont le crédit personnel et la politique « à l'italienne », faite d'intrigues et de non-dits, se trouvaient supplantés. Elle renoua alors secrètement avec le roi d'Espagne, son gendre, que menaçaient, aux Pays-Bas, les plans de Coligny ; puis elle se rapprocha subtilement du parti catholique par l'intermédiaire des Guise, qui avaient hérité les ambitions et la grande popularité de leur père, le duc François de Guise, assassiné jadis par ordre du roi Charles IX le 24 février 1563. Enfin et surtout, l'union annoncée et espérée de sa fille, Marguerite de Valois, avec le roi calviniste de Navarre lui semblait un nouveau gage de réconciliation entre les deux partis.

Cependant les haines étaient encore très vivaces chez certains, et tous les Parisiens avaient pu observer que, lorsque le carrosse du roi Charles IX croisait, dans Paris, un cortège de huguenots, il se faisait soudain dans les rangs de ces derniers un silence impressionnant et méprisant. C'est pourquoi, dès que Catherine de Médicis eut pris conscience de la force que représentait le parti catholique, il lui sembla nécessaire, pour que sa présence auprès du roi ne devienne pas un obstacle au gouvernement du royaume, que celui-ci prenne lui-même en main le combat contre le parti protestant : « *Mon fils,* aurait-elle dit à Charles IX, *qu'attendez-vous ? Voulez-vous donc que messieurs de Guise deviennent rois de France à votre place* ? »

Elle lui suggéra alors d'éliminer en premier lieu non seulement les chefs et les têtes pensantes du parti protestant, qui menaçaient les principes du régime monarchique et qui visaient à instaurer en France une sorte de république avant la lettre comme celle des Pays-Bas, mais aussi certains chefs catholiques, dont le meneur était le troisième duc de Guise, Henri Ier de Lorraine, dit « le Balafré », lequel se moquait sans doute des huguenots et visait essentiellement à s'emparer de la couronne de France pour fonder une nouvelle dynastie royale qui supplanterait la dynastie naissante des Bourbons en succédant à celle des Valois-Capétiens qui venait de s'éteindre.

Il n'était d'ailleurs pas nécessaire de stimuler les haines populaires pour éliminer les chefs calvinistes, car le peuple de Paris était massivement catholique : il suffisait de lui ouvrir l'arène et de le laisser faire, il se soulèverait spontanément. Cependant le but de Catherine de Médicis n'était point de massacrer tous les calvinistes de la capitale du royaume de France : mais sans cruauté quoique sans entrailles, elle était capable de tout pour assurer le succès d'une mesure qui lui semblait indispensable à la sauvegarde du principe monarchique attaqué par l'idéologie républicaine calviniste, ainsi qu'à la primauté de la troisième maison (régnante) des Bourbons que menaçait l'ambition des Guise, chefs du parti catholique. Catherine de Médicis envisagea donc un moment de se débarrasser, par un double guet-apens, des chefs des deux partis, également dangereux : Coligny parce qu'il souhaitait abolir la monarchie et faire du royaume de France une sorte de république, et le troisième duc de Guise parce qu'il voulait éliminer la dynastie des Valois au profit de la sienne. Toutefois Catherine de Médicis renonça bien vite à un tel projet, et l'idée germa progressivement dans son esprit de régler le problème en déclenchant à Paris, contre les protestants, une émeute sanglante, comparable à celle des Vêpres siciliennes que les Siciliens avaient déclenchée dans leur île, quelque trois siècles auparavant, contre les Français. Ce projet funeste lui aurait été suggéré, dira-t-on plus tard, par le roi d'Espagne et de Sicile, Philippe II ; Catherine y fit consentir – non sans peine – son fils, le roi Charles IX, alors très engoué de l'amiral de Coligny dont il admirait les qualités militaires, en lui montrant le péril où se trouverait la couronne de France si le parti calviniste devenait trop puissant, ce que pouvait faire craindre la présence de l'amiral au Conseil privé du roi, où il ne cessait de presser ce dernier d'intervenir aux Pays-Bas en faveur des protestants qui s'étaient soulevés contre Philippe II d'Espagne.

Les intérêts des différents partis étaient donc passablement embrouillés et Catherine de Médicis, persuadée, dès le début de sa régence, que le parti huguenot constituait une menace pour la jeune dynastie des Bourbons, forma le projet d'exterminer purement et simplement tous les calvinistes de Paris d'abord et ceux des provinces ensuite.

On ignore le détail des tractations auxquelles la régente se livra pour parvenir à ses fins, mais il semble certain que Catherine de Médicis prit la décision de profiter de cette occasion unique qu'était le mariage de Henri de Navarre avec sa fille Marguerite – celle que Charles IX appelait familièrement « Margot » –, le 18 août 1572, pour organiser les massacres qui devaient ensanglanter Paris cinq jours plus tard, dans la nuit de la Saint-Barthélemy, du 23 au 24 août 1572, et qui s'étendirent à tout le royaume par la suite. Une fois cette décision prise, elle ne recula plus devant aucun moyen, prête à tout sacrifier pour assurer le succès d'une mesure qu'elle considérait comme essentielle pour le royaume de France et, de peur de compromettre le secret du complot – à moins que ce ne soit pour donner le change –, elle exposa même la vie de sa fille, Marguerite de Valois, dont le mariage avec le futur Henri IV avait attiré à Paris de très nombreux protestants, ainsi que le rapporte Marguerite elle-même dans ses *Mémoires* :

> « Comme je faisais la révérence m'apprêtant à sortir, ma sœur de Lorraine me prend par le bras, m'arrête et, se prenant fort à pleurer, me dit : Mon Dieu, ma sœur, n'y allez pas. »

Voyant cela, Catherine de Médicis s'irrite et reproche à sa fille aînée son imprudence ; celle-ci lui répond :

> « À quoi cela sert-il de l'envoyer ainsi se sacrifier ? Si les huguenots découvrent quelque chose, ils se vengeront sur elle... »

Marguerite se retire, en larmes, embrasse sa sœur et notera plus tard dans ses *Mémoires*, ce qui tendrait à prouver que le secret de l'entreprise avait été bien gardé :

> « Je m'en allai toute transie et tout éperdue, sans pouvoir imaginer ce que j'avais à craindre. »

Ce qu'avait à craindre la belle reine Margot, c'était l'apocalypse de la Saint-Barthélemy qui allait se répandre dans Paris, au cours de la soirée et de la nuit de ce 23 août 1572.

*
* *

Comment se fait-il que le roi indiscutablement avisé que fut Henri IV ait été surnommé par les historiens modernes le « *bon* » roi Henri ? Le qualificatif « bon » n'apparaît dans aucune source sérieuse et certains ont suggéré que ç'aurait été une appellation populaire qui se rapporterait à l'attention qu'il portait à son peuple, auquel il voulait assurer la possibilité de déguster, chaque dimanche, un plat appelé « *poule au pot* ». Disons sans ambages que cette tradition est une imposture, dont on ignore d'ailleurs la source, et qu'elle est même difficilement justifiable ; la « poule au pot » est une préparation culinaire très modeste (c'est une poule bouillie dans de l'eau) et, s'il a lancé ce souhait à destination du petit peuple, il semblerait plus normal et plus habile qu'il eût parlé de « *poule rôtie* », une préparation courante, tout aussi modeste et plus alléchante ; de toute manière, même s'il était sincère, ce n'était là qu'un propos, qu'un « mot ».

D'ailleurs, ce que l'on sait des mesures financières qui furent prises sous le règne de Henri IV sont loin d'en faire un bienfaiteur des pauvres gens (qui constituaient la majeure partie de la nation) : les bourgeois étaient écrasés d'impôts, le peuple ployait sous une nuée de taxes, telles que la taille, la gabelle, les péages de toutes sortes qui ne seront abolis, pratiquement, que sous la Révolution, et la dette publique était énorme : Sully, dans ses *Économies royales,* source précieuse s'il en fut, l'évalue à plusieurs centaines de milliards de nos euros actuels. Presque tout le domaine royal était hypothéqué, et il nous reste une lettre de Henri IV à son ministre, rédigée alors qu'il mettait le siège devant La Fère (en Picardie), dans laquelle il lui écrit :

> **« Je n'ai pas quasi un cheval sur lequel je puisse combattre, ni un harnois complet que je puisse endosser ; mes chemises sont toutes déchirées, mes pourpoints troués au coude ; ma marmite est souvent renversée, et depuis deux jours je dîne et soupe chez les uns et les autres. »**

Cependant, conscients de l'importance que jouait l'agriculture dans l'économie du royaume, le roi et son ministre eurent comme premier soin de veiller à la sécurité des « laboureurs », la classe sociale de beaucoup la plus nombreuse de la nation, et c'est vraisemblablement chez ces paysans que naquit la dénomination de « *bon roi Henri* » qui, on va le voir, n'a aucune connotation politique ou sociale. En effet, le corps social de la nation – c'est-à-dire au premier chef les fonctionnaires qui l'administraient, les marchands qui l'approvisionnaient, les maçons qui construisaient les maisons, les ouvriers qui entretenaient les routes et les soldats qui défendaient le royaume – ne pouvait subsister que si on le nourrissait ; aussi fut-ce l'agriculture qui attira d'abord l'attention du roi et de Sully qui, si leurs vues ne s'accordaient pas sur d'autres points d'économie sociale, s'entendaient parfaitement sur celui-ci, et il est à peu près certain que le sort des paysans fut leur premier et presque unique souci, comme celui des rois qui les ont précédés.

La première mesure qui fut prise par Henri IV en ce sens fut la déclaration du 16 mars 1595, énoncée quelques jours après son entrée à Paris, qui interdisait aux créanciers de saisir les instruments de travail des laboureurs, ainsi que leurs récoltes, et aux policiers de s'emparer de leurs personnes, sauf dans les cas particulièrement graves. Deux autres mesures – la déclaration du 24 mars 1597 et l'ordonnance du 4 août 1598 sur le port d'armes (tous les paysans avaient des fusils, des haches et des couteaux) – garantirent les paysans contre les sévices et les rapines des gens de guerre, qui étaient choses fréquentes, et le roi aurait dit lui-même à des capitaines qui se trouvaient à Paris et dont les compagnies avaient pillé, en 1597, quelques maisons de paysans en Champagne :

> « Partez immédiatement, donnez-y ordre, et vous m'en répondrez ! Quoi ! Si l'on ruine mon peuple, qui me nour-

rira, qui soutiendra les charges du royaume, qui payera vos pensions, messieurs ? Vive Dieu ! S'en prendre à mon peuple, c'est s'en prendre à moi. »

Henri IV accorda aussi aux agriculteurs des facilités financières en annulant leurs dettes fiscales (vingt millions d'arriérés sur l'impôt de la taille en 1598 furent effacés) et, à partir de 1600, en réduisant les impôts ruraux et en augmentant les impôts des nobles (qui étaient astreints à la *taille*) et des bourgeois. De plus, la législation agricole qu'il établit, déclarant insaisissables le bétail et les bêtes de trait, encouragea l'élevage. Des édits sur les abus du droit de chasse de juin 1601 et juillet 1607 protégèrent les champs de blé, les vignes et autres terrains agricoles ; il ordonna également le rétablissement et la mise en état des voies de communication dans les campagnes, qui avaient été détruites pendant les guerres de religion, ainsi que la construction de nouvelles routes, et des lettres patentes du 26 février 1601 établirent la liberté de circulation ainsi que celle du commerce des grains et du vin. Cette dernière mesure accrut la valeur des terres et justifia l'augmentation des impôts des agriculteurs, dont le métier se modernisa grâce aux travaux des agronomes et en particulier à ceux d'Olivier de Serres (1539-1619), auteur du *Théâtre d'agriculture* (en 1600). Enfin, c'est toujours au règne de Henri IV que remonte l'exploitation des mines : les premières réalisations métallurgiques importantes en France datent de cette époque, de même que le démarrage de l'industrie de la soie, dont Olivier de Serres se fit le promoteur avec un ouvrage célèbre sur *La Cueillette de la soie par la nourriture des vers qui la font*, et que la création de la première chambre de commerce française par les lettres patentes d'avril 1601.

C'est sur ce fond de prospérité que se déroula la grave crise internationale de 1609-1610, conséquence des tentatives du roi Henri IV pour remodeler l'Europe politique. Il redoutait pour la sécurité de l'Europe la prépondérance de l'Autriche, qui poursuivait l'idée de prendre la tête d'une monarchie européenne, et tous les projets que Sully décrit dans ses *Économies royales* tendaient à l'affaiblissement de la maison des Habsbourg (la dynastie des ducs d'Autriche, au pouvoir à Vienne depuis 1298) et à la refonte complète du système politique européen. Le ministre de Henri IV proposait en effet l'union des grandes puissances en une seule « *République chrétienne* », divisée en quinze grands États, dont cinq monarchies héréditaires, six monarchies électives et quatre républiques, susceptible de s'opposer aux progrès de la Turquie conquérante et de canaliser les ambitions autrichiennes ; un conseil suprême, que Sully proposait d'appeler *Sénat de la république chrétienne* – précurseur de notre moderne ONU – composé de quatre mandataires par État européen, devait gérer tous les griefs, toutes les atteintes portées au droit des gens, se prononcer entre les États en cas de désaccord ou de rupture entre eux, et instaurer en Europe une *paix perpétuelle*.

Un événement vint bientôt amorcer la réalisation de ce généreux projet. Un souverain européen, le duc de Clèves, de Juliers et de Berg, vint à mourir sans postérité, le 25 mars 1609, et trois princes revendiquaient son héritage : l'Électeur[1] de Saxe (que soutenait l'empereur Rodolphe

1. On appelait Électeurs (avec une majuscule initiale) les princes et les évêques qui participaient à l'élection de l'empereur dans le Saint Empire romain germanique.

d'Autriche), l'électeur de Brandebourg et le comte palatin de Neubourg (qui comptait sur le soutien du roi de France). Le premier s'empara de la ville de Juliers, en Rhénanie du Nord, au nom de l'empereur d'Autriche, et les seconds des cités de Clèves et de Berg. Ce n'était là qu'un incident qui, en d'autres temps, se serait réglé entre les trois princes concernés, mais il s'y mêla une affaire de cœur bien peu digne de déclencher une guerre européenne que nous allons brièvement conter ici.

Henri IV, malgré ses cinquante-cinq ans, était tombé éperdument amoureux de la plus jeune fille du connétable de Montmorency, laquelle avait épousé le prince de Condé, cousin protestant du roi, et répondit à ses avances ; Condé, jaloux, éloigna sa femme de Paris et l'emmena avec lui en Picardie d'abord, puis en Belgique. Le roi, outré de colère, ordonna à son cousin de revenir immédiatement à Paris sous peine d'être poursuivi pour crime de lèse-majesté et somma les archiducs de Flandre de ne pas recevoir son neveu. La menace était imparable : comment un simple archiduc flamand pouvait-il se permettre de désobéir à l'un des plus puissants souverains d'Europe ? Les archiducs renvoyèrent donc la princesse en France, mais ils commirent l'erreur de laisser le prince de Condé – peu soucieux d'affronter son royal rival – se retirer en Italie et cela suffit à ranimer la colère d'Henri IV qui dirigea vers la Belgique des forces considérables pour les punir de ne pas lui avoir livré le prince. C'est ainsi qu'une banale *love-affair* dégénéra rapidement en une guerre européenne dont le prétexte froufroutant fut bien vite oublié ; voici quelle en fut la genèse.

1. Dans le courant du mois de janvier 1610, Henri IV mobilise ses troupes et les envoie vers la Belgique.

2. Le 30 janvier 1610, dix princes allemands, dont l'Électeur palatin, l'Électeur de Brandebourg et le duc de Wurtemberg, font une déclaration solennelle contre la maison d'Autriche.

3. Le 3 février de la même année, ils constituent l'*union de Halle* et en confient la direction à l'Électeur palatin.

4. Le 11 février, ces princes signent avec Henri IV un traité d'alliance offensive contre l'Autriche, aux termes duquel la France devra fournir un contingent armé de dix mille hommes ; le début des hostilités est fixé au mois d'avril pour les princes allemands et au début du mois de mai pour le roi de France.

5. Pendant que se prépare la guerre, Marie de Médicis obtient enfin du roi qu'il la nomme régente du royaume le 20 mars 1610 ; son autorité se réduit à peu de chose, car elle n'a droit qu'à une voix sur quinze au Conseil du roi, mais là ne se bornaient pas ses exigences : vaine et entêtée, elle tient à être sacrée régente de France dans une cérémonie fastueuse. Marie de Médicis fut donc sacrée le 13 mai 1610, en grande pompe, à Saint-Denis, par le cardinal de Joyeuse, puis elle fit son entrée solennelle dans Paris et tout le monde put observer son air doux et grave ainsi que son visage merveilleusement gai et content, malgré les réticences de Sully qui craignait une si grosse dépense à la veille d'une guerre qui s'annonçait onéreuse :

> « Ah, maudit sacre ! grognait Sully, tu seras cause de ma mort ! Car, pour ne vous rien celer, l'on m'a dit que je devais être tué à la première magnificence que je ferais, et que je mourrais dans un carrosse, et c'est ce qui me rend si soucieux. »

6. Le déroulement des opérations militaires est alors ainsi prévu : une armée de quatorze mille Hollandais, commandée par le prince Maurice, envahira la rive droite de la Meuse tandis que le roi de France partira de Paris le 19 mai 1610, avec trente-sept mille hommes réunis à Châlons-sur-Marne, et marchera sur Juliers. Avant son départ, Henri IV prit toutes les mesures nécessaires au gouvernement de la France pendant son absence.

*
* *

Le lendemain vendredi 14 mai 1610, vers les 10 heures du matin, le roi Henri IV s'en alla entendre la messe aux Feuillants. À son retour, il se retira dans son cabinet et voici comment le chroniqueur du temps, Pierre de l'Étoile, nous décrit les événements tragiques qui se déroulèrent alors, dans son *Journal du Règne de Henri IV* :

« Le duc de Vendôme, son fils naturel, qu'il aimait fort, vint lui dire qu'un nommé La Brosse, qui faisait profession d'astrologie, lui avait dit que la constellation sous laquelle Sa Majesté était née le menaçait d'un grand danger ce jour-là : aussi, il l'avertit de se bien garder. À quoi le roi répondit en riant à Monsieur de Vendôme : “La Brosse est un vieux matois, qui en veut à votre argent. Nos jours sont comptés devant Dieu.” Et sur ce, le duc de Vendôme fut avertir la reine, qui pria le roi de ne pas sortir du Louvre le reste du jour. Ce à quoi il fit la même réponse. Après le dîner, le roi s'est mis sur son lit pour dormir ; mais, ne pouvant trouver le sommeil, il s'est levé triste, inquiet et rêveur, et a promené dans sa chambre quelque temps, et s'est jeté derechef sur le lit. Mais, ne pouvant dormir encore, il s'est levé, et a demandé à l'exempt des gardes quelle heure il était ! L'exempt lui a répondu qu'il était 4 heures, et a dit : "Sire, je vois Votre Majesté triste et toute pensive ; il vaudrait mieux prendre un peu l'air, cela la réjouirait." – "C'est bien dit. Eh bien, faites apprêter mon carrosse, j'irai à l'Arsenal voir le duc de Sully, qui est indisposé et qui se baigne aujourd'hui."

» Le carrosse étant prêt, il est sorti du Louvre accompagné du duc de Montbazon, du duc d'Épernon, du maréchal de Lavardin, de Roquelaure, La Force, Mirebeau et Liancourt, premier écuyer. En même temps, il chargea le sieur de Vitry, capitaine de ses gardes, d'aller au palais faire diligenter les apprêts qui s'y faisaient pour l'entrée de la reine, et fit demeurer ses gardes au Louvre. De sorte que le roi ne fut suivi que d'un petit nombre de gentilshommes à cheval et de quelques valets de pied. Le carrosse était malheureusement ouvert de chaque portière, parce qu'il faisait beau temps et que le roi voulait voir en passant les préparatifs qu'on faisait dans la ville. Son carrosse entrant de la rue Saint-Honoré dans celle de la Ferronnerie, trouva d'un côté un chariot chargé de vin et de l'autre côté un autre chariot chargé de foin, lesquels faisaient embarras : il fut contraint de s'arrêter, à cause que la rue est fort étroite, par les boutiques qui sont bâties contre la muraille des Saints-Innocents. Dans cet embarras, une grande partie des valets de pied passa dans le cimetière, pour courir plus à l'aise et devancer le carrosse du roi au bout de la rue. Des deux seuls valets de pied qui avaient suivi le carrosse, l'un s'avança pour détourner cet embarras, et l'autre s'abaissa pour renouer sa jarretière, lorsqu'un scélérat, nommé François Ravaillac, natif d'Angoulême, qui avait eu le temps, pendant cet embarras, de remarquer le côté où était le roi, monte sur la roue dudit carrosse, et, d'un couteau tranchant des deux côtés, lui porte un coup entre la seconde et la troisième côte, un peu au-dessus du cœur, qui a fait que le roi s'est écrié : "Je suis blessé ! " Mais le scélérat, sans s'effrayer, a redoublé, et l'a frappé d'un second coup dans le cœur, dont le roi est mort sans avoir pu jeter qu'un grand soupir. Ce second a été suivi d'un troisième, tant le parricide était animé contre le roi, mais qui n'a porté que dans la manche du duc de Montbazon. Chose surprenante, nul des seigneurs qui étaient dans le

> carrosse n'a vu frapper le roi ; et si ce monstre de l'enfer eut jeté son couteau, on n'eût su à qui s'en prendre. Mais il s'est tenu là pour se faire voir et pour se glorifier du plus grand des assassinats. »

Ce récit fort détaillé a été complété par celui de Malherbe qui, dans une lettre datée du 19 mai 1610, précise que le carrosse tourna tout aussitôt vers le Louvre, que deux gentilshommes portèrent le corps du roi – inanimé, mais encore en vie – jusqu'à l'escalier de ce palais qui menait à son cabinet, dans lequel se trouvait un lit où il fut déposé et où il ferma les yeux pour ne plus les rouvrir, avant d'être transporté, deux heures plus tard, dans sa chambre où tout le lendemain et le dimanche chacun alla lui donner de l'eau bénite. Malherbe conclut son récit par la phrase suivante : « *Je ne vous dis rien des pleurs de la reine, cela se doit imaginer. Pour le peuple de Paris, je crois qu'il ne pleura jamais tant qu'en cette occasion.* »

*
* *

Quel jugement porter sur Henri IV ? Le règne de ce roi est loin d'avoir brillé de mille feux ; il a surtout été marqué par la guerre qu'il mena contre la *Ligue*, qui s'est terminée par l'heureuse proclamation de *l'Édit de pacification* signé le 13 avril 1598 à Nantes qui mit fin, en France, aux sanglantes guerres de religion, par les nombreuses révoltes de paysans dont celle des « croquants » fut noyée dans le sang, et par l'œuvre de structuration économique du royaume entreprise par Sully, baron de Rosny, qui fut le véritable grand homme de ce règne et à qui l'on doit en particulier :

– la reconstitution du trésor du royaume, par l'amélioration des recettes de l'État et l'élimination des receveurs et trésoriers véreux ou maladroits ;

– la diminution des charges publiques ;

– la réorganisation de la « *ferme* », c'est-à-dire de l'administration chargée de recueillir les impôts et taxes, en imposant aux fermiers généraux, sous-fermiers et autres receveurs fiscaux de verser directement au trésor public les sommes qu'ils étaient chargés de collecter et en créant une chambre spéciale pour surveiller et poursuivre leurs malversations ;

– le développement de l'agriculture et de l'élevage en France ;

– l'apurement des dettes de l'État ;

– la protection des paysans contre les agents du fisc et les gens de guerre ;

– le dessèchement des marais et l'arrêt de la dévastation des forêts, des rivières et des étangs ;

– l'amélioration des voies routières et des ponts, ainsi que le projet d'un vaste système de canaux pour unir tous les fleuves de France ;

– le développement des mûriers et de l'industrie de la soie ;

– un vaste plan de constructions militaires et de fortifications qui défendront le royaume jusqu'au temps de la Révolution.

Ajoutons à cette liste impressionnante de réformes que Sully joua auprès du monarque le rôle d'un véritable mentor, même sur le plan personnel (par exemple – et ce n'est là qu'un détail entre mille autres – en le protégeant contre les intrigues financières de la marquise de Verneuil qui lui avait extorqué une promesse de mariage) et que c'est grâce à ce « *bon* » ministre que le règne de Henri IV fut un « *bon règne* », bénéfique tout compte fait à la France, bien qu'il eût été encombré d'une multitude d'intrigues politiques, financières et amoureuses qui n'avaient rien à voir avec l'intérêt du peuple et du royaume. Quant à dire qu'il fut un « *bon* » roi... disons plutôt qu'il eut de bons ministres.

VIII

De Louis XIV à Louis XV

L'auteur de la première imposture relative à l'histoire du roi Louis XIV fut vraisemblablement le valet de chambre de Louis XIII, un certain Laporte, qui prétend dans ses *Mémoires* qu'après le baptême du futur Roi-Soleil, qui avait eu lieu dans la chapelle du palais de Saint-Germain alors qu'il avait à peine cinq ans, son père mourant, le roi Louis XIII, le fit venir dans sa chambre et lui demanda comment il se nommait : « *Je me nomme Louis XIV* », répondit fièrement l'enfant. Ce premier « mot », rapporté ultérieurement par la plupart des biographes du Roi-Soleil pour mettre en valeur soit sa précocité intellectuelle, soit son tempérament orgueilleux, a toutes les chances d'être une invention de leur part : c'est, à notre connaissance, la première « imposture » – bien innocente – concernant l'histoire de son règne.

La seconde imposture est due à son professeur de latin, l'abbé Péréfix de Beaumont, qui laissa publier sous le nom du prince, alors que ce dernier avait à peine seize ans, une traduction que lui-même avait faite des *Commentaires* de César sur la guerre des Gaules et sur la guerre civile romaine. Ce brave abbé dut avoir quelques remords par la suite, car Louis XIV n'a jamais su le latin et n'avait rien d'un érudit. Comme le souligne Voltaire lui-même dans son *Siècle de Louis XIV* :

> « Il s'occupait à lire des livres d'agrément qui, en peignant la galanterie et la grandeur, flattaient en secret son caractère. Il lisait les tragédies de Corneille et se formait le goût, qui n'est que la suite d'un sens droit et le sentiment prompt d'un esprit bien fait [...] et le cardinal de Mazarin souffrait volontiers qu'on donnât au roi peu de lumières. L'étude qu'il avait trop négligée avec ses précepteurs au sortir de l'enfance lui inspirait une timidité qui venait de la crainte de se compromettre, et l'ignorance où le tenait le cardinal de Mazarin fit penser à toute la cour qu'il serait comme son père [*c'est-à-dire, en bref, inculte*]. »

Ce qui plaisait au roi c'était la danse, l'équitation, la chasse, et surtout courir non pas « la gueuse », mais les dames distinguées de la cour. Les filles d'honneur de la reine furent ses premières proies (faciles, on s'en doute) ; on prétend qu'il s'introduisait pendant la nuit dans la partie du palais où se trouvaient leurs chambres et leurs appartements par une porte dérobée, que la première dame d'honneur fit murer. Après un certain nombre de liaisons et de passades, le roi devint sincèrement amoureux de Marie Mancini, la nièce du cardinal Mazarin. Anne d'Autriche, dont le but était de marier le roi de France (vingt et un ans) avec l'impératrice Marie-Thérèse d'Autriche (vingt-deux ans), éloigna de la cour Marie Mancini, qui s'inclina devant la raison d'État, et le mariage avec l'impératrice eut lieu après qu'eut été signé, en 1659, le traité des Pyrénées qui mettait fin à des années de guerres et de tensions entre la France et l'Espagne. Comme le dit alors le prédicateur Massillon : « *Le lit nuptial fut dressé sur le champ fameux de tant de batailles.* »

Mazarin mourut en 1661, et Louis XIV saisit cette occasion pour commettre une troisième imposture. Jusque-là confiant en son ministre, il n'avait eu qu'une seule occasion de montrer ce qu'il était capable de devenir un jour. C'était quelques années après la Fronde, le peuple se plaignait en gémissant des nouveaux édits de finance promulgués en 1655, et le Parlement, qui voulait les réviser, réclama une assemblée. Informé de cette intention, Louis, qui avait à peine dix-sept ans et qui s'apprêtait à partir à la chasse, pénètre dans la grande salle où siégeait les députés du royaume, un fouet de chasse à la main, et leur déclare d'emblée :

– Messieurs, chacun sait les malheurs qu'ont engendrés les assemblées du Parlement et je veux, désormais, les prévenir. J'ordonne donc qu'on suspende celles qui vont se dérouler à propos des édits que j'ai fait enregistrer en lit de justice. Je vous défends, monsieur le premier président, de souffrir la tenue de ces assemblées, et j'interdis à chacun d'entre vous, messieurs les représentants des trois ordres de l'État, d'en demander la convocation.

Louis XIV fut obéi, mais ces prémisses de sa grandeur, selon l'expression de Voltaire, ne firent pas long feu, et les fruits n'en germèrent qu'au lendemain de la mort du cardinal (9 mars 1661). Ce jour-là, le président de l'assemblée du clergé, Harlay de Chanvallon, lui ayant demandé à qui, désormais, le roi s'adresserait pour diriger les affaires de l'État : « *À moi, répondit Louis XIV, car l'État, c'est moi.* » Dès alors il fut le maître absolu de la France, ce qui était dans l'ordre des choses, mais c'est une imposture que de prétendre, comme l'ont fait par la suite les historiens républicains classiques, qu'il était imbu de ce principe de gouvernement que « *la force prime le droit* », jusque-là ignoré des empereurs et des rois européens, pour lesquels leur autorité était le produit de la volonté divine et de la tradition : ce principe, Louis XIV ne l'a formulé – et mis en application – qu'une seule fois au cours de son règne, lorsqu'il soutint le Portugal contre l'Espagne au mépris du traité des Pyrénées (1659).

À partir de cette date, s'il est relativement simple pour les historiens de comprendre le déroulement de l'histoire politique et militaire du règne de Louis XIV sans s'égarer sur le chemin tentant des impostures, compte tenu du nombre importants de documents officiels qui nous sont restés, ceux d'entre eux qui étaient tentés par la « petite histoire » se sont rabattus sur la chasse aux anecdotes relatives aux intrigues, aux amours et aux petites querelles courtisanes qui n'ont, évidemment, que peu d'intérêt pour raconter l'histoire du règne.

Il est regrettable, cependant, que les manuels scolaires modernes passent un peu légèrement sur ce qui peut être considéré comme la faute politique la plus grave de ce règne, à savoir la politique anti-espagnole de Louis XIV, qui eut pour point de départ un incident diplomatique stupide : le fait que dans une cérémonie publique, en 1662, à Londres, l'ambassadeur d'Espagne usa de violence et de ruse pour prendre le pas sur le comte d'Estrades, l'ambassadeur de France. Louis XIV, irrité, menaça aussitôt le roi d'Espagne, Philippe IV, de lui faire la guerre, le contraignit à une réparation publique et à renoncer à toute prétention d'égalité avec lui.

Par la suite, conseillé par Colbert (qui succéda dans ses fonctions ministérielles à Mazarin, mort le 9 mars 1661, à Vincennes), comme nous l'avons dit, Louis soutiendra le Portugal contre le roi d'Espagne, au mépris du traité des

Pyrénées qui interdisait à la France toute ingérence politique ou militaire dans la péninsule Ibérique. Puis, toujours conseillé par ce même ministre, Louis XIV soutint la république de Hollande contre l'Angleterre, jusqu'à ce que la paix intervienne, en 1667, entre ces deux pays. À la même époque, sur les subtils conseils de Colbert, le roi prit la seule décision intelligente de politique étrangère de son règne, qui fut pourtant très long : il confia une flotte au duc de Beaufort qui purgea la Méditerranée des pirates qui l'infestaient et qui prit l'initiative de porter la terreur des armes françaises jusqu'à Alger.

Comme se développaient, à cette époque du règne de Louis XIV, sous l'influence de Colbert, les manufactures de glaces de Cherbourg, celles de draps fins de Louviers, d'Abbeville et de Sedan, les ateliers de tapis de La Savonnerie, de tapisseries des Gobelins et de soieries de Lyon, toutes ces industries étant financées et protégées par la législation de cet habile ministre, il fallait au royaume de France une marine pour garantir l'exportation de ces richesses, principalement vers l'Angleterre, la Hollande et l'Espagne ; grâce aux efforts de Colbert, celle-ci vit le jour en peu d'années, et l'on vit bientôt une centaine de vaisseaux français sillonner l'Atlantique occidental et la Méditerranée, tandis que naissaient les ports militaires de La Rochelle et de Dunkerque.

C'est à partir de la mort de son beau-père, le roi d'Espagne Philippe IV, en 1665, que Louis XIV, poussé par Colbert, va entreprendre une série de conquêtes qui auront pour effet, certes, d'agrandir son royaume, mais dont les conséquences économiques, jointes aux prétentions exorbitantes du roi en matière de politique étrangère, vont affaiblir la France et la ruiner ainsi que son image en

Europe, à un point tel que l'on peut affirmer que Louis XIV fut, sur le plan de la politique étrangère du royaume, l'un des plus mauvais souverains qui ait jamais régné sur la France, malgré les flonflons et les lanternes de Versailles.

Après avoir joui un temps des acclamations du peuple, des compliments de ses courtisans et des caresses de ses maîtresses, Louis XIV part subitement, suivi de quelques courtisans, à la tête de son armée (une armée permanente qu'avaient créée Louvois et Turenne), chevauche d'abord jusqu'à Dijon, pénètre en Franche-Comté, province qui appartenait à l'Espagne, et, en moins d'un mois, se saisit de toutes les places, assistant lui-même, de loin, à un certain nombre de sièges. En quelques semaines tout le pays est conquis (par ses officiers ; le roi assistait au combat, mais de loin : il n'y déploya pas le courage fougueux de son aïeul Henri IV). Les souverains européens s'alarment de ces succès rapides, une triple alliance se forme contre Louis XIV, réunissant la Hollande, l'Angleterre et la Suède ; elle est conclue en très peu de jours et animée par le grand-pensionnaire de Hollande, Jean de Witt, qui devient l'âme de cette ligue et oblige le roi Louis XIV à signer le traité d'Aix-la-Chapelle (1668), aux termes duquel il ne conserve que la Flandre et doit restituer la Franche-Comté aux Pays-Bas.

Malgré tout ce qu'ont pu écrire sur son règne bon nombre d'historiens, malgré le talent de ses généraux (Condé et Turenne) et la présence, à ses côtés, de bons ministres, et n'en déplaise aux historiens du passé qui ont considéré Louis XIV comme un « *grand* » roi, cette grandeur qu'ils admirent est un faux-semblant et, vers la fin du siècle, les signes de décadence du royaume sont déjà bien visibles.

Louis XIV, maintenant sexagénaire (ce qui, pour l'époque, est déjà la vieillesse), vivant de plus en plus retiré, considère les événements de loin, avec des yeux désabusés, sinon indifférents. Tous les êtres qui faisaient vivre la cour ont disparu : les grands ministres comme les grands capitaines. En 1701, Mme de Maintenon, sa vieille maîtresse qui se dirige lentement vers ses soixante-dix ans, a fait confier les deux principaux ministères du royaume, celui de la Guerre et celui des Finances, qui avaient été jusque-là entre les mains expertes de Louvois et de Colbert, à l'une de ses créatures, un certain Michel de Chamillard (1651-1721), lequel se sentait tellement impuissant devant de pareilles responsabilités que, pour le rassurer, Louis XIV lui-même lui dit, lors de son installation : « *Je vous seconderai.* » Chamillard devait ce poste de premier personnage du royaume après le roi à... son habileté au billard, qui avait fasciné Mme de Maintenon, que ce jeu passionnait ; mais ce n'était ni un politique, ni un guerrier, ni même un financier, et Mme de Maintenon l'avait choisi précisément pour son insignifiance, afin de maintenir son influence sur l'esprit du roi (elle avoue elle-même, dans une de ses lettres, que Chamillard était un incapable). Saint-Simon, dans ses *Mémoires*, explique de la sorte l'élévation de ce ministre que, de nos jours, un hebdomadaire satirique paraissant le mercredi qualifierait de « *ministre-sic* » :

« Chamillard, écrit-il, était très borné, et, comme tous les gens de peu d'esprit et de lumières, très opiniâtre, très entêté, riant jaune avec une douce compassion à qui opposait des raisons aux siennes, et entièrement incapable de les entendre, par conséquent dupé en amis, en affaires et en tout. [...] L'inattendu est que le grand ressort de la tendre affection qu'avait pour lui le roi était cette incapacité même. Il l'avouait au roi à chaque instant ; et le roi se complaisait à le diriger et à l'instruire, en sorte qu'il était jaloux de son succès comme du sien propre et qu'il en excusait tout. »

On n'en finirait pas d'énumérer les malheurs qui accablèrent le royaume durant le passage de Chamillard au pouvoir. Instrument des passions de la cour, il éloigna Villars des armées et l'envoya dans les Cévennes combattre les Camisards, dressa les ministres du roi les uns contre les autres et désorganisa complètement les mécanismes de l'État ; le désordre des finances étant devenu extrême, il eut recours à des expédients qui ne firent que pallier le mal et augmenter la misère publique. On lui prêtait d'ailleurs un « bon mot » qu'il aurait fait pour qualifier les « offices » (situations privilégiées) que vendait le roi Louis XIV à ceux de ses sujets qui étaient capables de les acheter et de les gérer :

« Toutes les fois que Votre Majesté crée un office, Dieu crée un nouveau sot pour l'acheter. »

Enfin, cédant au mécontentement général, Chamillard remit ses deux ministères à deux spécialistes (Desmarets aux finances, en 1708, et Daniel-Voisin à la guerre en 1709), puis il mourut en 1721 avec la conscience du devoir (mal ?) accompli : il aura été la dernière grande « imposture » du siècle de Louis XIV parmi tant d'autres, un siècle que ses historiens ont qualifié à juste titre de « *grand* » dans la mesure où ils font allusion à tous les philosophes, les savants, les écrivains et les artistes qui ont vécu sous le règne de ce roi ; mais le contenu de leurs œuvres n'est dû qu'à eux, et le fait qu'ils aient obtenu quelques aides matérielles, qui une pension, qui un logement, qui une quelconque libéralité, de la part de ce souverain ou de son entourage n'a pas été une caractéristique du règne de Louis XIV.

Sous le règne de n'importe quel autre souverain La Fontaine aurait écrit les mêmes fables, Corneille, Molière et Racine les mêmes comédies et les mêmes tragédies, Bossuet son *Discours sur l'histoire universelle*, etc. Attribuer un rôle quelconque aux personnalités qui gouvernaient le royaume de France à cette époque est une imposture. Il est certain que monarques et ministres ont joué, par leur conception du gouvernement de la France, un rôle déterminant quant au visage et à la place dudit royaume en Europe, mais on se doit de rendre à César ce qui est à César, et aux créateurs – artistes, penseurs ou savants – ce qui est aux créateurs ; de tout temps les chefs d'État de tous les grands pays, qu'ils se nomment Néron, François Ier, Louis XIV, Hitler ou Staline, pour ne citer que des dirigeants du passé, ont financé à partir des caisses publiques – donc par le biais de la fiscalité – des monuments, des routes, les travaux des artistes et ceux des savants, des musées et des universités, au même titre que des armées ou des guerres ; ils l'ont fait non point pour l'amour des œuvres d'art ou des œuvres de l'esprit, mais uniquement dans le but de perpétuer leur gloire.

*

* *

À la fausse grandeur du règne de Louis XIV, lequel a laissé, à sa mort, les caisses du royaume vides et le pays panser les blessures de la guerre civile contre les protestants, on peut opposer la réussite du règne de Louis XV, l'un des meilleurs rois que la France ait connus mais que les historiens jules-ferryesques, multipliant les impostures, ont décrié et calomnié au nom de leur idéologie républicaine exaspérée.

Louis XV est en effet non seulement le seul monarque de notre histoire qui ait laissé les caisses du royaume pleines après sa mort (il les avait trouvées vidées par Louis XIV à son avènement), mais il fut aussi le seul qui ait entrepris (grâce à Choiseul) une très subtile politique méditerranéenne contre l'Angleterre, à laquelle il a eu l'habileté de laisser la lointaine Amérique (qu'elle a fini par perdre). On lui doit l'installation de la France en Corse et les premières approches en Afrique du Nord. En dépit du bilan plus qu'honorable de son règne, ce roi a connu, durant longtemps, une très mauvaise presse dans les manuels scolaires de la IIIe République qui furent les « catéchismes » de ce régime. Voici, à titre d'exemple, comment son personnage est présenté dans la première édition (1912) d'un manuel classique de haute qualité dont l'auteur était Albert Malet (professeur d'histoire au-dessus de tout soupçon, mais sectateur de l'historiographie officielle d'alors) :

> **« À son avènement, en 1743, Louis XV avait trente-trois ans. Il était beau ; au dire d'un de ses ministres, le marquis d'Argenson, lors de son sacre "il ressemblait à l'Amour". Ses sujets lui étaient passionnément attachés. En 1744, comme il était tombé gravement malade à Metz, hommes et femmes par toute la France se précipitèrent**

dans les églises. À Paris, à la seule sacristie de Notre-Dame, il fut demandé par les gens du peuple 6000 messes pour sa guérison. Ce fut alors qu'on le surnomma le Bien-Aimé. Jamais souverain ne fut plus indigne d'un pareil attachement. [...] Personne n'avait eu l'autorité nécessaire pour redresser ses mauvais instincts. Il était naturellement méchant. à douze ans, il essayait de tuer pour le plaisir une biche apprivoisée. [...] » (A. Malet, *Cours complet d'histoire*, tome 3, Les Temps modernes, Paris, Hachette, 1918, p. 18.)

Comment l'historien avisé et savant qu'était Albert Malet peut-il juger de la sorte un souverain dont il dit lui-même qu'il était adoré de son peuple comme jamais aucun roi de France – sinon peut-être Henri IV – ne l'avait été auparavant, et qu'il avait suivi « *en matière de finance les idées originales et sages* » de l'un de ses principaux ministres, le Contrôleur général des finances et le secrétaire d'État à la marine Machault d'Arnouville ? Lorsqu'on étudie sans préjugé les différentes « affaires » qui ont défrayé la chronique au cours du règne de Louis XV et que les historiens traditionnels modernes (principalement ceux de la IIIe République), suivis avec quelques exagérations par les romanciers puis de nos jours par les cinéastes, ont reprises pour leur compte, on constate que Louis XV s'en est généralement fort bien tiré et que, tout bien pesé, il fut peut-être, pour la France, un meilleur roi que Louis XIV, car s'il montra moins d'ambitions que son prédécesseur il eut l'énergie de lutter ouvertement contre le clergé et les parlements, dont les dissensions et les prétentions étaient les véritables causes de l'affaiblissement progressif du régime monarchique français.

La première occasion de troubles sous le règne de Louis XV fut l'impôt dit « *du vingtième* » établi en 1749 par Machault sur le revenu de tous les sujets du roi, quelle que fût leur condition ; le clergé refusa de s'y soumettre, comme il refusa de fournir au roi un état de ses biens et revenus, et l'évêque de Marseille alla jusqu'à menacer le souverain : « *Ne nous mettez pas dans la nécessité de désobéir à Dieu ou au roi*, lui écrivit ce prélat, *vous savez lequel des deux aurait notre préférence !* » Louis XV céda à ce chantage et à l'excommunication et, finalement, la charge du vingtième retomba principalement sur le Tiers État. Cependant les besoins de la France, que la marquise du Deffand, faisant allusion à son appauvrissement, avait coutume d'appeler ironiquement « *Madame Job* », allaient croissant, et l'abbé Terray, chargé des finances en 1770, surnommé par les Français « *Vide-Gousset* », résuma cyniquement au roi la situation financière du royaume : « *Le seul moyen de payer les dettes du royaume est de faire banqueroute.* »

On comprend dès lors la position du Parlement de Paris et des douze parlements de provinces qui, dans un premier temps, refusèrent d'enregistrer les édits financiers et ceux qui avaient trait aux matières religieuses, puis, pour protester contre la procédure des lits de justice[1] dont le roi faisait de plus en plus usage contre eux, les parlementaires des trois ordres de la nation finirent par s'abstenir purement et simplement d'enregistrer les édits, et même par démissionner en masse. Louis XV riposta d'abord en exilant les démissionnaires, mais, cédant au mécontentement général, il dut rappeler les exilés. Ce rappel ne résolut pas le problème des rapports entre le roi et les parlements provinciaux, car un banal conflit de personnes relevant du Parlement de Rennes engendra en 1771 une affaire qui fut arbitrée par le ministre de la

1. Séance du Parlement se tenant en présence du roi.

Justice de l'époque, le chancelier Maupeou, auquel il fallut une année pour la dénouer, et que les historiens ont appelée « *l'affaire d'Aiguillon-La Chalotais* », du nom de ses deux héros, le duc d'Aiguillon, gouverneur intérimaire de la Bretagne, et La Chalotais, procureur général au Parlement de Rennes : elle est caractéristique des difficultés administratives du royaume à une époque où le système monarchique était cependant à son apogée et mérite, pour cette raison, qu'on lui consacre ici quelques lignes.

Le temps était venu de nommer un gouverneur en titre à la Bretagne en lieu et place du duc d'Aiguillon, lequel avait fait écarter la candidature du fils du procureur La Chalotais pour incapacité notoire ; d'autre part, lors de la campagne des parlements de France contre les jésuites, quelques mois auparavant, La Chalotais avait rédigé contre eux un réquisitoire qui avait fait grand bruit alors que le duc d'Aiguillon leur était favorable. De plus, La Chalotais ambitionnait un poste de ministre et il pressentait en d'Aiguillon un rival possible. Sur ce, le Parlement de Rennes prit rigoureusement parti pour les États-provinciaux[1] de Bretagne qui protestaient contre une augmentation des impôts établie sans leur assentiment préalable (1765), et des lettres injurieuses furent envoyées aux ministres du roi de France ; on les attribua à La Chalotais, qui fut condamné à une peine de prison pour cette offense en 1766.

Bien que le duc d'Aiguillon n'eût joué aucun rôle dans cette affaire, La Chalotais, soutenu par Voltaire et par ceux qu'on appelait « *les Philosophes* », put se faire passer

1. Assemblée composée des représentants du clergé, de la noblesse et du tiers état d'une province.

pour la victime du gouvernement royal et de la rancune des jésuites, tandis que le duc d'Aiguillon fut inculpé par le Parlement de Rennes d'abus de pouvoir et de projet d'empoisonnement du procureur général La Chalotais, en 1769. Toutefois le duc était aussi pair de France et, à ce titre, il dépendait juridiquement du Parlement de Paris qui, sur l'ordre du roi Louis XV, commença l'instruction de l'affaire dès le mois d'avril 1770. Puis, brusquement, et sans donner aucune raison de sa décision, Louis XV annula toute la procédure et interdit au Parlement de la rouvrir (juin 1770).

Le ministre de la Justice était alors le chancelier Maupeou, ancien premier président du Parlement de Paris. Il était conscient du fait que les décisions contradictoires de ses anciens collègues parlementaires mettaient en jeu les fondement de l'autorité absolue du roi et donc du régime monarchique : « *Sommes-nous dirigés par un seul souverain, demandait-il, ou par une douzaine de parlements provinciaux ?* » Il entreprit donc de changer de fond en comble les mécanismes administratifs de la monarchie, entreprise qui annonce déjà les grandes transformations constitutionnelles de la Révolution, et c'est une imposture que de ne pas l'enseigner dans les chapitres des manuels scolaires qui décrivent les difficultés de la France à la veille de 1789.

L'affaire n'eut cependant pas de suite, car, le 28 avril 1774, Louis XV eut un malaise alors qu'il se trouvait au Petit-Trianon et, le lendemain, les médecins appelés à son chevet diagnostiquèrent ce qu'on appelait alors la « *petite vérole* », c'est-à-dire la *variole*, maladie infectieuse et contagieuse qui n'a absolument rien à voir avec la *vérole*, qui est une maladie vénérienne avec laquelle les historiens de la fin du XIXe siècle l'ont confondue. Le 5 mai le roi se confessait, le 6 mai il reçut la communion de son grand aumônier, le cardinal de La Roche-Aymon, dans la nuit du 9 au 10 mai il reçut l'extrême-onction et le 10 mai, à deux heures après midi (14 heures), il expirait. En mourant il léguait à son fils unique, Louis XVI, la tâche impossible de sauver la monarchie, qui était d'ores et déjà condamnée. Nombreux furent les historiens républicains de la fin du XIXe siècle qui accusèrent Louis XV d'avoir, plus que tout autre, préparé la ruine du régime monarchique et l'avènement de la Révolution ; c'est là une imposture, car la Révolution française a été non pas le soulèvement d'un peuple contre les excès du régime monarchique, mais une sorte d'explosion sociale déclenchée et gérée par le Tiers État, c'est-à-dire en fait par la classe bourgeoise (il n'y avait guère de paysans parmi les députés du Tiers), dans le but de s'emparer définitivement du pouvoir politique à tous les échelons et d'en éliminer la noblesse, aussi bien le roi que le moindre petit nobliau de province.

IX

La Révolution française et ses acteurs

La période de l'histoire de France correspondant à la Révolution française a été sans doute la plus propice aux impostures pour deux raisons évidentes : 1° les sources, qui sont nombreuses, émanent en général de ses acteurs, dont chacun avait une vision partisane et souvent passionnelle des événements (il en sera de même pour l'histoire de l'Occupation allemande en France entre 1940 et 1945 ou pour celle de la Résistance par exemple) ; 2° ces passions ne sont pas encore tout à fait éteintes, dans la mesure où le système politique dans lequel nous vivons leur est relié : il fut un temps, qui n'est pas si lointain, où bien des repas familiaux débouchaient sur des disputes acharnées entre un oncle royaliste et un neveu simplement républicain.

Ce n'est évidemment pas à ce niveau que nous allons traquer les principales « impostures » qui pèsent sur l'histoire de la Révolution ; dans ce chapitre, nous respecterons toutes les passions et nous nous attacherons principalement à comprendre sereinement non pas les événements mille fois contés et analysés sur lesquels nous ne reviendrons pas ici, mais ce que furent les intentions de leurs principaux acteurs, que nous présenterons par ordre alphabétique.

*
* *

De même que l'explosion d'un baril de poudre a pour cause non pas le tison enflammé que le vent y a transporté, mais l'énergie potentielle contenue dans les molécules de la poudre qu'il renfermait, de même la Révolution française n'a éclaté qu'en vertu des tensions insupportables qui existaient dans la société urbaine française, et le tison qui y mit le feu ce fut la Convention qui le lança, le 21 septembre 1792, lorsqu'elle vota l'abolition de la monarchie, à l'unanimité des députés présents, et proclama, le 25 septembre, la République française « *une et indivisible* ».

Puis la première préoccupation des révolutionnaires fut d'organiser le procès du roi, qui se déroula entre le 11 décembre 1792 et le 20 janvier 1793 ; Louis XVI, on le sait, fut condamné à mort le samedi 20 janvier 1793 et décapité le lendemain, à 10 heures du matin ; leur second souci fut d'établir les fondements juridiques de la « *République française* » qui allait, dorénavant, remplacer le « *Royaume de France* ». Une Constitution fut votée le 24 juin suivant, la *Constitution de l'an I de la République*, qui confiait le gouvernement de la France à deux Comités, le *Comité de salut public* et le *Comité de sûreté générale* ; le grand moyen d'action de ces deux instances fut la *Terreur*, qui fit environ quarante-deux mille victimes, dont près de quatre mille paysans et trois mille ouvriers.

C'est à partir de ces massacres que se répandit, par la

suite, la première grande imposture relative à l'histoire de la Révolution, dont la mémoire collective des Français n'a retenu que la guillotine, les tueries et le « vandalisme révolutionnaire », oubliant la prodigieuse rénovation intérieure de la France qu'elle accomplit en matière de législation, de finances, d'administration, d'enseignement, etc. En à peine deux années, les instances révolutionnaires ont élaboré un nombre impressionnant de réformes et de décisions qui furent mises en application sous le Directoire et qui ont contribué à édifier *ex nihilo* la société républicaine dans laquelle ont vécu tous les Français jusqu'à nos jours : on peut affirmer en effet, sans hésitation aucune, que la plupart de nos grandes institutions actuelles sont nées des lois et des ordonnances votées par la Convention, injustement chargée de tous les péchés de la Terre, mais à laquelle on n'en doit pas moins d'avoir créé, pratiquement de toutes pièces, les fondements constitutionnels et juridiques de la société française qui sont encore en place de nos jours, même si l'appareil législatif qui les supporte a changé.

Dans ce chapitre, nous nous intéresserons uniquement aux principaux acteurs de la Révolution, que nous présentons ci-après.

* **Barras (30 juin 1755-29 janvier 1829)** – Le comte de Barras commença sa carrière dans les armées royales, en 1775, à l'île Maurice, d'où il revint en France avec le grade de capitaine, peu de temps avant la Révolution, à laquelle il assista prudemment, en spectateur. Il fut ensuite député suppléant du Var à la Convention, où il ne siégea qu'un mois, et fut envoyé dans le Midi, avec le conventionnel Fréron, pour assurer le recrutement et ten-

ter de mettre un terme aux menées contre-révolutionnaires des Marseillais et des Toulonnais. À cette occasion, il lança une proclamation dans laquelle il déclara la Terreur à l'ordre du jour et rédigea une lettre qu'il adressa à Robespierre, laquelle se terminait ainsi : « *Nous ne serons véritablement heureux que quand nous aurons mis Toulon à feu et à sang.* »

*** Charlotte de Corday d'Armont (27 juillet 1768-17 juillet 1793)** – Cette jeune femme qui fut, à l'âge de vingt-cinq ans, la meurtrière de Marat, est un personnage bien banal qui n'a en rien le profil d'une « héroïne historique ». Son père était un petit gentilhomme de province qui cultivait de ses propres mains son domaine (dans l'Orne, près de Sées) tout en s'intéressant aux idées nouvelles des années 1770, notamment à l'*Encyclopédie*. Devenu veuf, il avait élevé lui-même ses cinq enfants (deux fils et trois filles dont Charlotte était la seconde) : bien qu'il s'intéressât aux idées nouvelles et qu'il prônât la tolérance, Corday avait mis ses filles en pension dans un monastère de Caen appelé l'*Abbaye aux Dames ;* l'abbesse qui le dirigeait donnait à ses pensionnaires une éducation chrétienne et moderne à la fois, leur faisant lire les moralistes anciens comme Plutarque et les auteurs modernes comme Rousseau. En sortant du couvent où elle avait fait ses études, Charlotte rencontra, dans les salons de province que fréquentait sa mère, un jeune officier de cavalerie, le colonel de Belsunce, dont elle devint la maîtresse : elle avait alors tout juste vingt ans et s'intéressait, comme tout le monde, à la Révolution qui venait d'éclater à Paris.

Lorsque après la bataille de Valmy les positions des

révolutionnaires parisiens se durcissent, la province bouge à son tour et, au cours d'une émeute populaire, Belsunce, dont les opinions sont girondines, est massacré à Caen ; la Grande Terreur n'a pas encore éclaté mais les esprits sont partout échauffés et, quand, le 2 juin 1793, la Convention décrète l'arrestation des principaux députés girondins, la province, plus conservatrice que Paris, réagit : Marseille, Nîmes, Toulouse, Bordeaux, puis le département du Calvados se soulèvent et une grande partie des Girondins, fuyant Paris, se retrouvent à Caen où Charlotte, qui pleure son beau colonel, se confie à elle-même la mission de le venger et de tuer le conventionnel qu'elle considérait comme la cause de tout ce mal, à savoir – selon elle – Marat.

Pour tenter de donner une explication possible à l'acte criminel qui fit de Charlotte Corday la meurtrière de Marat, les historiens traditionnels ont prétendu qu'elle avait été influencée par les nombreux proscrits qui s'étaient réfugiés à Caen ; cette hypothèse est une véritable imposture, car ces proscrits étaient bien trop informés des réalités politiques parisiennes pour envoyer cette jeune provinciale assassiner Marat et, quitte à éliminer physiquement un des *leaders* révolutionnaires, ils lui auraient sans aucun doute désigné la véritable cible à abattre (pour eux), à savoir Robespierre. Il n'est pas exclu non plus que cette jeune provinciale ait eu d'autres motifs ou qu'elle ait subi d'autres influences, mais, quoi qu'il en fût, les choses ne traînèrent pas. Charlotte partit pour Paris où, le 13 juillet au matin, elle acheta un bon couteau dans les jardins du Palais-Royal, puis elle se présenta chez Marat, qui la fit éconduire ; le soir elle retourna chez le conventionnel qui refusa à nouveau de la recevoir, on ne sait pour quelles raisons, mais le son de sa voix parvint jusqu'au député montagnard, qui était alors dans sa baignoire, la tête enveloppée d'une serviette, et il fit alors approcher la jeune fille ; il lui posa quelques questions sur ce qui se passait à Caen et lui demanda de lui donner les noms des députés girondins et royalistes qui s'y étaient réfugiés ; Charlotte Corday obéit, lui cita une dizaine de noms, que Marat, toujours dans sa baignoire, écrivit fébrilement sur un morceau de papier, tout en murmurant : « *C'est bien, demain, ils iront tous à la guillotine.* » Mais à ce moment la plume lui tomba des mains : Charlotte venait de lui plonger son poignard dans le cœur et Marat expira en balbutiant : « *À moi, ma chère amie !* »

La compagne de Marat se précipita sur Charlotte, un domestique accourut et s'empara de la jeune meurtrière qui fut, dans l'heure, conduite à la prison de l'Abbaye et comparut le jour même devant le tribunal révolutionnaire, dont les juges la condamnèrent immédiatement à mort. La jeune femme monta sur l'échafaud avec sérénité et l'on dit que le bourreau, après avoir ramassé sa tête qui avait roulé dans le panier de la guillotine, la présenta au peuple et la souffleta.

* **Danton (26 octobre 1759-5 avril 1794)** – Fils d'un bourgeois de province, procureur au bailliage d'Arcis-sur-Aube, Danton fut envoyé à Paris par son père pour y faire ses études de droit et il y acheta, en juin 1787, la charge lucrative d'avocat au Conseil du roi. En juillet 1789 il s'engage dans la garde bourgeoise parisienne du quartier des Cordeliers (correspondant à peu près à notre VIe arrondissement) et s'installe dans un appartement au n° 20 de la cour du Commerce-Saint-André, une voie privée (dont

une partie existe encore de nos jours entre le boulevard Saint-Germain et la rue de l'Ancienne-Comédie) dans laquelle se trouvait aussi l'imprimerie où Marat faisait paraître son journal, *L'Ami du peuple*, et au n° 9, l'atelier du charpentier allemand Schmidt qui construisit et expérimenta (sur des moutons vivants), pour le Dr Guillotin, la première *guillotine*.

En 1790, Danton, avocat de métier, fait son entrée sur la scène politique de la Révolution, dont il sera l'un des principaux acteurs, en défendant en justice Marat, qui était poursuivi à la suite de sa *Dénonciation faite au tribunal du public contre Necker*. Un mandat d'amener est alors lancé, le 24 janvier 1791, contre Danton, qui doit s'enfuir en Angleterre pour quelque temps ; il en revient en septembre 1791 pour prendre part aux élections législatives organisées par la Convention. Au cours de sa carrière politique, Danton va alors occuper cinq fonctions : 1° second substitut au tribunal, de décembre 1791 au 11 août 1792 ; 2° ministre de la Justice, du 11 août au 21 septembre 1792 ; 3° *leader* du parti des Jacobins, en concurrence avec Robespierre, du 24 septembre 1792 au 6 avril 1793, époque du conflit, à la Convention, entre les Montagnards (jacobins) et les Girondins ; 4° membre du grand *Comité de salut public* du 7 avril au 12 octobre 1793 ; 5° *leader* du sous-groupe dantoniste, qui subit, au sein des Jacobins, les attaques de Robespierre et de Saint-Just et qui finit par succomber, entre le 16 et le 19 Germinal an II.

Il est difficile de discerner qui était vraiment Danton : un révolutionnaire sincère, soucieux de rester humain ? Un prévaricateur ? Un « vendu » ? Un traître ? L'instigateur des abominables « massacres de septembre » ?

Nous pensons qu'il fut sans doute un opportuniste, avec cependant un fond de sincérité républicaine, mais qu'il ne fut pas à la hauteur de la mission qu'il croyait devoir accomplir : son affectivité l'emportait sur sa raison, ses appétits sur son intelligence ; il cachait ses faiblesses sous la grandiloquence de ses discours et, comme il s'adressait bien souvent à un auditoire facile à soulever, il faisait illusion ; mais il n'a pas su ébranler la froide intelligence de Robespierre, ni celle de Saint-Just. La place d'honneur qu'ont attribuée les historiens de la fin du XIXe siècle et du début du XXe à ce politicien malhabile et phraseur n'est certainement pas méritée.

* **Fouché (29 mai 1759-26 décembre 1820)** – Conventionnel, chargé à partir de 1793 de diriger la politique de déchristianisation de la Convention, puis de la répression de l'insurrection anti-révolutionnaire de Lyon en 1793 (il condamna à mort plus de deux mille Lyonnais et procéda au mitraillage des contre-révolutionnaires dans la plaine des Brotteaux) ; exclus du club des Jacobins par Robespierre lui-même, il se lia ensuite avec Gracchus Babeuf et combattit les Thermidoriens, puis, décrété d'arrestation, il fut maintenu en prison jusqu'en octobre 1795 et fut amnistié par le décret du 25 octobre 1795 pris par la Convention lorsqu'elle se sépara. Revenu aux affaires sous le Directoire, Fouché est appelé par Sieyès et Barras au ministère de la Police, mais il trahira une fois de plus le régime qu'il servait et contribua au coup d'État du 18 Brumaire, ce qui fit de lui le ministre de la Police de Napoléon Bonaparte, qui l'éleva au rang de comte d'Empire et duc d'Otrante. Fouché se mêla alors de tout, y compris de la diplomatie, ce qui le perdit de nouveau :

il noua des relations diplomatiques personnelles et secrètes avec l'Angleterre, aidé par le financier Ouvrard, et, quand il l'apprit, Napoléon fit arrêter ce dernier et renvoya Fouché, qu'il remplaça par Savary dans ses fonctions. Intelligent, ambitieux et sans scrupule, Fouché parvint à se rendre maître de la France dans l'ombre de Napoléon, qui n'en était pas dupe et surveillait du coin de l'œil celui qu'il appelait une « crapule ». Quand il mourut, Fouché fut enterré en grande pompe dans la cathédrale de Turin.

* **Marat (24 avril 1743-13 juillet 1793)** – Fils d'un médecin espagnol et médecin lui-même, Jean-Paul Marat s'établit à Paris en 1776 ; auparavant, encore jeune adolescent, il avait publié à Londres un livre intitulé *Chains of Slavery* (« les Chaînes de l'esclavage ») et, dans un autoportrait qu'il publia le 14 janvier 1793 dans le *Journal de la République française*, il écrivit que la seule passion qui dévorait son âme, quand il était jeune, était l'amour de la gloire. Dans un opuscule publié à Neuchâtel en 1789, avant les premiers événements de la Révolution française, intitulé *Plan de législation criminelle*, il écrivait ces lignes d'une rare perspicacité pour l'époque, à propos de la liberté de pensée :

> « Sans doute il est utile à l'État que ses membres croient en Dieu, mais il est plus utile encore que ses membres ne se persécutent point. Tant que l'athée ne fait que raisonner, qu'il vive en paix ! Mais si, au lieu de s'en tenir au ton sceptique, il dogmatise, s'il cherche à faire des prosélytes, dès ce moment, devenu sectaire, il fait de sa liberté un usage dangereux et il doit la perdre. Qu'il soit donc renfermé pour un temps limité dans une prison commode, et qu'il y soit entretenu à ses dépens. »

En avril 1789, Marat publie un opuscule à destination des députés du Tiers État, intitulé *Offrande à la Patrie*, qu'il fait suivre d'un projet de Constitution, et il souligne à ces représentants de la Nation le fait qu'à côté d'eux vivent des millions d'individus, étrangers aux bienfaits de la révolution qu'ils espèrent, et que la liberté qu'ils veulent établir ne peut exister pour ceux qui sont démunis de tout :

> « Vous avez légiféré sur les propriétés que vous avez mises sous la sauvegarde des lois, mais combien ces règlements ont peu de prix pour l'homme qui n'a pas d'intérêts à défendre ! La propriété elle-même, qu'est-elle pour l'indigent ? »

Ce qui inquiète Marat, ce n'est pas la question politique ou la hiérarchie des ordres de la nation, c'est le sort des citoyens qui ne possèdent rien, ces millions d'indigents qui vivent comme ils le peuvent dans le bon royaume de France. Et Marat, quatre jours après avoir publié le premier numéro de son journal, le 12 septembre 1789, sous le titre *Le Publiciste parisien*, en change le titre le 16 septembre et le nomme *L'Ami du peuple*.

C'est alors que, par un singulier revirement que rien ne laissait prévoir, le bon docteur Marat change de ton. Lorsque la Constituante met au programme le régime censitaire des futures élections à l'*Assemblée législative*, qu'elle a prévue comme futur organe fondamental de la nation, Marat écrit dans *L'Ami du peuple* :

> « En portant mes regards sur l'Assemblée, j'ai bien compris que, composée comme elle l'est, en majeure partie, d'ennemis de la liberté, il était impossible qu'elle travaille sincèrement à faire triompher cette liberté. C'est

alors que j'ai été bien convaincu que leur mort était le seul moyen d'assurer le salut public. [...] »

On ne pouvait écrire impunément de telles choses, surtout en 1789, et Marat fut poursuivi : lui qui proposait d'élever huit cents potences dans les jardins des Tuileries et d'y pendre les traîtres, à commencer par Mirabeau, fut mis en accusation par la Constituante qui, comme toutes les assemblées de la Révolution, avait un pouvoir judiciaire, et il dut se réfugier chez une actrice du Théâtre-Français, Mlle Fleury, et, de là, chez le curé de Saint-Louis à Versailles, l'abbé Basset, puis dans une cave du boucher Legendre et, finalement, dans les souterrains du couvent des Cordeliers. Traqué de tous côtés par la justice française il passa en Angleterre, d'où il lança un brûlot intitulé *Nouvelle dénonciation contre Necker* puis, le 18 mai 1790, rentra en scène, toujours avec *L'Ami du peuple*, mais en se cachant pour échapper aux mandats d'amener lancés contre lui ; après la fuite du roi, il proposa de nommer « *un tribun militaire, un dictateur suprême, pour faire main basse sur tous les tyrans* ». Dans un pamphlet intitulé *C'en est fait de nous*, il proclame, à l'intention des députés :

« Cinq à six cents têtes abattues vous auraient assuré repos, liberté et bonheur ; une fausse humanité a retenu vos bras et suspendu vos coups ; elle va coûter la vie à des millions de vos frères. »

Après avoir lancé ce pamphlet, il disparaît (sans doute par prudence) pendant un mois et réapparaît à Paris entre le 10 août et le 14 septembre 1791, pour conseiller, dans son journal, de dresser les huit cents potences nécessaires à la pendaison de huit cents traîtres (les membres de la

Constituante, qui ont laissé la place aux députés de l'Assemblée législative) : il n'a plus alors qu'à partir se réfugier à Londres et ne reprendra la publication de *L'Ami du peuple* que le 12 avril 1792, mais, le 21 mai suivant, les presses de son imprimerie sont saisies et Marat cesse pendant quelque temps de publier son journal. Il ne retourne à la vie publique qu'en septembre 1792, époque à laquelle il est élu député de Paris à la Convention, où il siège avec les députés de la Montagne : si l'on en croit son collègue et confrère, le Dr René Levasseur (1747-1834), député de la Sarthe :

> « Il inspirait une sorte de répugnance et de stupeur [...]. Ses vêtements en désordre, sa figure livide, ses yeux hagards avaient je ne sais quoi de rebutant et d'épouvantable qui contristait l'âme. »

Marat le conventionnel n'avait pas plus de doctrine que Marat le pamphlétaire ; mauvais orateur, constamment attaqué ou provoqué par les Girondins, il n'hésitait cependant pas à monter à la tribune et à y vider son cœur, comme il le fit lors de la séance du 24 octobre, répondant au député Vernon qui l'avait accusé de réclamer deux cent mille têtes :

> « Eh bien oui ! C'est mon opinion, je vous le répète. Il est atroce que ces gens-là parlent de liberté d'opinion et ne veulent pas me laisser la mienne. C'est atroce. Vous parlez de faction ? Oui, il en existe une, mais elle n'est que contre moi. On a l'atrocité de convertir en démarches de l'État, en desseins politiques, des honnêtetés patriotiques. Je demande du silence, car on ne peut tenir un accusé sous le couteau comme vous le faites. Tant que vous n'aurez pas fait tomber les têtes des oppresseurs du peuple, vous ne

serez pas tranquilles. Voilà ce que j'ai dit, voilà la confession de mon cœur. »

Marat fut finalement élu député de Paris – le septième sur une liste de vingt-quatre, ce qui tendrait à prouver qu'il était populaire – et il vint siéger à la Convention, où il avait pris place sur la plus élevée des rangées qu'occupaient les députés de la Montagne. avec un mouchoir sur la tête en guise de chapeau, une chemise largement ouverte sur la poitrine, une culotte de peau, les vêtements en désordre, les yeux hagards et la figure livide. Mais ses interventions se firent alors de plus en plus rares ; mauvais orateur, il ne supportait pas les interruptions et les provocations des Girondins, ses principaux adversaires, qui accusaient « *ce journaliste atroce ou insensé trop connu* » de susciter des troubles par ses écrits, tel le député Jean-Baptiste Salle qui avait lu devant l'Assemblée un article dans lequel Marat exhortait ses lecteurs à piller quelques magasins, à la porte desquels on pendrait les accapareurs. À partir de ce jour, les Girondins n'eurent de cesse que Marat ne fût traduit devant les tribunaux.

Cependant, les événements semblaient devoir lui donner raison ; en particulier la trahison du général Dumouriez[1], qu'il avait toujours dénoncée, devint manifeste : le 12 avril 1793, on donna lecture à la Convention de l'adresse dans laquelle Marat informait l'Assemblée de la trahison de ce général et, le lendemain 13 avril, la

1. Le général Dumouriez (1739-1823), ministre girondin des Affaires étrangères en 1792, avait provoqué la déclaration de guerre à la Prusse et à l'Autriche ; vainqueur, avec Kellermann, des Prussiens à Valmy, le 20 septembre 1792, mais vaincu à Neerwinden en mars 1793, il est relevé de son commandement et passe à l'ennemi (il mourra en exil en 1823).

Convention décrétait, par deux cent vingt voix contre quatre-vingt-douze, le renvoi immédiat et sans délai de Marat devant le Tribunal révolutionnaire. Onze jours plus tard, le 24 avril, après une brillante plaidoirie, Marat était acquitté à l'unanimité des voix au milieu des vociférations de joie de l'assistance, et la foule des sans-culottes le porta en triomphe, le front ceint de couronnes civiques, jusqu'à la crête de la Montagne, d'où Marat descendit aussitôt vers la tribune pour y prononcer un discours qui en disait long sur la tournure qu'allaient prendre les événements : « *J'ai été perfidement inculpé,* déclara-t-il, *mais un jugement solennel de cette assemblée a fait triompher mon innocence. Je vous rapporte un cœur pur et je continuerai à défendre les droits de l'homme, du citoyen et du peuple avec toute l'énergie que le peuple m'a donnée.* »

Personne ne se trompa sur le sens de ses propos, lesquels signifiaient tout simplement qu'il allait se débarrasser des députés girondins à l'aide de la guillotine.

* **Mirabeau (1749-1791)** – Théoricien plus qu'acteur de la Révolution, auteur d'un *Essai sur le despotisme* et d'opuscules politiques divers ainsi que de quelques ouvrages historiques, sous la Constituante promoteur, par sa pensée et par ses écrits, de quelques initiatives importantes de cette première assemblée révolutionnaire (abolition des droits féodaux, confiscation des biens du clergé, création des assignats) et auteur de deux ou trois formules restées célèbres.

* **Pascal Paoli (1725-1807)** – Nationaliste corse qui tenta de faire de son île natale un État indépendant doté d'une Constitution écrite (la première du genre dans l'his-

toire...) mais qui n'y parvint pas. Il était admiré par les révolutionnaires français.

* **Robespierre (6 mai 1758-28 juillet 1794)** – Indiscutablement la plus grande figure de la Révolution française, qui tenta sincèrement et même passionnément d'instaurer en France une République pure, libre et égalitariste. Mais la question de savoir comment le timide lecteur de Rousseau qu'il avait été et le philanthrope de 1789 devint le terrible « terroriste » de 1794 est loin d'avoir reçu une réponse. Il importe, pour le comprendre, de ne pas oublier qu'il avait forgé pour la France un grand dessein ; l'étude de ses *Œuvres complètes*, publiées par la *Société des études robespierristes* entre 1950 et 1967 seulement, ainsi que le monumental *Recueil des actes du Comité de salut public,* entrepris sous la direction de l'historien Alphonse Aulard, doivent être la source des informations sur lesquelles il sera peut-être possible sinon de juger, du moins d'apprécier à sa juste valeur la place et le rôle de Robespierre dans notre histoire.

X

Les innombrables impostures napoléoniennes (1)

Des ruelles sombres d'Ajaccio au sang de Vendémiaire
(15 août 1769-5 octobre 1795)

S'il est une colossale imposture historique qu'il faut dénoncer et même claironner, c'est bien l'histoire laudative et « fabriquée » de cet « empereur » qui a ruiné la France, où l'on venait d'inventer la République de la Convention et du Directoire, et qui, après lui avoir imposé sa dictature par un coup de force, l'a finalement fait mettre au ban de l'Europe pendant des années, tout comme Hitler, deux siècles plus tard, ruinera matériellement sa patrie après l'avoir ravagée moralement en y introduisant les virus du racisme et du totalitarisme.

Cet homme, Napoléon Bonaparte, est né, on le sait, en 1769 à Ajaccio, dans une petite famille génoise installée depuis environ trois siècles dans l'île de Corse, alors colonie de la ville de Gênes depuis le XVe siècle, et des milliers d'historiens et d'écrivains de toutes nationalités l'ont porté au pinacle de la gloire. Au moment où nous écrivons ces lignes, ce sinistre personnage a inspiré plus de cent mille livres dont la plupart sont des ouvrages laudatifs, quand ils ne sont pas hagiographiques, et la question se doit d'être posée : pourquoi a-t-on voué un culte pareil au dictateur qui a piétiné les acquis de la Révolution et méprisé les droits de l'homme ainsi que ceux des peuples, au législateur qui a promulgué, en France, des lois racistes (anti-juives) qui n'avaient même pas l'excuse d'un prétexte religieux, qui a imposé à l'Europe quinze années de guerres de conquête acharnées, et qui a laissé, dans tous les pays que ses armées ont traversés ou conquis, le souvenir d'une France avide de sang, que Goya a si bien dépeinte dans ses *Horreurs de la guerre* ?

Pourquoi certains manuels d'histoire, et non des moindres, ainsi que tant de vulgarisateurs de la science historique l'ont-ils présenté comme un « *enfant de la Révolution* » qui aurait propagé aux quatre coins de l'Europe le si bel espoir du droit des peuples à disposer d'eux-mêmes dans la liberté, l'égalité et la fraternité que celle-ci avait fait naître dans le cœur des Français ? Dans la mesure où Napoléon fut, en son temps, le seul dirigeant européen qui ait instauré dans son pays un régime totalitaire que les grands (?) dictateurs du XXe siècle ont repris et aggravé – si tant faire se pouvait – dans le sens de l'horreur, ce rattachement acrobatique aux grandes idées de 1789 est pour le moins incongru !

Pourquoi aussi bien les historiens les plus sérieux que les écrivains vulgarisateurs de l'histoire – qui ont souvent tendance à ne pas vérifier leurs sources – ont-ils propagé tant d'impostures sur ce personnage et sur son œuvre politique criminelle, l'instauration en France d'un régime qui n'a d'équivalent, dans l'histoire contemporaine, que ceux de Staline, d'Adolf Hitler ou de quelques dictateurs sud-américains ? Certes, dira-t-on, Napoléon Bonaparte avait organisé son propre culte de son vivant, mais il n'a pas rejoint Hitler dans l'horreur et il a pris une quantité impressionnante d'initiatives socio-politiques, comme la réalisation du Code civil ou l'organisation administrative de la France, qui sont de grands modèles démocratiques. Et n'a-t-il pas magistralement défendu la France contre les plus puissantes des nations européennes – l'Angleterre, l'Autriche, la Prusse et la Russie – coalisées dans le but de l'abattre ?

Ce disant, on rabâche sans réfléchir ce qui est inscrit scandaleusement dans les manuels scolaires de notre République depuis plus d'un siècle. Car, s'il est vrai, par exemple, que Napoléon a signé le décret promulguant le Code civil des Français, on oublie de dire que la décision de le réaliser avait été prise par l'Assemblée constituante, avant qu'elle ne laisse la place à l'Assemblée législative, en septembre 1792, et que le Code s'est fait sans lui ou presque ; de même, la création des Lycées modernes, au sens de la loi de 1802, la modification des universités, etc., ont été l'œuvre de la Convention, que Napoléon n'a eu qu'à prolonger ou à entériner. Quelle fut donc l'origine de cette falsification grossière de l'histoire des premières grandes décisions administratives des Conventionnels, auxquels on doit 90 % de la modernisation des institutions publiques de la France ?

La raison de cette monumentale imposture est simple. À la suite de la défaite cuisante de Waterloo devant les Anglais, les Prussiens et les Hollandais alliés contre la France impériale, et de la débâcle qui s'ensuivit, Napoléon Ier, après avoir terrorisé l'Europe, est emmené, suite à une décision de ses vainqueurs britanniques, loin du continent qu'il avait dévasté quinze années durant, dans la petite île de Sainte-Hélène. Parmi les fidèles qui accompagnaient dans son exil l'empereur déchu se trouvait son chambellan, le comte Emmanuel de Las Cases (1766-1842), qui rédigea minutieusement, jour après jour, au cours des années 1815-1816, les propos que Napoléon lui tenait sur sa vie et ses combats et les publia à Paris, en 1823, sous le titre fameux de *Mémorial de Sainte-Hélène*. Cet ouvrage contient la légende dorée de l'empereur telle que celui-ci la concevait, et l'on imagine bien que ce plaidoyer *pro domo*, presque posthume, ne reflète pas plus la vérité historique que les rêveries des poètes romantiques, dont le plus enthousiaste fut, on le sait, Victor Hugo, et servit de point de départ à des milliers d'œuvres délirantes.

À ces écrits s'opposent, plus discrètement, les œuvres de quelques grands historiens français postérieurs, tels Edgar Quinet (*La Révolution*, 1865) ou Jules Michelet (*Histoire du XIXe siècle*, 1875), qui accusent à juste titre Bonaparte d'avoir trahi l'idéal révolutionnaire et qui reprochent aux Anglais d'avoir commis l'erreur de l'exiler à Sainte-Hélène, ce qui, selon eux, a facilité la naissance du mythe napoléonien, lequel a fleuri ensuite, paradoxalement, à partir de la IIIe République et de la révolution scolaire de Jules Ferry.

Il faut dire que le diable politique, après le désastre de Sedan, c'est maintenant Napoléon III, et que l'obsession des politiciens comme des citoyens de la IIIe République une, indivisible et laïque est de récupérer l'Alsace et la Lorraine perdues, selon les manuels officiels (qui ont d'ailleurs raison sur ce point), par la faute de ce petit-neveu du vainqueur d'Austerlitz ; la France a besoin de nouveaux modèles patriotiques et de nouveaux héros nationaux, mais il se doit de les choisir aussi bien en dehors de l'histoire de l'Ancien Régime royaliste que du Second Empire décrié. C'est à cette époque que vont se créer les mythes dont il subsiste encore aujourd'hui bien des traces, tant dans l'enseignement scolaire officiel (dans les manuels d'histoire) que dans l'opinion publique moyenne : ceux de la « *nation gauloise* » (qui n'a jamais existé en tant que nation), de Vercingétorix, de Jeanne d'Arc, etc. Le but des dirigeants républicains est alors de récupérer l'Alsace et la Lorraine et d'entretenir chez les Français le désir de revanche sur les Prussiens. Ils utilisent pour ce faire l'endoctrinement des écoliers, par la voie de l'enseignement primaire obligatoire et gratuit, aussi bien que celui de leurs parents par le truchement des écrivains hyper-nationalistes qui presque tous s'attellent à cette tâche patriotique, de Maurice Barrès (*Roman de l'énergie nationale*, 1897) à Edmond Rostand (*L'Aiglon*, 1900, drame héroïco-larmoyant). Quant aux historiens méticuleux qui occupent les grandes chaires universitaires, ils retrouvent et publient tout ce qui peut contribuer à fortifier, paradoxalement, la légende dorée de Napoléon Ier le vainqueur invincible ; une chaire d'histoire de l'Empire est alors créée à la Sorbonne à peu près en même temps qu'une chaire d'histoire de la Révolution est confiée à un remarquable spécialiste, Alphonse Aulard (1849-1928).

Toutefois, il faut attendre la naissance de l'histoire scientifique, après la Première Guerre mondiale, pour que l'hagiographie napoléonienne et le déroulédisme disparaissent peu à peu des manuels et des traités académiques, grâce aux travaux de maîtres comme Georges Lefebvre, Jacques Godechot ou, plus récemment, de Jean Tulard, mais le culte incohérent du vaincu de Waterloo envahit alors la littérature romanesque populaire et jusqu'au cinéma hollywoodien !

Voici quelques-unes des fausses idées acquises et des impostures les plus grossières concernant Napoléon Bonaparte, qui traînent encore dans bien des ouvrages de vulgarisation historiques à la mode de nos jours.

1. Napoléon n'était pas corse

Nous avons déjà évoqué cette imposture plus haut, mais il n'est pas inutile d'y revenir. À l'époque de la naissance de Napoléon, aux termes des traités internationaux, l'île de Corse, qui avait été quelque huit siècles plus tôt un territoire pontifical (depuis Pépin le Bref), dont le gouvernement avait été assuré ensuite par la République de Pise (de 1078 à 1228) et par celle de Gênes (à partir de 1284), avait été administrée, politiquement et financièrement, pour le compte de cette République, par une société bancaire appelée la *Mahone* (de 1358 à 1407), puis par une autre banque, l'*Office de Saint-Georges.* Le peuple corse, formé principalement d'agriculteurs et de bergers qui vivaient dans les campagnes, n'avait pas accès – sauf exception – aux villes de l'île (Bastia, Ajaccio, Corte), réservées aux seuls Génois.

Lorsque cette île commença à intéresser la France, celle-ci avait besoin de bases en Méditerranée pour gérer ses conflits avec l'Angleterre. C'est dans ces conditions qu'avait été conçu et signé, le 15 mai 1768, entre le roi de France et la République de Gênes un *traité d'assistance* (et non pas un traité de vente ou de cession) mis au point par Colbert, aux termes duquel la France pouvait s'installer en Corse (notamment avec sa marine) et l'occuper militairement et administrativement jusqu'au complet remboursement par Gênes des frais que le roi de France avait engagés pour aider la République italienne à lutter contre les insurgés corses. Soulignons donc, au passage, que cette clause n'était ni un traité de cession, ni un « *traité de vente de la Corse à la France* », contrairement à ce qu'écrivent certains historiens peu consciencieux ou quelques plumitifs vulgarisateurs : l'île de Corse n'a jamais fait l'objet d'une quelconque transaction de ce genre, ni même d'un contrat de location à la France, elle lui a simplement été gagée par la République de Gênes jusqu'au complet remboursement de sa dette. En conséquence, lorsque Napoléon vient au monde, en 1769, à Ajaccio, il naît dans une famille génoise, sur une terre génoise, et son acte de naissance a été enregistré en langue italienne sur le registre des naissances de la mairie génoise de la ville, où tout le monde peut encore le consulter de nos jours.

Ses parents et grands-parents étaient de petits notables ajacciens sans histoire appartenant à une modeste famille installée dans la région d'Ajaccio à la fin du XVe siècle. Le premier Buonaparte dont il soit fait mention dans les archives de la République de Gênes concernant la Corse est un certain Giovanni Buonaparte, qui accompagnait à Bastia le Milanais Tommasino Campofrego, gouverneur de la Corse de 1479 à 1483. Ce personnage était chargé des problèmes de voirie et de l'entretien des égouts de cette ville portuaire qui commençait à se développer ; nous ne savons rien de plus sur lui, sinon que son père se prénommait Cesare et que lui-même eut un fils, Francesco, que l'on retrouve sur les listes de paiement des militaires qui montent la garde sur les remparts de la citadelle d'Ajaccio en cours de construction, vers 1490-1492, date à laquelle les Buonaparte ont quitté Bastia pour se fixer dans cette ville. C'est dans cette petite cité aux rues sombres et tortueuses (à l'époque) que nous allons les retrouver trois siècles plus tard, installés dans une grande maison de pierre, la *Casa Buonaparte*, transformée de nos jours en un musée dont une partie des œuvres d'art qui la décorent ont été volées lors des guerres que mènera Bonaparte.

2. Une imposture peu connue : Napoléon était un enfant illégitime

Un examen attentif du registre des mariages conservé aux archives communales de la mairie d'Ajaccio a permis à un historien discret nommé Pierre Lamotte de découvrir une imposture de première grandeur, ignorée jusqu'alors de tous les historiens, et que nous avons pu nous-même vérifier : Carlo Buonaparte et Letizia Ramolino n'ont jamais été mariés et tous leurs enfants, y compris Napoléon, furent donc des enfants illégitimes. Examinons donc de plus près ce fait, qui fut longtemps caché aux yeux des historiens (mais non pas à ceux du pape Pie VII, qui connaissait l'existence de ce scandale et qui interdit, pour cette raison, à Letizia d'assister à la cérémonie religieuse du sacre de Napoléon) jusqu'à la révélation de P. Lamotte, qui a été signalée par Lady Carrington dans son ouvrage[1] sur *Napoléon et ses parents* et par nous-même, preuves en main (nous avons publié la copie du *Journal des*

1. Un modèle d'érudition en la matière, auquel ne manque aucune preuve.

mariages d'Ajaccio et du faux qui y a été introduit par Carlo en 1998).

Le père du futur empereur, Carlo Maria Buonaparte (1746-1785), était un petit bourgeois ajaccien aux racines génoises ; il avait fait de brèves études de droit en Italie, voyageait beaucoup, menait une vie sans doute quelque peu désordonnée, et il nous apprend, dans ses précieux *Mémoires* qui sont conservés aux *Archives de France* (cf. sur ce sujet l'excellent ouvrage de Dorothy Carrington), que son père, Giuseppe Maria Buonaparte (mort en 1763), lui avait en quelque sorte imposé de mettre un terme à cette vie de patachon et de se marier avec un parti d'ailleurs fort convenable : la fille, Letizia, du capitaine Giovanni Geronimo Ramolino et d'une certaine Angela Maria Pietrasanta, elle-même fille d'un notaire ajaccien.

Une fois les fiançailles de Carlo Maria et Letizia célébrées, un contrat de mariage fut établi le 31 mai 1764, long de quatre pages ; il a été conservé aux Archives nationales et l'on peut y lire que Letizia apporte, en dot, deux petites vignes, un four à pain et quelques oliviers ; toutefois, à cette époque, la notion de « *mariage civil* » n'existait pas, et l'entrée en vigueur de ce contrat était conditionnée par la sacralisation du mariage, laquelle devait avoir lieu le lendemain, ou au plus tard le surlendemain, de la signature du contrat : c'était seulement après cette sacralisation que l'union était réputée « *contractée* » et que l'acte en était transcrit sur le registre des mariages. Si l'on en croit les *Mémoires* du fringant Carlo Maria, qui sont conservés au Centre historique des Archives nationales sous le numéro 1400 AP 115, ce mariage aurait eu lieu vers le 3 juin 1764, et Carlo y précise ceci :

« Ledit mariage contracté et consommé, après quelques mois je partis pour Rome dans le but de poursuivre l'étude du droit, et je laissai mon épouse enceinte d'une fille de moi. »

Or, lorsqu'on examine, page par page, le registre des mariages de la ville d'Ajaccio pour l'année 1764, on n'y trouve aucune trace d'un acte de mariage qui aurait uni Carlo et Letizia et, après la liste des unions enregistrées en avril 1764 par le scribe paroissial, on peut lire la note suivante, rédigée en italien, qui était la langue officielle de l'île :

« 1764. Maia, Junin, Juliu, vacante. »

C'est-à-dire : « *1764, mai, juin, juillet, pas de mariage.* » L'historien se frotte les yeux, pense s'être trompé d'année, examine à la loupe la page du registre, celles qui la précèdent et celles qui la suivent puis doit finalement se rendre à l'évidence : le registre est formel, aucun mariage entre Carlo Buonaparte et Letizia Ramolino n'a été célébré à Ajaccio ni en mai, ni en juin, ni en juillet 1764. Lisons alors de plus près les *Mémoires* de Carlo ; celui-ci écrit bien que son mariage avec Letizia a été « *contracté* » (donc enregistré sur le registre des mariages) et « *consommé* ». La consommation du mariage est patente, car Letizia a été féconde, mais nous n'avons aucune trace du fait qu'il ait été sacralisé selon le rite chrétien : pour l'Église, Carlo et Letizia ont donc vécu toute leur vie dans le péché. Pour nous autres, modernes, cela n'est pas d'une importance capitale, mais imaginez la réaction des Anglais, par exemple, s'ils apprenaient que le mariage de leur reine n'avait jamais été béni par l'Église !

Continuons maintenant de feuilleter le registre municipal d'Ajaccio à partir d'août 1764 ; voici ce qu'on peut y relever :

– 1765 : pas de mention d'un mariage Bonaparte-Ramolino ;

– janvier-avril 1766 : pas de mention d'un mariage Bonaparte-Ramolino ;

– mai et juin 1766 : il n'est fait mention d'aucun mariage ajaccien pendant ces deux mois ;

– juillet 1766 : le registre porte mention de deux actes de mariage (qui ne concernent pas le couple Bonaparte-Ramolino), puis – ô surprise ! – un acte daté du 1er juin 1764 qui, de toute évidence, n'est pas à sa place chronologique et semble avoir été rajouté après coup ; cet acte concerne la célébration d'un mariage qui aurait eu lieu entre Carlo Bonaparte et Letizia. En voici la traduction, qui confirmerait l'administration du sacrement du mariage au couple Bonaparte-Ramolino... s'il ne s'agissait pas d'un faux :

> « 1764, premier juin.
>
> » La forme prescrite par le Sacré Concile de Trente et le rite romain ayant été observés, les trois admonitions traditionnelles ayant été faites au cours des trois jours de fête consécutifs en la Sainte Messe, et aucun obstacle canonique n'ayant été découvert, le Révérend Sebastiano Beschero vice-curé a interrogé le Noble seigneur Carlo di Bonaparte, fils du Noble seigneur Giuseppe di Bonaparte originaire de cette vile, et la Noble Dame Maria Letizia Ramolino originaire de cette ville [...] et après avoir obtenu leur mutuel consentement per verba di presente les a unis par les liens du mariage dans la cathédrale, en présence

des Nob. seigneurs le Très Révérend Luciano di Bonaparte et Andrea Ramolino, leurs oncles paternels. »

Cette pièce, datée du 1er juin 1764, est plus que suspecte. En effet :

1° Elle est datée du 1er juin 1764, alors que, dans ses *Mémoires*, Carlo écrit qu'il a épousé Letizia le 3 juin 1764, donc deux jours plus tard.

2° Que vient-elle faire dans le registre municipal, intercalée entre deux actes matrimoniaux de l'année 1766 ?

3° L'écriture hâtive du document n'est pas l'écriture calligraphique officielle utilisée dans les autres pièces administratives du même type ; en la comparant avec celle de Carlo, qui est très élégante et très pure, il n'y a pas de doute possible : l'acte est de sa main, tous les experts graphologues sont d'accord sur ce point.

4° La disposition du texte est tout à fait différente des autres mentions du même genre dans le registre communal : la date – *1764 primo Giugno* – est placée au milieu de la page alors que dans les registres matrimoniaux d'Ajaccio seul le nom du mois est en position centrale ; les noms des époux (Carlo et Letizia) ne sont pas inscrits en marge, comme dans toutes les autres transcriptions ; les membres de la famille Bonaparte qui sont cités (Carlo, Luciano, etc.) sont désignés par « *di Bonaparte* », alors que la particule nobiliaire « *di* », d'importation française, n'apparaît dans les noms propres qu'*après* l'annexion de la Corse par la France, c'est-à-dire après 1769, et que les Bonaparte eux-mêmes ne furent anoblis – grâce à l'intervention de Marbeuf – qu'en septembre 1771.

5° Au bas de la page, on peut lire une inscription *en*

français et non plus en italien, qui n'est pas de la main de Carlo mais de celle d'un officier ministériel ami de ce dernier : « *Vu et paraphé, ne varietur* », qui est une sorte d'attestation de complaisance.

Nous pouvons conclure de ce qui précède que cette transcription est un faux, une sorte de régularisation administrative après coup de l'état civil de Carlo Bonaparte, qui n'a jamais été marié avec Letizia mais qui vivait en concubinage avec elle ; celle-ci fréquentait assidûment les personnalités influentes de la petite ville, et en particulier le comte de Marbeuf, gouverneur de l'île pour le compte de la France, dont certains prétendent qu'elle était la maîtresse (ce qui n'est pas impossible, mais n'a jamais été prouvé par aucun document).

3. De Brienne à l'École militaire : une scolarité peu brillante

Grâce à l'appui de Marbeuf, qui courtisait Letizia, le jeune Bonaparte fut admis au collège de Brienne, où il est resté cinq ans (de la classe équivalente à notre moderne classe de sixième jusqu'à la troisième). Ses thuriféraires aveugles et les biographes amateurs non consciencieux qui se sont fait une spécialité d'écrire (n'importe quoi) sur Napoléon nous le présentent presque tous comme un élève très doué, étonnant même ses professeurs ; mais lorsqu'on consulte les archives de Brienne ou les fragments de palmarès qui subsistent on constate que :

– En 1780, à la sortie d'une classe équivalent à notre moderne classe de septième, le nom de Napoléon Bonaparte figure sur toutes les listes d'élèves qui ont été interrogés, il n'obtient aucun prix mais il est autorisé à passer dans la classe supérieure : c'est donc un élève moyen, sans plus.

– En 1781, à la sortie de la classe équivalent à notre moderne classe de sixième, selon ses condisciples qui ont laissé des écrits (Bourrienne, Coston et Assier) Napoléon aurait été interrogé en trigonométrie et en géométrie : c'est faux, car à Brienne l'enseignement de la trigonométrie n'était pas au programme de cette classe, et celui de géométrie se bornait au calcul des périmètres et des aires des figures communes (triangle, rectangle, carré, parallélogramme, trapèze, cercle).

– En 1782, le jeune Bonaparte, qui a treize ans, termine sa classe de cinquième ; il fut sans doute interrogé en mathématiques, mais il n'obtint *aucune* nomination.

– En 1783, à la sortie de la classe de quatrième, Bonaparte semble avoir fait des progrès, car il reçoit un prix de mathématiques. Cela dit, le programme de mathématiques de cette école est loin d'être élevé (il est inférieur au programme de notre moderne classe de quatrième), et il y a un abîme entre les calculs d'aires et de volumes de la géométrie élémentaire ou les applications du théorème de Pythagore, et le niveau des mathématiciens de l'époque, les Legendre, les Laplace ou les Lagrange, dont le domaine était l'algèbre des nombres complexes, la théorie des fonctions ou l'analyse. Tous ces savants, dont certains connaissaient fort bien Bonaparte, auraient éclaté de rire si on leur avait dit que Napoléon était un mathématicien.

Lorsqu'il sort de Brienne, en 1784, Bonaparte va sur ses seize ans. Il entre alors à l'École militaire de Paris, une institution qui avait été créée par la marquise de Pompadour et qui était destinée à l'éducation des futurs officiers du roi. On n'y enseignait alors ni les règlements militaires, ni le maniement des armes, ni la tactique ou la stratégie militaires, mais les quelques rudiments de géométrie, de géographie et sans doute d'histoire dont tout futur officier devait avoir besoin pour lire une carte, ainsi que l'allemand (qui était la langue des éventuels ennemis de la France), les mondanités, parce qu'un officier du roi doit bien se tenir dans les réceptions de garnisons, et la danse, pour la même raison. Le ton de l'établissement n'avait donc rien de particulièrement guerrier : l'École militaire de Paris était plutôt une maison d'éducation pour fils de famille, avec ses ors, ses laquais revêtus de la livrée du roi et ses dîners de galas. Trois jours après avoir pris possession de sa chambre, Napoléon reçut, comme tous les nouveaux élèves, un brevet de cadet gentilhomme et il fit la connaissance de ses professeurs qui devaient lui enseigner, pendant dix-huit mois, les mathématiques (Bézout), l'histoire et la géographie (de l'Esguille, qui devait porter sur lui cette appréciation prémonitoire : « *Corse de nation et de caractère, il ira loin si les circonstances le favorisent* »), la grammaire (Domaison) et l'allemand (Bauer, qui le trouvait nul dans cette matière).

Les anecdotes – vraies ou fausses – abondent sur le séjour (d'un an seulement) du jeune Ajaccien à l'École militaire, mais la seule indication précise que l'on ait sur cette année de scolarité sont les notes et le classement qu'il obtint à l'examen de sortie, lequel eut lieu vers le 15 septembre 1783 : le futur empereur des Français fut classé quarante-deuxième sur cinquante-huit promus et affecté à l'artillerie, avec le grade de lieutenant en second.

4. Un début de carrière encore plus décevant (1788-1791)

Bonaparte va sur ses dix-neuf ans, il a un bel uniforme d'officier d'artillerie, une épée qui traîne, le geste nerveux, et il rejoint enfin son régiment à Valence, après une longue permission passée en grande partie à Bastia, où il fréquente les nationalistes corses dont le but est de libérer leur île de la tutelle de la France qui s'y est installée, trente ans plus tôt, pour y garer sa marine qu'elle entend utiliser contre l'Angleterre. Bonaparte n'a pas vécu l'ère paolinienne, qui s'est terminée par la défaite du grand patriote à Ponte-Novo en 1769 (l'année de sa naissance), et il ne vécut pas davantage l'ère révolutionnaire qui débute dès 1789 à Paris : à cette époque, il a vingt ans et plastronne à Ajaccio et à Bastia, où la mise en coupe réglée de l'île par les fonctionnaires français et les petits despotes insulaires l'écœure : il aimerait bien instaurer en Corse les mêmes instances qui sont en place à Paris. Il met alors en scène une sorte de « prise de la Bastille » à Bastia, distribue aux Bastiais des cocardes tricolores et soulève la ville contre les autorités françaises (7 novembre 1789).

Pendant un an, Bonaparte va se démener, chercher à jouer un rôle dans la révolution nationaliste corse, qu'il ne comprend d'ailleurs pas, car il s'y mêle aux tendances nationalistes (paoliniennes) des Corses qui rêvent d'un État corse libre et indépendant, les sentiments patriotiques « parisiens » des Corses de Bastia et d'Ajaccio qui aimeraient, eux, que l'île devienne un département français. Et tandis qu'à Paris jacobins et néojacobins tendent à radicaliser leurs positions politiques, à Ajaccio, Napoléon continue de peser le pour et le contre, cherchant le bon parti. Il n'est pas animé d'un amour dévorant pour la

Corse, où sa famille s'est implantée deux siècles plus tôt seulement, et il se sent plus à son aise dans une ville commerçante et militaire comme Ajaccio que dans le maquis. Dans sa famille on ne parle pas corse mais génois, on ignore la *vendetta*, le sentiment excessif de l'honneur et le respect de la femme, caractéristiques de la culture indigène, et, à chacune des très nombreuses permissions qu'il vient passer à Ajaccio, ce n'est pas de « son » île qu'il s'occupe, mais de ses affaires.

Tout cela ne le prédispose pas au patriotisme nationaliste et, lorsqu'il a compris qu'il n'y avait de place, en Corse, que pour un seul chef, Pascal Paoli, et que celui-ci ne lui ouvrirait jamais, à lui le Génois, les portes du pouvoir dans l'île, il s'enfuit presque clandestinement de Calvi avec sa mère et sa famille, au mois de janvier 1791 : il a pris son parti de gagner des galons autrement et ailleurs, par n'importe quels moyens, et il va progresser jusqu'au pouvoir suprême, alternant sans aucun scrupule, comme on va le montrer, les crimes et les impostures, parmi lesquelles il faudra aussi ranger les faits d'armes sur lesquels on s'extasie encore anormalement de nos jours, car ses batailles et ses campagnes, quels qu'en fussent les résultats dans l'instant, coûteront très cher à la France, y compris Austerlitz, pour ne citer que la plus fameuse. Le bilan global de son épopée militaire fut le même que celui de l'épopée nazie ; la France vaincue de Napoléon Ier fut mise, comme l'Allemagne vaincue d'Hitler, au ban des nations européennes pendant plus de trente années.

5. Le général Vendémiaire (4 et 5 octobre 1795)

Lorsqu'il pose le pied sur le sol de la Provence, le 13 juin 1793, le capitaine Bonaparte ignore encore que l'Histoire allait s'emparer de lui quelques mois plus tard, pour ne plus le quitter. Il faut dire que l'ère de la Révolution en discours est terminée et que la Terreur – la « Grande Terreur » – instaurée par les Montagnards est maintenant à l'ordre du jour en France, et notamment à Paris : ce sont en premier lieu les Girondins (modérés) qui en font les frais, puis les Robespierristes (à partir du 27 juillet 1794), et tous les jours des têtes tombent. Bonaparte, lui, progresse prudemment dans le marais politique parisien, qu'il décrit en ces termes à son frère Joseph dans la lettre qu'il lui adresse de Paris le 28 mai 1795 :

> **« L'on arrête ici les Messieurs à cravates vertes que l'on soupçonne être des membres de la Compagnie de Jéhu** [*réactionnaires inspirés par des émigrés royalistes*]. **L'on arrête beaucoup de personnes soupçonnées d'être des émigrés. On commence à s'apercevoir que les royalistes sont à craindre parce qu'ils se croient favorisés, et qu'il est temps d'arrêter le cours de leurs espérances. »** (*Correspondance*, t. I, Lettre n° 39.)

Trois semaines plus tard, Bonaparte écrit à Joseph qu'il est malade et qu'il attend, à Paris, d'être rétabli pour prendre un congé « *de deux ou trois mois* », ce qui est suspect, car le climat politique est alors particulièrement tendu et la présence de toutes les forces armées est nécessaire dans la capitale : ce n'est pas le moment, pour un patriote, et qui plus est pour un officier, de partir en congé !

À cette époque (juillet 1795) le Comité de salut public se préoccupe en effet sérieusement de reprendre la guerre contre les Autrichiens en Italie, une guerre qui s'embourbait dans des actions ponctuelles sans lendemain. Néanmoins, grâce à Barras – lequel a vraisemblablement des vues sur cet officier d'artillerie obéissant qui a repris Toulon aux Anglais à la fin de l'année 1793 en respectant scrupuleusement les instructions de l'état-major des Conventionnels (Carnot, Saliceti et Gasparin) et a su se montrer intraitable comme on le lui demandait – le général Bonaparte est alors affecté au Bureau topographique des armées, le 18 août 1795. Il écrit fièrement à son frère Joseph qu'il est sur le point d'y remplacer Carnot – lequel est appelé à jouer les premiers rôles dans le nouveau régime (le *Directoire*, institué par la Constitution de l'an III (votée le 22 août 1795) – et que lui-même espère avoir une promotion intéressante. Cependant, celle-ci tarde à venir et Bonaparte, impatient, adresse au Comité de salut public une demande en bonne et due forme pour être envoyé en Turquie, mais elle est repoussée, et il en sera de même pour les deux ou trois démarches qu'il fera, au cours des jours prochains, pour obtenir une affectation moins bureaucratique.

C'est un peu plus d'un mois après le vote de la Constitution de l'an III, le 5 octobre 1795 (13 Vendémiaire an IV), que le destin de Bonaparte va commencer à se dessiner. Les Français sont alors amenés à se prononcer par voie de référendum sur la nouvelle Constitution élaborée par la Convention, laquelle est approuvée, mais à une très faible majorité, par la gauche, c'est-à-dire par les députés de la Montagne et par les Jacobins, et repoussée par la droite (une partie des députés de la Plaine, les royalistes et divers adversaires de la Convention). On parla même d'une fraude électorale à grande échelle qui aurait été organisée par les Conventionnels.

Pour protester contre le résultat de ce référendum, qu'ils jugent avoir été truqué dans trente des quarante-huit sections électorales de Paris, les partis de droite organisent alors une manifestation antijacobine de grande envergure le 4 octobre 1795, sous la direction du général Danican. Le plan des manifestants était d'encercler les Tuileries, où siégeaient la Convention et le Comité de salut public (c'est-à-dire ce que nous appellerions de nos jours la « Chambre des députés » et le « Conseil des ministres »), en faisant marcher sur le palais deux colonnes, l'une partie de l'église Saint-Roch, par la rue Saint-Honoré, et l'autre partie du Pont-Neuf, qui devait emprunter les quais de la rive gauche.

Barras, nommé par la Convention, pour la circonstance, commandant en chef de l'armée de l'intérieur, prend la responsabilité de juguler la manifestation. Dans le courant de la nuit du 4 au 5 octobre 1795 (du 12 au 13 Vendémiaire an IV), il disperse discrètement des troupes pour surveiller les évolutions des manifestants, et le 13 Vendémiaire, à 5 heures du matin, il convoque Bonaparte, le nomme commandant en second de l'armée de l'intérieur et le charge de rétablir l'ordre.

Sans tarder, Napoléon déplace les pièces d'artillerie qui stationnaient au camp des Sablons (dans l'actuel bois de Boulogne) jusqu'aux abords des Tuileries et des rives de la Seine et, à 4 heures de l'après-midi, les émeutiers n'ayant pas répondu aux ordres de dispersion, il donne l'ordre aux artilleurs de tirer sur la foule, qui se disperse aux premiers coups de canon en à peine trois quarts d'heure ; Bonaparte n'en ordonne pas moins aux généraux qui l'assistaient (Brune, Carteaux et Montchoisy) de « *poursuivre avec vivacité* » les manifestants, et ce fut alors un véritable bain de sang ; fusillades et canonnades se prolongèrent durant toute la nuit du 13 au 14 Vendémiaire et ne se terminèrent que tard dans la journée du 14. La tuerie avait fait deux ou trois cents morts, et, le 19 Vendémiaire, Napoléon écrivait triomphalement à son frère Joseph :

> « Tu auras appris par les feuilles publiques tout ce qui me concerne. J'ai été nommé, par décret, général en second de l'armée de l'intérieur ; Barras a été nommé commandant en chef. Nous avons vaincu, et tout est oublié. » (*Correspondance*, lettre n° 74 du 19 Vendémiaire an IV.)

À la fin de cette même journée, le conventionnel Fréron – un bien triste personnage qui se vantait d'avoir fait fusiller deux cents Toulonnais par jour après la prise de Toulon et d'avoir employé douze mille maçons pour raser cette ville – prononce à la Convention le nom de Bonaparte, qu'il désigne comme le sauveur de la République, ce qui était une imposture, car ce n'est pas en assassinant trois cents opposants que l'on sauve une République. Mais les conventionnels entérinèrent et applaudirent à tout rompre ce nom qui leur était jusqu'alors à peu près inconnu et auquel ses adversaires accolèrent le surnom peu honorable de « *général Vendémiaire* » sous lequel il entra dans l'Histoire.

XI

Les innombrables impostures napoléoniennes (2)

Des lauriers fanés d'Italie et d'Égypte au crime de Brumaire
(11 mars 1796-9/10 novembre 1799)

L'efficacité sanglante de Bonaparte lors de cette pénible journée de Vendémiaire a fait impression sur les Directeurs et notamment sur Barras qui a besoin, en ces temps difficiles, d'hommes de sa trempe. Dix jours à peine après ce terrible massacre, le 15 octobre 1795, son organisateur est invité à dîner, pour la première fois, au 62 de l'actuelle rue de la Chaussée-d'Antin, où vit la maîtresse de Barras, Joséphine veuve Beauharnais ; le lendemain, Bonaparte est promu général de division, le 26, Barras lui cède son poste et son grade de général en chef de l'armée de l'intérieur, et, le 28 octobre, il reçoit un court billet parfumé de Joséphine qui lui écrit :

> « Vous ne venez plus voir une amie qui vous aime, vous l'avez tout à fait délaissée ; vous avez bien tort, car elle vous est tendrement attachée.
>
> » Venez demain jeudi déjeuner avec moi ; j'ai besoin de vous voir et de causer avec vous sur vos intérêts.
>
> » Bonsoir, mon ami, je vous embrasse. *Joséphine.* »

Bonaparte ira déjeuner chez Joséphine, et il y passera désormais toutes ses soirées jusqu'au 9 mars 1796 ; ce jour-là – une semaine exactement après avoir été nommé, le 2 mars, commandant en chef de l'armée d'Italie – il l'épousera, en présence de Tallien et de Barras, mais il ne restera auprès d'elle que le temps d'une nuit de noces : le 11 mars, au petit matin, il partait rejoindre l'armée d'Italie. Sa grande aventure allait commencer... et les Directeurs pensaient pouvoir dorénavant dormir tranquilles : ce n'était pas d'Italie que ce petit général, que Joséphine avait déjà surnommé le « *Chat botté* » et qui leur semblait avoir grand appétit de pouvoir, risquait de leur mijoter un coup d'État, pensaient-ils. Et sans doute les plus hypocrites d'entre eux, qui étaient rompus à cette guérilla politique depuis sept ans que la Révolution passait d'un coup d'État à un autre, souhaitaient-ils, dans leur for intérieur, ne pas le voir revenir d'Italie, sinon dans un cercueil tricolore.

Le proche avenir allait cruellement les détromper.

1. L'imposture de la campagne d'Italie (1796-1797)

Tous les historiens classiques ont chanté le génie guerrier et administratif de Bonaparte qui se serait révélé lors de cette fameuse campagne dont le but était, dans l'esprit de Carnot et des autres Directeurs, non pas de faire la conquête du territoire italien, mais de porter un coup mortel à la Première coalition[1] contre la France, formée en

1. Alliance militaire regroupant l'Angleterre, la Russie, la Sardaigne, l'Espagne, le royaume de Naples, la Prusse, l'Autriche, l'Empire germanique, Bade, les deux royaumes de Hesse, la Toscane et le Hanovre.

1793 à l'initiative de l'Angleterre. Leur doctrine – qui est devenue la thèse officielle de la plupart de leurs confrères – est que la campagne d'Italie devait constituer une opération de diversion, destinée à permettre aux grandes armées françaises opérant alors en Allemagne, sous le commandement d'Augereau et de Jourdan, d'atteindre Vienne par la Bohême et par la vallée du Danube, et qu'elle n'avait d'autre but que l'occupation du Piémont et du Milanais, mais que, grâce au « génie » (?) de Bonaparte ce fut l'Italie tout entière qui en devint le théâtre principal.

Or cette thèse, qui fut d'ailleurs celle de Napoléon lui-même, n'est pas soutenable. La lecture des instructions[1] adressées par les Directeurs au commandant en chef de l'armée d'Italie le montre amplement et les travaux des historiens modernes ont établi d'une façon péremptoire que cette campagne n'a pas été le produit d'un soi-disant « génie guerrier » qu'aurait possédé Bonaparte, mais le résultat d'un long travail préparatoire, qui dura deux années ou plus et qui fut dirigé d'une part depuis Paris, par Carnot lui-même, lequel a guidé ensuite minutieusement l'exécutant obéissant et consciencieux qu'était le jeune général en lui envoyant des ordres presque quotidiens, et d'autre part depuis Nice, par le méthodique général Dumerbion (1734-1797), commandant en chef par intérim de l'armée d'Italie (d'après *Le Moniteur* du 6 novembre 1794).

La stratégie mise au point par Carnot, avec l'assistance du Bureau topographique des armées, a fait l'objet d'un

1. Ces instructions ont été publiées dans le *Recueil des actes du Directoire exécutif* entre 1910 et 1917 par Antoine Debidour.

Mémoire adressé au général durant l'été 1795 et lui ordonnant :

1° d'envoyer deux colonnes vers Ceva (sur le Tanaro), l'une depuis Vintimille, l'autre depuis Savone, de prendre cette place que tenaient les Piémontais et de marcher sur Turin, leur capitale ;

2° de pourvoir d'urgence aux besoins de l'armée française sur place en vivant sur le pays et, au besoin, en y levant un impôt ;

3° de diriger ensuite ses forces contre l'armée autrichienne, de lui faire repasser le Pô, et de marcher sur le Milanais ;

4° d'imposer alors au roi de Piémont et Sardaigne de signer un armistice puis un traité de paix avec la France ;

5° de ne rien changer à cette stratégie et de se limiter à mettre en œuvre une tactique de son choix dans chaque situation déterminée.

Il n'est pas inutile de souligner que, sur le terrain, ce plan de campagne a été le premier grand exemple d'application des théories militaires de Guibert, auteur en 1770 d'un *Essai général de tactique*[1], et que la première initiative, qui fut pratiquement la seule, que prendra Bonaparte

---

1. Au XVIIIe siècle, ce qui importait, c'était l'importance numérique des armées, dont la marche était ralentie par les magasins où étaient entreposés et transportés le matériel militaire, les munitions et les provisions ; Guibert a proposé de les alléger, d'augmenter leur vitesse de déplacement et de remplacer les militaires professionnels d'âge mûr par des hommes jeunes, aux jambes rapides, de supprimer les encombrants magasins et de rétablir la bonne vieille méthode qui consistait à vivre sur l'habitant.

dans cette guerre italienne sera d'accorder un armistice provisoire de cinq jours aux Autrichiens, le 7 avril 1797, afin de permettre à leur chef, le général Merveldt, de courir à Vienne et d'en revenir avec les ministres autrichiens habilités à conclure et à signer le traité, ce qui sera fait à Leoben, le 13 avril à 17 heures. Les hostilités seront alors suspendues pour une semaine au terme de laquelle seront signés des préliminaires de paix à Leoben, et le traité définitif avec l'Autriche sera conclu à Campo-Formio le 17 octobre 1797.

Ce traité était cependant un mauvais traité car, d'une part, il était lourd de conflits potentiels, et, d'autre part, Talleyrand avait déjà compris que Bonaparte avait des projets politiques et militaires bien précis dans la tête. Maintenant que les périls extérieurs ont été éloignés, le bouillant général ne pouvait se résoudre à l'immobilisme politique du Directoire qui conduisait les gouvernants à ménager sans cesse la chèvre et le chou, et il voulait agir politiquement et militairement au plus haut niveau du pouvoir, sous la baguette du Directeur Carnot.

Nous l'avons dit, à s'en tenir aux écrits de Bonaparte lui-même, cette campagne d'Italie devait être une simple opération de diversion, destinée à permettre aux armées commandées par Augereau et Jourdan d'atteindre Vienne – la capitale à abattre – en passant par la Bohême et par la vallée du Danube. Il ne devait donc pas y avoir de combats en Italie, ni occupation du territoire italien ; mais, selon ses admirateurs modernes, Bonaparte aurait « *désobéi avec génie* » aux instructions du Directoire et aurait pris de son propre chef l'initiative de faire la conquête de la péninsule italienne (... et de ses richesses artistiques inestimables). Or cette thèse, quasi unanime sauf chez les historiens scientifiques modernes tel Jean Tulard, est fausse ; on peut le montrer aisément, en se référant aux instructions de Bonaparte au Directoire et aux journaux publiés par lui-même dans le cadre de cette campagne (le *Courrier de l'armée d'Italie*, dont le premier numéro date du 20 juillet 1797 ; *La France vue de l'armée d'Italie*, fondé le 10 août de la même année ; le *Journal de Bonaparte et des hommes vertueux*, dont le premier numéro, en 1797, portait l'épigraphe prétentieuse et quelque peu ridicule suivante : « *Hannibal dormit à Capoue, mais Bonaparte actif ne dort pas à Mantoue.* »).

Dès les premiers temps de la Convention (automne 1792), en effet, ce sont deux membres du *Comité de salut public*, Carnot et Prieur de La Côte-d'Or, qui dirigent le ministère de la Guerre, assistés d'un Comité topographique où s'agitent de jeunes généraux imaginatifs. Ils étudient les différentes manières possibles de faire la guerre à l'Autriche qui, depuis la Révolution, est devenue l'ennemi n° 1 de la France. Après de nombreuses discussions, ces stratèges ont finalement décidé de confier l'invasion de l'Autriche à trois armées : la première devait franchir les Alpes, envahir le Piémont et marcher sur Vienne en traversant la Bohême ; la seconde devait franchir le Rhin puis marcher sur Vienne en traversant également la Bohême ; une troisième armée était chargée d'envahir directement le Piémont, royaume allié de l'Autriche. Ce plan, Bonaparte n'a participé en rien à son élaboration ; il est résumé en quelques lignes dans une *Instruction pour le général en chef de l'armée d'Italie* qui lui fut remise le 7 mars 1796, en même temps que la lettre d'affectation le concernant, alors que la République directorienne était en guerre avec le royaume de Piémont-

Sardaigne depuis déjà quatre ans, plus précisément depuis juillet 1792.

Le plan de bataille des Directeurs était centré sur une opération militaire qu'ils considéraient comme fondamentale : la prise de la forteresse montagneuse de Ceva, qui verrouillait la route traversant la plaine piémontaise et qui était située dans la haute vallée d'un affluent du Pô, le Tanaro. L'instruction stratégique – impérative – de Carnot étaient la suivante :

> « Tout nous commande de chercher, par tous les moyens qui sont en notre pouvoir, de faire repasser le Pô aux ennemis et de porter nos plus grands efforts dans la direction du Milanais. Cette opération essentielle paraît ne pouvoir avoir lieu sans qu'au préalable l'armée française s'empare de Ceva. » (Debidour, *Recueil des actes du Directoire exécutif*, t. I, p. 717.)

Bonaparte respecta point par point le programme détaillé des opérations militaires de Carnot ainsi que les ordres du Directeur, et son rôle dans la campagne d'Italie fut uniquement d'en gérer l'exécution sur le terrain par ses troupes. Il lance donc les premiers ordres de mouvement le 4 avril 1796 et envoie d'abord deux colonnes vers Ceva : l'une, partie de Vintimille (près de Nice), commandée par le général Sérurier, s'engage dans la haute vallée du Tanaro, où les forces françaises tiennent déjà les villages de Garessio et d'Ormea, l'autre, partie de Savone et commandée par les généraux Masséna, Augereau et Laharpe, se dirige vers Ceva par une difficile route de montagne. Puis le 11 avril, craignant une attaque surprise des Autrichiens, qui tiennent Dego et risquent de lui couper la route entre Savone et Ceva, Bonaparte arrête sa progression et, le 12 avril, les généraux Laharpe et Masséna tombent sur l'armée autrichienne, qu'ils battent devant Montenotte (Bonaparte ne s'est pas engagé dans la bataille, qu'il s'est contenté d'observer de loin, perché sur la petite colline de Casa Bianca).

Signalons au passage que la plupart des historiens militaires prétendent, à tort, que la première action de la campagne d'Italie aurait été ce qu'ils nomment « *la manœuvre de Montenotte* », qu'ils considèrent comme génialement conçue par Bonaparte et qui aurait eu pour effet de séparer les troupes sardes des troupes autrichiennes, leurs alliées, et de permettre la victoire française finale. Cette thèse est intégralement fausse, elle ne correspond ni aux ordres écrits que le général a reçus de Paris, qui nous sont parvenus et qui ont été publiés par les historiens militaires modernes, ni à la succession chronologique des combats : la première action de la campagne fut la marche vers Ceva. Il est également faux de prétendre qu'à Montenotte Bonaparte aurait « *génialement* » enfoncé le centre des forces autrichiennes pour les séparer des forces piémontaises, qu'il aurait ensuite assiégées et vaincues à Ceva : il n'a pas été « génial », il a tout simplement obéi aux ordres des stratèges parisiens, qui lui interdisaient d'entreprendre quoi que ce soit avant d'avoir pris Ceva. De sorte qu'après les combats de Montenotte, qui n'ont abouti à rien, il repart – comme le lui ont ordonné, de Paris, les stratèges du Directoire – le 16 avril à l'assaut de Ceva, devant laquelle il ne mettra pas le siège mais qu'il tentera vainement d'enlever à la baïonnette. Le dieu des guerriers le tirera de ce mauvais pas : le lendemain 17 avril, le général Colli, qui commandait l'armée sarde défendant Ceva, évacue la place et n'y laisse qu'une petite garnison qui capitulera quelques jours plus tard.

Bonaparte n'a plus, dès lors, qu'à mettre en œuvre, en les suivant au pied de la lettre, les instructions quasi quotidiennes de Carnot et du Comité topographique, qui l'autorisent, au cas où les Piémontais se retireraient d'Italie, « *à les suivre, à les combattre à nouveau, et même à bombarder cette capitale si nécessaire* ». Une autorisation du Directoire est presque un ordre, et ce n'est donc pas en vertu d'une intuition « géniale » que Bonaparte aurait poursuivi l'armée de Colli. Tout s'est déroulé comme l'avaient prévu et souhaité dans leurs instructions les subtils Directeurs, dont le but était d'exploiter la prise de Ceva pour amener le roi d'Italie, Victor-Amédée III, à rompre avec ses alliés autrichiens et à demander l'armistice, ce qu'il fit le 23 avril, tandis que le général Colli se retirait avec son armée vers Cherasco, où la convention d'armistice fut signée dans la nuit du 28 au 29 avril 1796, à 2 heures du matin (cet armistice sera suivi par la signature du *traité de paix de Paris*, le 3 juin suivant, par lequel le roi de Piémont-Sardaigne reconnaissait à la France la possession de la Savoie et du comté de Nice).

Ainsi se termina heureusement la première phase de cette campagne d'Italie. L'armistice de Cherasco surprit d'ailleurs Bonaparte lui-même, qui aurait confié au représentant de la France auprès de la République génoise, Faypoult de Maison :

> « **Je ne puis revenir de mon étonnement que la cour de Turin ait pu accepter les conditions si dures de l'armistice, car, si elle les eût rejetées, je me serais contenté d'un bon armistice sans dépôt. [...]** » (cité par G. Gerrero, *Bonaparte en Italie*, p. 25.)

Toujours selon Faypoult, Bonaparte aurait même ajouté que si l'armée piémontaise avait tenu vingt-quatre heures de plus, il aurait dû se replier, car il n'avait plus ni vivres, ni munitions.

À Paris, les Directeurs étaient moins étonnés que Bonaparte, car ils connaissaient l'existence d'un « parti de la paix » à Turin et, en bons juristes internationaux qu'ils étaient, ils cherchaient déjà à négocier par l'entremise de leurs diplomates un traité qui permettrait à la République de conserver Nice et la Savoie dans le cadre d'un accord intergouvernemental, et non en vertu d'une simple conquête militaire. Néanmoins, comme c'est le cas pour tous les gouvernements en période de crise, ils jugèrent bon de profiter de la victoire relativement facile des armées françaises en Italie pour exalter l'opinion : Montenotte, qui n'était qu'un simple engagement, fut qualifié de « *grande victoire* » et le petit armistice de Cherasco devint une « *paix glorieuse* » dans les proclamations du gouvernement de la République et de son général, qui venaient de découvrir une arme nouvelle dont se servira bien souvent Napoléon par la suite, le « *bourrage de crâne* » ; mais à Cherasco ce n'était pas lui qui avait vaincu, c'étaient Carnot et les Directeurs, dont il n'avait été que l'exécutant.

2. L'imposture égyptienne (juin 1798-août 1799)

Si la campagne d'Italie avait été l'œuvre de Carnot, la campagne d'Égypte fut une idée de Talleyrand, ministre adjoint des Affaires étrangères sous le Directoire, qui commençait à craindre que les lauriers attribués à Bonaparte ne lui montent à la tête et qui pensait qu'il serait bon d'éloigner ce turbulent général et de le persuader de l'intérêt qu'il aurait, pour sa carrière, à partir conquérir l'Égypte. Bonaparte, lui, s'ennuyait à Paris, où les politiques battaient froid le militaire encombrant qu'il était, et l'idée de partir chercher fortune en « Orient », comme il disait en parlant de l'Égypte, l'attirait. À une époque où il ne se mêlait pas encore de politique, alors qu'il participait à une conférence internationale concernant le partage des territoires de la République vénitienne entre la France et l'Autriche, il avait écrit à Talleyrand une lettre qui avait intéressé celui-ci et dans laquelle il lui faisait valoir combien il serait fructueux pour la France de s'installer en Égypte :

> **« Les îles de Corfou, de Zante et de Céphalonie sont plus intéressantes pour nous que toute l'Italie ensemble.**
>
> **» Je crois que, si nous étions obligés d'opter, il vaudrait mieux restituer l'Italie à l'empereur d'Autriche et garder les quatre îles qui sont une source de richesse et de prospérité pour notre commerce [...].**
>
> **» Les temps ne sont pas éloignés où nous sentirons que, pour détruire véritablement l'Angleterre** [*le seul pays encore en guerre contre la France issue de la Révolution, après la défaite de l'Autriche en Italie*]**, il nous faut nous emparer de l'Égypte. Le vaste Empire ottoman, qui périt tous les jours, nous met dans l'obligation de penser de bonne heure à prendre des moyens pour conserver notre commerce au Levant. [...] »**
>
> (*Correspondance*, lettre n° 2103 du 16 août 1797.)

Six mois plus tard, le 26 ou le 27 janvier 1798, Talleyrand convoquait Bonaparte dans son hôtel de la rue Galiffet et mettait au point avec lui un ensemble de manœuvres de couloirs, destinées à convaincre le Directoire de la nécessité d'assurer la présence française en Égypte... et d'y envoyer ce turbulent général. Les détails de cette campagne, sanglante et désordonnée, sont bien connus et nous n'y reviendrons pas ici[1] ; en revanche, le comportement de Bonaparte mérite que l'on s'y arrête, car il dévoile bien les hypocrisies du personnage. L'Égypte était alors, depuis le XVIe siècle, une partie de l'Empire ottoman, confiée à un *pacha* et divisée en vingt-quatre provinces plus ou moins bien délimitées, administrées par des *beys* ; ces derniers achetaient des esclaves – des *mamelouks* – pour s'en faire une garde personnelle et défendre les frontières de leurs provinces respectives dirigées par des *aghas*, élus chaque année par leurs soldats, comme le décrit le tableau ci-après.

Pacha d'Égypte
(nommé pour un an
par le sultan de Constantinople)

Assisté par 470 *beys* (« préfets ») eux-mêmes assistés par des soldats, des esclaves qu'ils achètent, les mamelouks	Dispose d'une armée de sept régiments commandés par des *aghas* élus pour un an par leurs soldats

Beys et aghas, à leur sortie de charge, obtiennent des villages en usufruit.

1. Ce fut une campagne en grande partie improvisée, sanglante et désordonnée qui s'est déroulée en trois temps : 1° prise d'Alexandrie et invasion de la Basse-Égypte par Bonaparte (juillet-octobre 1798) ; 2° invasion de la Haute-Égypte par Desaix (octobre 1798-avril 1799) ; 3° campagne de Syrie contre les armées ottomanes (février-juin 1799) par Bonaparte, Kléber, Lannes et Murat.

L'administration de l'Égypte au moment de la campagne napoléonienne : le pays est alors un État indépendant musulman, gouverné par un pacha assisté de 470 beys mamelouks.

Nanti de tous les pouvoirs nécessaires, Bonaparte, après avoir quitté l'île de Malte où il avait fait escale, rédige le 22 juin 1798, à bord de *L'Orient* qui l'emmène vers Alexandrie, une proclamation à ses troupes dans laquelle il leur expose le but de son expédition : porter un coup mortel à la puissance anglaise, bien installée en Égypte et en Méditerranée, et délivrer le peuple égyptien de la tyrannie et des prévarications que lui font subir les *beys mamelouks*, qui favorisent en outre uniquement les intérêts commerciaux des Anglais ; voici la partie principale de cette harangue :

« Soldats !

» Vous allez entreprendre une conquête dont les effets sur la civilisation et le commerce du monde sont incalculables.

» Vous porterez à l'Angleterre le coup le plus sûr et le plus sensible, en attendant que vous puissiez lui donner le coup de la mort. Nous ferons quelques marches fatigantes ; nous livrerons plusieurs combats ; nous réussirons dans toutes nos entreprises ; les destins sont pour nous.

» Quelques jours après notre arrivée, les beys mamelouks qui favorisent exclusivement le commerce anglais, qui ont couvert d'avanies nos négociants et tyrannisent les malheureux habitants du Nil, n'existeront plus.

» Les peuples avec lesquels nous allons vivre sont mahométans ; leur premier article de foi est celui-ci : "Il n'y a pas d'autre Dieu que Dieu, et Mahomet est son prophète."

» Ayez pour les cérémonies que prescrit l'Alcoran, pour les mosquées, la même tolérance que vous avez eue pour les couvents, pour les synagogues, pour la religion de Moïse et de Jésus-Christ. [...]

» Le pillage n'enrichit qu'un petit nombre d'hommes ; il nous déshonore, il détruit nos ressources, il nous rend ennemis les peuples qu'il est de notre intérêt d'avoir pour amis.

» Bonaparte »

Les affirmations que contient cette brève proclamation sont autant d'impostures grossières qui ont dû en faire sourire plus d'un. Car, si la conquête de deux ou trois grands ports comme Alexandrie pouvait être utile au commerce français, quels effets pouvait avoir sur la civilisation, dont Bonaparte se prétendait le défenseur, la conquête des déserts de sable égyptiens ? Et si les beys mamelouks avaient choisi de favoriser uniquement le commerce anglais, ce qui était leur droit le plus strict, au nom de quelles lois internationales pouvait-on leur en faire grief et décider de leur extermination, comme l'annonce péremptoirement le général ? Enfin, sur quelles données Bonaparte se fondait-il pour affirmer que les mamelouks seraient exterminés « *en quelques jours* », alors qu'il n'avait encore aucune information précise sur la force qu'ils représentaient ? Les événements se chargèrent d'ailleurs de lui démontrer le contraire, car ce ne furent pas uniquement les mamelouks qu'il eut à combattre en Égypte, mais aussi les Anglais. De sorte que, dès les premiers engagements (bataille navale d'Aboukir des 1er et 2 août 1798), la campagne militaire proprement dite prit l'allure d'un véritable *fiasco*, car aussi bien Bonaparte que ses lieutenants ne savaient ni se ravitailler, ni se battre dans le désert, et l'armée, que le général avait levée hâtivement, était loin d'avoir les qualités de l'armée d'Italie qu'avait organisée méthodiquement des hommes tel Carnot : Bonaparte avait tout bêtement oublié que, dans les déserts égyptiens et syriens, ses troupes ne pouvaient pas vivre « sur l'habitant » ou « sur le terrain » comme ç'avait été le cas pour l'armée d'Italie... et qu'il faisait bien trop chaud, au pied des Pyramides, pour s'y battre avec un lourd uniforme de soldat français !

De plus, au début du printemps 1799, les guerres de la Deuxième coalition montée contre la France, en novembre 1798, par l'Angleterre, l'Autriche, la Russie, la Turquie et le royaume de Naples avaient éclaté sur de nombreux fronts en Europe, et les Français avaient déjà subi de graves échecs sur les fronts allemand (Stokak, le 22 mars 1799) et italien (perte du royaume de Naples, de Rome et des États italiens du centre, de la République Cisalpine et du Piémont après la bataille de Novi) : la plupart des territoires acquis lors des guerres de la Révolution échappèrent à la République (ce qui n'était au fond que justice) et retournèrent à l'Autriche, de sorte que, de toutes ses conquêtes, il ne restait plus à la France que le royaume de Gênes... la patrie des ancêtres de Bonaparte, et seul Masséna se maintenait encore en Suisse.

Le conflit entre la France et ses principaux ennemis coalisés se transforma alors en un conflit européen, et la Deuxième coalition finit par se disloquer après la victoire remportée devant Zurich par Masséna contre les Russes du général Korsakoff et contre les Autrichiens de l'archiduc Charles (25-26 septembre 1799). Un mois avant ces événements, le général Bonaparte avait lui-même subi un sérieux échec en Syrie, devant Saint-Jean-d'Acre, dont la garnison turque – commandée par le gouverneur turc Djezzar-Pacha et soutenue par une flottille anglaise – avait résisté à tous ses assauts.

3. L'imposture criminelle du 18-19 Brumaire (9-10 novembre 1799) : l'assassinat de la République

La Révolution avait triomphé. Partout en France les guillotines avaient été démontées et déjà Paris avait retrouvé sa joie de vivre sous le régime du *Directoire* que tenaient bien en main Barras et les quatre Directeurs qui lui étaient associés par la Constitution du 22 août 1795, lesquels changeaient tous les ans comme celle-ci l'imposait. La vie politique était alors animée par les confrontations oratoires ou électorales des deux partis qui se disputaient le pouvoir : celui des néomonarchistes du *club de Clichy*, qui se présentait comme le « *parti de l'ordre* », et celui des républicains, qui gagnèrent les élections en 1797. On imagine bien que, si Bonaparte rentra d'Égypte avec tant de précipitation, ce n'était pas pour voler au secours de la République chancelante, vaincue à l'extérieur par les Russes et par les Autrichiens, et menacée à l'intérieur par les extrémistes néomonarchistes à droite et par les néojacobins à gauche : il est évident que le général est attiré par le pouvoir, qui semble maintenant devoir être disponible. Mais ce n'est pas un politique, et il ignore tout de la manière d'y parvenir, sinon par un coup de force vers lequel semble doucement le pousser son tempérament.

Contre toute attente, cet homme d'épée va se rencontrer miraculeusement avec Sieyès[1], un homme de plume et de cabinet qui n'a rien d'un bretteur, et qui s'était fait connaître, au début de l'année 1789, par un pamphlet intitulé *Qu'est-ce que le Tiers État ?* Sieyès poursuit patiem-

1. Né à Fréjus en 1748, mort à Paris en 1830.

ment le rêve d'instaurer une Constitution qui mettrait la France à l'abri de tous les extrémismes, mais il cherche – comme il dit – « *un sabre pour la faire passer* », et il avait d'abord envisagé confier ce rôle au général Moreau (1763-1813), qui avait commandé l'armée du Rhin, mais pour le plus grand malheur de cette Constitution idéale qui ne vit d'ailleurs jamais le jour, le « *sabre* » fut celui de Bonaparte, en qui Sieyès crut avoir découvert « *l'homme providentiel* » qu'il cherchait. C'était là une gigantesque bévue et le sage Directeur prenait alors, de toute évidence, ses désirs pour des réalités : Bonaparte n'était plus, de fait, qu'un général vaincu qui revenait d'Égypte où il avait tout perdu : sa marine, les quatre cinquièmes de son armée et même son honneur de chef, puisqu'en s'enfuyant il y avait abandonné ses troupes.

Le 16 octobre au soir, malgré l'heure tardive, le palais du Luxembourg s'anime soudain : les Directeurs sortent de leurs bureaux respectifs et se précipitent vers le Palais-Bourbon, où siègent les députés des deux Conseils exceptionnellement réunis en séance plénière. À la tribune, l'inamovible Directeur Barras leur lit le communiqué officiel qu'il vient de recevoir de Toulon, dont il articule les termes avec solennité : « *Messieurs les conseillers,* leur dit-il avec une certaine émotion, *le général Berthier a débarqué à Fréjus avec le général Bonaparte qui est de retour d'Égypte.* » Aussitôt, l'Assemblée tout entière est debout, dans les tribunes le public est en délire et la séance est levée aux cris de « *Vive la République ! Vive Bonaparte !* » tandis que, telle une traînée de poudre, la nouvelle gagne la rue, les avenues, toute la ville où, la nuit entière durant, on chanta et l'on dansa à tous les carrefours. Mais quelle monumentale imposture politique c'était ! Ce soir-là, personne à Paris n'aurait pu penser que la République, qui sortait à peine des limbes, n'en avait plus que pour trois semaine à vivre et que, derrière les flambeaux, les lampions, les lanternes, les chants et les ivresses son assassin rôdait : c'était ce même homme, ce Buonaparte, qui quatre années plus tôt, le 13 Vendémiaire an IV (5 octobre 1795), avait mitraillé devant l'église Saint-Roch deux cents royalistes qui avaient tenté d'envahir la Convention, qui allait être « le sabre » dont Sieyès avait besoin pour confisquer à son profit la Révolution.

Bonaparte, lui, n'a pas d'états d'âme. Le lendemain de son arrivée à Paris il est reçu par les Directeurs et, le 19 octobre, il adresse une lettre au mathématicien Laplace pour l'inviter à dîner « *à la maison* » (rue de la Victoire) où, pendant plusieurs jours, ce ne sera plus qu'un défilé de politiques, d'affairistes, de généraux et de savants. Au bout d'une semaine, ils avaient tous compris le fin mot de l'imposture : ce n'était pas à un changement de régime qu'ils étaient conviés d'assister, c'était à l'assassinat de la République. Il ne faisait de doute pour personne que le général était revenu en France pour s'emparer enfin du pouvoir suprême, dont il ne pouvait plus se passer depuis qu'il y avait goûté lors de ses campagnes en Italie – où il était le seul maître et n'avait pas à rendre de comptes – et en Égypte, où l'avait expédié Barras pour lui donner un os à ronger et se débarrasser de lui. Le voyage triomphal qu'avait fait le général de Saint-Raphaël à Paris, entre le 9 et le 16 octobre 1799, le conforta dans cette double idée que, d'une part, tout allait de plus en plus mal en France, et que, d'autre part, il s'était développé un courant politique nouveau dans les milieux affairistes, qui souhaitaient l'établissement d'un pouvoir centralisé fort, capable de rétablir l'ordre et de garantir la prospérité de l'industrie naissante et du commerce, que les Conseils au pouvoir – celui des *Cinq-Cents* et celui des *Anciens* – étaient incapables d'assurer ; il écrit lui-même dans une de ses lettres, à cette époque, que la France semble chercher un homme qui puisse la sauver (*Correspondance*, t. XXX, p. 36).

Ce faisant, le général Bonaparte prend de toute évidence ses désirs pour des réalités. Il n'y avait alors en France que deux courants d'idées politiques dominants : celui des Républicains, qui rêvaient d'un régime représentatif stable, respectueux des droits de l'homme et du citoyen qu'avait proclamés l'Assemblée constituante le 26 août 1789, et celui des royalistes, qui fondaient tous leurs espoirs sur l'établissement d'une monarchie constitutionnelle éclairée. Or ce que propose ce général qui revient d'Égypte après y avoir perdu la marine et l'armée de la République que lui avaient confiées les Directeurs, c'est une sorte de césarisme qui est à cent lieues des monarchistes comme des républicains idéalistes, mais qui a la faveur des milieux commerciaux, industriels et financiers.

Le soir du 13 octobre 1799, alors que Lyon en liesse fêtait déjà le retour d'Égypte de ce général vaincu que l'on prenait pour un vainqueur, Sieyès recevait dans son cabinet du Sénat, au palais du Luxembourg, la dépêche officielle lui confirmant le débarquement à Fréjus de Bonaparte, de retour d'Égypte ; il se tourne vers le général Moreau, qui vient d'entrer dans son bureau, lui tend le document et celui-ci, après l'avoir lu, lui dit, tout ému :

– Bonaparte ! C'est lui qu'il nous faut, il fera votre coup d'État aussi bien et même mieux que moi.

Le retour de ce général que tout le monde commençait

à croire invincible signifiait, croyait-on, la victoire sur les ennemis de l'extérieur à court terme, et la paix intérieure à tout jamais ; la nuit durant, dans Paris, sur toutes les places, à tous les carrefours, Parisiens et Parisiennes, jeunes et vieux, civils et militaires ne cessèrent de danser jusqu'à l'aube.

Au bout d'une quinzaine de jours, Bonaparte s'est assuré l'appui du ministre de la Police (Fouché) et celui de ses frères Joseph et surtout Lucien Bonaparte (qui a été élu président du Conseil des Cinq-Cents), la faveur des généraux, ainsi que le soutien d'un ancien Girondin et ancien Directeur, La Révellière-Lépeaux. Fort de tous ces soutiens, il va faire voter par l'Assemblée une nouvelle Constitution instaurant le régime du *Consulat*, dont on pourrait dire qu'il était un ensemble d'impostures légalisées.

4. Le coup d'État des 18 et 19 Brumaire

Sur le plan du droit politique, un *coup d'État* est un changement de régime constitutionnel décidé par un groupe de pression, voire par un homme seul – un *dictateur* – suffisamment puissant pour l'imposer à la nation sans la consulter et sans lui demander de l'approuver, mais discuté et voté par les élus de la nation, suivi de la proposition d'une nouvelle Constitution, rédigée par une commission plus ou moins restreinte et destinée à être votée – après amendements – ou rejetée par ces élus, et, une fois approuvée par les élus, à être soumise à un référendum national (c'est ce qui s'était produit pour à peu près tous les changements de régime qui avaient eu lieu, en France, depuis 1789). C'est cette dernière « procédure » – si l'on peut désigner de ce terme un coup de force militaire – de coup d'État qu'adopta le général Bonaparte pour instaurer le régime du *Consulat*, instauration qui fut l'imposture maîtresse de ce régime, qui sera transformé en empire héréditaire, régi par la Constitution de l'an XII, édicté par un simple *senatus consulte* le 18 mai 1804.

Les modalités du coup d'État furent arrêtées le 10 Brumaire (1er novembre 1799) par Sieyès et Bonaparte, qui se rencontrèrent secrètement dans la maison du frère de Napoléon, Lucien Bonaparte, un personnage assez louche d'ailleurs sur lequel nous ne nous appesantirons pas ici. Sieyès tenait à ce que les apparences constitutionnelles (celles de la Constitution de l'an III) fussent conservées, et il fut décidé que l'affaire se déroulerait en deux temps : dans un premier temps le Conseil des Anciens voterait l'application des articles 102, 103 et 104 de la Constitution en vigueur, prévoyant en cas d'urgence le déplacement de tout le Corps Législatif (les députés du Conseil des Anciens et ceux du Conseil des Cinq-Cents) ; et, dans un deuxième temps, au lendemain de ce déplacement, les deux Conseils voteraient une nouvelle Constitution remettant en apparence le pouvoir exécutif à trois Consuls (Bonaparte, Cambacérès et Lebrun) nommés pour dix ans (donc à l'abri des aléas électoraux pendant cette longue période) et, de fait, entre les mains du seul Premier Consul – Bonaparte – qui propose et promulgue les lois, décide de la paix et de la guerre, nomme tous les ministres et tous les fonctionnaires, les deux autres Consuls ayant un simple pouvoir consultatif (la signature du seul Premier Consul suffit à valider n'importe quelle loi).

Voici comment, heure par heure, se déroula ce coup d'État.

Le 18 Brumaire entre 5 et 6 heures du matin : chacun des membres du Conseil des Anciens, présidé par Lemercier, reçoit à son domicile une convocation pour une séance exceptionnelle au palais des Tuileries, où siège le Conseil. Les membres du Conseil des Cinq-Cents, non convoqués, se réunissent au Palais-Bourbon sous la présidence de Lucien Bonaparte (1775-1840), député du Liamone (l'un des deux départements corses) et frère de Napoléon.

7-8 heures : le Conseil des Anciens vote un décret transférant les deux Conseils du Directoire au palais de Saint-Cloud, où ils siégeront dans deux ailes séparées, et un autre décret chargeant le général Bonaparte de prendre toutes les mesures nécessaires à l'exécution de ce transfert.

8 h 30 : Bonaparte reçoit le décret chez Joséphine, rue de la Victoire, où il a convoqué ses généraux et un détachement de cavalerie.

*9 heure*s : Bonaparte, à cheval, débouche sur les boulevards, à la tête de quinze cents cavaliers qu'il avait convoqués la veille. Il est acclamé par la foule. Le banquier Ouvrard, qui les voit passer, envoie sur-le-champ des ordres à ses agents en Bourse pour leur donner des ordres d'achat : il se prépare quelque chose d'important, dit-il à son adjoint, et les fonds publics vont monter.

10 heures : les Directeurs restent au palais du Luxembourg, sauf Sieyès, qui se dirige à cheval vers les Tuileries où les députés des Anciens ont été convoqués ; Bonaparte s'y rend aussi, entouré de tous ses généraux, et il tient aux Anciens un bref discours qui se termine par : « Nous voulons une République fondée sur la véritable liberté, la liberté civile... », puis il prête serment à la Constitution. À la sortie du palais des Tuileries il interpelle Botto, un conseiller représentant de Barras, et lui lance : « *Je vous ai rapporté des millions d'Italie, et j'ai retrouvé partout des lois spoliatrices des citoyens* [allusion à l'impôt progressif instauré par le Directoire] *et la misère.* »

12 heures : toujours au palais des Tuileries, Talleyrand et l'amiral Bruix font signer à Barras une lettre dans laquelle il donne sa démission de Directeur de la République en déclarant : « *Je rentre avec joie dans les rangs des simples citoyens.* » (On prétend que Barras aurait touché une très forte somme d'argent pour signer cette lettre de démission.)

Dans l'après-midi : Bonaparte enverra une garde cerner le palais du Luxembourg où se trouvent encore trois Directeurs : Moulin, Gohier et Roger Ducos, puis il passe en revue les troupes rassemblées pour la circonstance aux Tuileries (ce prétexte lui permet d'avoir à sa disposition une force armée entièrement dévouée).

Entre 19 heures et minuit : Bonaparte réunit discrètement au palais des Tuileries, protégé par ses troupes, un comité restreint de huit députés (cinq des Cinq-Cents et trois des Anciens) qui décide à l'unanimité d'abolir le gouvernement du Directoire et de le remplacer par un Consulat provisoire formé de trois Consuls (Bonaparte, Sieyès et Cambacérès), lesquels seront chargés de procéder à la réforme de la Constitution de l'an III, avec les conséquences que l'on sait.

5. Les impostures du Consulat

a) L'imposture constitutionnelle

La première imposture du Consulat est indiscutablement cette *Constitution de l'an VIII*, proclamée le 15 décembre 1799, qui confie en principe le pouvoir exécutif à trois consuls nommés pour dix ans, mais cette collégalité n'est qu'un leurre car le pouvoir des consuls adjoints se limite à contresigner les actes et les décisions du Premier Consul. Quant aux élus du peuple, répartis en trois assemblées (le *Conseil d'État*, le *Tribunat* et le *Corps législatif)*, leur rôle est de pure forme : ils votent sans discussion, par appel nominal, les lois proposées par les Consuls, et une quatrième assemblée, le *Sénat conservateur*, dont les membres sont nommés par le Premier Consul, choisit et nomme les Consuls, les membres du Tribunat et du Conseil législatif et ceux de la Cour de cassation. En bref, la Constitution de l'an VIII confère pratiquement tous les pouvoirs législatifs au Premier Consul et les enlève au peuple, qui n'a été admis à exprimer sa volonté qu'une seule fois pour toutes, en votant pour ou contre la Constitution, ce après quoi celle-ci fut adoptée. En ce qui concerne le pouvoir administratif, il fut remis à des fonctionnaires nommés par le Premier Consul et révocables par celui-ci, à savoir les préfets, les sous-préfets et les maires des communes.

Le régime du Consulat avait formellement un caractère républicain de par l'existence de trois assemblées élues, détentrices du pouvoir législatif, mais c'était là un leurre : en vertu du mode de formation de ces assemblées et des pouvoirs attribués au Premier Consul, c'était en fait une dictature et, en dernière analyse, tous les pouvoirs se trouvaient réunis entre les mains d'un *Premier Consul* qui avait le pouvoir d'imposer ou d'annuler à sa guise toutes les décisions législatives des trois Assemblées du régime.

b) Le rétablissement de la censure (17 janvier 1800)

Dans ce domaine, les hommes de la Révolution avaient montré la voie à Bonaparte, car si la *Déclaration des droits de l'homme* de 1789 prévoyait, dans son article 11, que « *la libre communication des pensées et des opinions est un des droits les plus précieux de l'homme ; tout citoyen peut donc parler, écrire, imprimer librement, sauf à répondre de l'abus de cette liberté dans des cas déterminés par la loi* », la Convention n'en avait pas moins rétabli la censure par le décret des 29-31 mars 1793, qui envoya vers la guillotine une vingtaine de journalistes et quelque cinquante écrivains. Cette route, le Premier consul l'emprunta à son tour allégrement. Avant le coup d'État du 18 Brumaire an VIII (9 novembre 1799), il paraissait à Paris soixante-treize journaux ; deux mois plus tard, en vertu d'un décret promulgué par Bonaparte le 17 janvier 1800, seuls treize titres étaient autorisés, et ce nombre fut réduit à dix quelques mois plus tard ; de plus, une loi sévère créait un Bureau de la presse installé au ministère de la Police, lequel avait pour mission de surveiller non seulement les journaux autorisés mais l'édition des livres et des revues. tandis que tous les autres moyens d'expression (les affiches, les pièces de théâtre notamment) étaient soumis au contrôle du ministère de l'Intérieur.

c) L'imposture du Concordat de 1801

Onze jours après la victoire du général Desaix sur les Autrichiens à Marengo, le 25 juin 1800, le nouveau dictateur reçoit en audience à Vercelli, dans le Piémont, l'évêque de la ville, le cardinal Martiniana, auquel il tient avec la plus mauvaise foi du monde un bien beau discours dans lequel il lui annonce vouloir rétablir en France la religion catholique que la Révolution y a malmenée : « *Allez dire au Saint-Père* [il s'agit de Pie VII, pape de 1800 à 1821], annonce-t-il au prélat, *que moi, Napoléon,*

Premier Consul, je veux mettre entre ses mains trente millions de catholiques français. » Le prélat n'en croit pas ses oreilles mais s'empresse de communiquer la nouvelle au pape qui saisit la balle au bond et envoie immédiatement à Lyon deux émissaires, Mgr Spina, archevêque de Corinthe, et un théologien renommé, le père Charles-François Caselli, auxquels il donne pour consigne d'obtenir que la religion catholique et romaine soit déclarée « *religion dominante* » en France, ce qui impliquait la disparition du clergé « constitutionnel » issu des réformes anticléricales de la Révolution.

Dès le début du mois de novembre 1800, les deux représentants pontificaux arrivent à Paris, où les pourparlers vont durer plus d'un an entre les représentants de la papauté (Mgr Spina, le père Caselli, Mgr Livio Palmoni, le cardinal Consalvi) et ceux de la République française (l'abbé Bernier et le député François Cacault) ; quant au Premier Consul, il n'est jamais intervenu dans les travaux ou les débats : c'est donc une imposture, de la part des historiens, que de lui attribuer la paternité du Concordat (l'idée première en est due à Mgr Spina) et le mérite d'en avoir établi les articulations (qui ont été mises au point par les négociateurs). D'autant que, sur les conseils de l'anticlérical qu'était Talleyrand, Bonaparte introduisit dans le projet deux clauses qu'il savait inacceptables par Pie VII : 1° la légitimation par celui-ci des prêtres mariés (et ils étaient nombreux, depuis 1789) ; 2° le remplacement de l'expression « *catholicisme religion d'État* » que voulait le pape par l'expression « *catholicisme religion de la plus grande partie des Français* » dont Bonaparte savait qu'elle serait repoussée par Pie VII, ce qui lui permettrait de rejeter sur ce dernier la responsabilité de la rupture des négociations, donc de conserver la confiance de l'électorat catholique de France. L'affaire traîna encore plusieurs mois et, finalement, le Concordat fut signé, non sans mal, le 15 juillet 1801 à minuit, après des mois de pourparlers, et c'est aux hommes qui se sont attelés à cette tâche, l'abbé Bernier et le député François Cacault, qui ont été cités plus haut (voir p. 206), que doit revenir le mérite de l'avoir menée à bon port.

d) Le rétablissement de l'esclavage aux Antilles (12 mars 1802)

Parmi les actes législatifs civils les plus infâmes du Consulat, il faut placer au premier plan les décrets de 1802 rétablissant aux Antilles l'esclavage qui avait été aboli par un décret de la Convention du 4 février 1794 (16 Pluviôse an II).

Une semaine après le coup d'État des 18-19 Brumaire qui instaura le Consulat, Bonaparte avait proclamé dans une belle envolée humanitaire que le régime esclavagiste aboli par la Convention ne serait jamais rétabli, mais cette déclaration était une imposture : Bonaparte dut en effet faire face aux instances contradictoires du *lobby* sucrier des Antilles avec lequel Joséphine de Beauharnais avait, à Paris, des rapports très étroits, et qui tenait au maintien de l'esclavage dans les îles, et à celles du mouvement nationaliste antillais, dont le *leader* était Toussaint Louverture. La population noire de Saint-Domingue (en majeure partie maintenue en esclavage malgré le décret de la Convention) s'étant soulevée, il envoya à Saint-Domingue, pour rétablir l'ordre, son beau-frère (le mari de sa sœur Pauline), le général Leclerc ; la pacification fut particulièrement sanglante et Leclerc lui-même, peu de temps avant sa mort (le 2 novembre 1802, lors d'une épidémie de fièvre jaune aux Antilles), écrira au Premier Consul une lettre pathétique, dans laquelle il lui dit :

> « Depuis que je suis ici, je n'ai eu que le spectacle d'incendies, d'insurrections et d'assassinats [...]. Mon âme est flétrie : aucune idée riante ne peut me faire oublier ces tableaux hideux. Je lutte ici contre les Noirs, contre les Blancs, contre la misère, contre mon armée, et mon âme est découragée. » (Cité par J. Tulard dans son *Dictionnaire de Napoléon*, Paris, Fayard, 1987.)

Napoléon ne parvint pas à résoudre le problème antillais par la force des armes et, sans doute pour faire plaisir à Joséphine, il finit par rétablir l'esclavage dans toutes les colonies françaises par le décret du 12 mai 1802 en arguant, à l'instar de tous les racistes : « *Blanc, je suis avec les Blancs* » (l'esclavage ne sera aboli dans ces colonies qu'en 1848, par Victor Schœlcher).

XII

Les innombrables impostures napoléoniennes (3)

L'imposture du Code civil

La France de l'Ancien Régime, on le sait, n'était pas un État unifié. En particulier, les lois, les poids et mesures, les impôts et les règlements gérant la vie quotidienne des sujets du roi de France différaient d'une province, voire d'une ville à une autre ; ainsi, pour prendre un exemple simple, une unité de longueur comme l'*aune* variait de soixante-deux à quatre-vingt-quatre centimètres selon les lieux.

Il en était de même pour les lois. Au sud d'une ligne allant de Genève à La Rochelle, les Français étaient soumis à peu près aux mêmes lois (sur la propriété, la famille, l'héritage, etc.), inspirées de l'ancien droit romain, qui était un *droit écrit* ; mais, au nord de cette frontière, on ne comptait pas moins de trois cents régimes juridiques différents, correspondant aux coutumes locales (*droit coutumier*) et, comme l'écrivait Voltaire, « *de poste en poste on changeait de jurisprudence en changeant de chevaux* ». Cette disparité des lois non seulement rendait fort compliquée l'administration de la justice, mais elle entravait aussi le développement du commerce dans la mesure où les parlements étaient bien embarrassés lorsqu'il fallait trancher un différend entre deux plaideurs habitant, par exemple, l'un à Rouen et l'autre à Clermont-Ferrand. Aussi bien l'une des idées maîtresses des procureurs et des juristes, à partir du milieu du XVIIe siècle, fut-elle l'unification des rapports de droit.

Parmi les dizaines de spécialistes qui s'attachèrent à ce délicat problème, il faut citer le jurisconsulte auvergnat Jean Domat (1625-1696), avocat du roi à Clermont, qui publia en 1694 un traité intitulé *Les Lois civiles dans leur ordre naturel*, et Robert-Joseph Pothier (1699-1772), professeur de droit à l'université d'Orléans, auteur de près d'une centaine de traités qui analysent la quasi-totalité des lois civiles du royaume. Il n'y a donc rien d'étonnant à ce que ce fussent les hommes de la Révolution, lesquels voulaient édifier une France « *une et indivisible* », qui aient mis en chantier l'unification rigoureuse des lois du royaume, et que ce soit la première des assemblées révolutionnaires, la Constituante, qui ait voté, le 8 mai 1790, une motion chargeant une commission de l'Académie des sciences de mettre au point le fameux *Système métrique*. Trois mois plus tard, une autre motion annonçait :

> **« Il sera fait un Code général des lois simples, claires et appropriées à la Constitution. »** (Motion des 16-24 août 1790.)

Cette motion sera reprise dans le titre I de la Constitution des 3-14 septembre 1791, élaborée par l'Assemblée constituante, lequel énumère les dispositions fondamentales garanties par cette Constitution et en particulier la suivante :

« Il sera fait un code des lois civiles communes à tout le royaume. »

La réalisation du *Code civil des Français* est donc alors officiellement en marche ; mais que fait donc Napoléon Bonaparte, en ce mois de septembre 1791 ? En principe il devrait se trouver avec son régiment d'artillerie à Valence mais, en réalité, il vient de passer deux années de permission (!) en Corse, puis il a participé à une expédition ratée en Sardaigne (en février 1792) et n'a pas la moindre idée de ce que peut être un Code civil.

Ensuite, Bonaparte va être expulsé de son île natale par les patriotes corses, et il va faire son métier d'officier d'artillerie. À Paris, où il arrive en mai 1792, il assiste en témoin passif à la prise des Tuileries par les révolutionnaires, puis il fait prudemment et rapidement son chemin et va bientôt s'illustrer fâcheusement dans son rôle de « général Vendémiaire » d'abord, et ensuite comme bon exécutant des ordres du Directoire, qui l'envoie diriger les campagnes d'Italie et d'Égypte avec un relatif succès. Durant ces deux campagnes, Bonaparte va se trouver confronté aux problèmes de l'administration des territoires conquis (comme ce fut le cas, notamment, en Égypte), mais il n'a jamais eu l'occasion de se pencher sur des problèmes juridiques particuliers, et il ignore à peu près tout des travaux du *Comité de législation*, institué par la Convention en juin 1793 et qu'anime un ancien président du tribunal criminel (correctionnel) de l'Hérault, Cambacérès (1753-1824).

Ce dernier instaura une commission de quatre juristes

(Tronchet, Bigot de Préameneu, Jacques de Maleville et Portalis), qui se réunirent tous les jours, pendant quatre mois, chez l'un d'eux (Tronchet, d'où le nom de « *Commission Tronchet* » qui lui a été conféré), au 82 de la rue Saint-André-des-Arts, près de la place Saint-Michel à Paris ; elle va analyser patiemment les 297 articles d'un projet de Code dont Cambacérès exposa les principes au cours d'une longue intervention à la Convention, qui consacra alors soixante séances à sa discussion, article par article, entre le 9 août et le 9 octobre 1795, à l'époque où la Terreur battait son plein, et qui le rejeta finalement comme imparfait et surtout trop théorique.

Pendant les quatre années que dura le régime du Directoire (d'octobre 1795 à novembre 1799), les rivalités politiques, les luttes sournoises entre les coteries, les difficultés financières du régime et la politique étrangère de la République (notamment la guerre contre l'Autriche) firent passer au second plan de l'actualité les travaux législatifs des deux assemblées (le Conseil des Cinq-Cents et celui des Anciens) ; mais, patiemment, les membres de la Commission du Code n'en continuaient pas moins à se réunir et à discuter, amélioraient progressivement les projets, cherchaient à mettre en application les doctrines de Pothier et, à la veille du coup d'État du 18 Brumaire, l'armature du futur *Code civil des Français* était prête.

Cependant le général Bonaparte, tout à ses campagnes d'Italie puis d'Égypte, méprisait ces faiseurs d'embarras qu'étaient les juristes, qu'il traitait dédaigneusement d'« *avocats* », et le projet sommeilla encore quelques mois dans les bureaux de la Commission. Après le coup d'État de Brumaire, l'avènement du nouveau régime – le Consulat – n'interrompit pas pour autant les travaux du Comité de législation, d'autant que si le Premier Consul avait tendance à considérer que la force prime le droit, le Second Consul, Jean-Jacques Régis de Cambacérès, était un magistrat éminent, membre d'une ancienne famille de robe de Montpellier, très attaché au formalisme juridique ; ce fut lui que Bonaparte chargea, par un arrêté du 24 Thermidor an VIII (12 août 1800), de rédiger un ultime projet de Code civil, usuellement appelé « *Projet de l'an VIII* » avant de partir en guerre contre les Autrichiens en Italie.

À la fin du mois de décembre 1800, la rédaction de ce projet était terminée ; il faut souligner ici que, durant toute la durée des travaux du Comité de législation, Bonaparte faisait campagne en Italie et qu'il ne parut donc *jamais* rue Saint-André-des-Arts et *ne joua absolument aucun rôle* ni dans la conception, ni dans la préparation, ni dans la rédaction des deux mille articles que contenait le *Projet de l'an VIII*.

*

* *

Ainsi donc, jusqu'à ce stade de l'élaboration du Code civil, le rôle de Bonaparte s'est limité à promulguer l'arrêté de l'an VIII, à demander une ou deux fois à Cambacérès où en étaient les travaux concernant le Code civil et à le prier de se dépêcher : c'est bien peu de choses, pour un nouveau Solon !

Bonaparte va cependant trouver une occasion de se rendre utile en présidant – quand il le voudra ou quand il le pourra – les séances de la section de Législation du Conseil d'État qui doit examiner le projet, ce qui ne sera pas une mince tâche, car il va falloir aux conseillers d'État environ quatre mois pour le rédiger à partir des travaux antérieurs de la Commission, et trois ans pour le discuter, article par article, du 17 juillet 1801 au 19 mars 1804, au cours de cent six séances fort longues qui se déroulèrent aux Tuileries. À ces séances d'examen du *Projet de Code civil des Français* assistaient les membres de la Commission de législation du Conseil d'État, qui comptait dans ses rangs quatre anciens avocats[1], un ancien procureur (Réal), le ministre d'alors de la Justice (Régnier) et son prédécesseur (Abrial), ainsi que le secrétaire général du Conseil d'État – le conseiller Locré (1758-1840) – qui établissait le procès-verbal méticuleux de chaque séance.

Le protocole en était simple. Les membres de la Commission siégeaient autour d'une table en forme de fer à cheval, les deux consuls étaient assis sur une estrade, Abrial, Régnier et Locré disposaient d'une table à part. Chacun parlait de sa place, sans aucun document écrit, Locré prenait tout en note et rédigeait le procès-verbal de chaque séance en indiquant méticuleusement le nom des orateurs ou des intervenants ; ces notes, une fois imprimées, constituent cinq gros volumes *in-quarto* d'environ cinq cents pages chacun. En les examinant patiemment, on y dénombre cent six séances (mais Locré, dans son *Introduction*, n'en annonce que cent deux) et l'on constate que le Premier Consul a été présent à cinquante-cinq d'entre elles (ce qui est d'ailleurs beaucoup pour un général qui passait déjà la plus grande partie de son temps sur des champs de bataille, quelque part en Europe) ; pour la petite histoire, signalons que Bonaparte a été absent :

1. Bélier, Boulay de La Meurthe, Amerri et Thibaudeau.

1° aux séances concernant l'état civil, la paternité, la filiation, la minorité, les successions ; 2° aux séances où furent discutés les textes de lois concernant le mariage, le divorce, l'adoption, la puissance paternelle (contrairement à la légende, largement colportée par certaines féministes, qui auraient intérêt à consulter plus sérieusement leurs sources) ; 3° aux séances concernant les contrats de mariage, le droit de propriété et les lois sur les biens.

Lorsqu'on procède, patiemment, au comptage du nombre de lignes que représentent les interventions de Napoléon lors de la discussion du texte du Code civil, on constate qu'elles correspondent, cumulées, à environ vingt-huit ou vingt-neuf pages sur les trois mille que contiennent les cent six procès-verbaux de Locré ; quant aux quelque trente-cinq mille lettres et pièces contenues dans les trente-trois volumes in-quarto de la correspondance de Napoléon Ier, éditée par Napoléon III, *il n'y en a pas une seule* – il faut le voir pour le croire – qui soit relative au Code civil que l'on baptisera plus tard sous le nom de « Code Napoléon ».

Nous pouvons donc renvoyer dos à dos les napoléophiles et les napoléophobes. Les premiers ont tort quand ils attribuent à Napoléon Bonaparte la paternité du *Code civil des Français* car sur les deux mille cinq cent soixante-quinze pages de procès-verbaux qu'elles représentent ses interventions n'occupent, en tout, que vingt-huit pages : comment peut-on oser dire, au vu de cette simple statistique que tout un chacun peut faire dans n'importe quelle bonne bibliothèque juridique[1], qu'il est l'auteur du Code

1. Nous avons eu la possibilité de le faire à la remarquable bibliothèque du Sénat que nous remercions, ici, de nous avoir accueilli.

auquel on attribuera son nom ? Toutefois les napoléophobes ont tort eux aussi, car il a fallu que l'empereur, dans le même temps où il assumait la gestion de la politique extérieure et militaire de la France, consacrât une énergie personnelle considérable à la discussion des travaux de la *Commission du Code*, alors que le droit civil était pour lui une matière tout à fait étrangère.

*
* *

En 1852, Napoléon III publie une nouvelle édition, révisée et augmentée, du Code promulgué par son oncle un demi-siècle plus tôt, mieux adapté à la société industrielle et bourgeoise naissante. Il l'ouvre par un décret de son cru – l'article I du code primitif révisé – qui lui attribue officiellement et légalement la dénomination de « *Code Napoléon* » pour, dit le décret, « *rendre hommage à la vérité historique et à l'énergique impulsion* » que son oncle a donnée à la rédaction et à la promulgation du Code.

Les historiens modernes du droit ont tué cette légende et rétabli la vérité mais, si l'on peut dire, du bout de leur plume seulement : tuez les légendes, elles renaissent toujours.

XIII

Les innombrables impostures napoléoniennes (4)

Le « grand guerrier »

Si l'on s'en tient aux statistiques, le cursus guerrier de Napoléon Bonaparte est impressionnant ; en une vingtaine d'années, entre 1796 et 1815, il a mené quinze campagnes (en comptant celle d'Italie dont il ne fut que l'exécutant) et ses armées ont livré cent quarante-huit batailles, mais il n'a été présent qu'à quarante-trois d'entre elles et seuls vingt-trois de ces combats qu'il a dirigés lui-même ont été décisifs, comme le rappelle le tableau ci-après. En général, ses troupes étaient nombreuses, bien armées, bien entraînées, bien nourries et surtout bien commandées sur le terrain, par des généraux qui n'hésitaient pas à payer de leur personne. Les plans de campagne étaient décidés par Napoléon et son état-major tandis que les plans de bataille étaient gérés sur le terrain par les différents généraux. Dans la mesure où le sort des quinze campagnes répertoriées dans le tableau ci-dessous s'est joué sur une ou deux batailles (à l'exception de la campagne d'Italie et de la campagne de Russie), il est intéressant de savoir *pourquoi* ces combats ont été gagnés ou perdus... et par qui.

CAMPAGNES ET BATAILLES NAPOLÉONIENNES

Années	Campagnes	Batailles décisives
1796-1797	Italie (I)	Ceva, Bassano, Mantoue, Rivoli
1798-1799	Égypte	Pyramides, etc.
1800	Italie et Allemagne	Marengo, Hohenlinden
1805	Allemagne (I)	Ulm, Austerlitz
1805	Italie (II, Masséna seul)	Caldiero
1806	Prusse	Iéna, Auerstedt
1806-1807	Pologne	Eylau, Friedland, Dantzig
1807-1808	Portugal (Junot)	Cintra, Vilmero
1807-1814	Espagne	30 batailles (guérillas)
1809	Italie (III)	Piave
1809	Autriche et Allemagne	Eckmühl, Essling, Wagram
1812	Russie	Bérézina
1813	Allemagne (II)	Dresde, Leipzig, Lützen
1814	France	21 batailles
1815	Belgique	Waterloo

D'une manière générale, les forces des deux armées en présence étaient presque toujours à peu près équivalentes, de sorte que les batailles ont rarement duré plus d'une journée ou deux ; il résulte de cela que les résultats obtenus, par ses troupes ou par les troupes ennemies, ont été des succès essentiellement tactiques et non stratégiques[1], généralement liés à la réussite d'une manœuvre particulière (par exemple à Austerlitz) ou à des erreurs des adversaires, et, à l'exception de la campagne de Russie et de la campagne d'Espagne, Bonaparte n'a presque jamais eu à gérer une situation militaire de longue haleine comme la guerre des Gaules, les grandes batailles de la Première Guerre mondiale (la Marne, Verdun, la Somme), Stalingrad ou le débarquement des Alliés en Normandie par exemple.

Cela dit, à quoi peut-on reconnaître un « grand guerrier », si tant est qu'il y ait de la grandeur à être un guerrier ? Aux mêmes signes qui font reconnaître un « grand » joueur de tennis ou un « grand » boxeur, c'est-à-dire au fait qu'il sort la plupart du temps vainqueur des campagnes et des combats qu'il engage ; or les descriptions minutieuses des plus grandes victoires que Napoléon a remportées – qui font depuis deux siècles les délices des stratèges en chambre et des généraux à la retraite – montrent qu'elles ont bien souvent été dues à une erreur grossière de ses ennemis dont il a su profiter ou, tout simplement, au hasard, ce qui nous permet d'affirmer que

1. Ne pas confondre la stratégie, ainsi définie, avec la tactique qui est l'adaptation des forces armées et de leurs mouvements sur un espace bien défini – un « champ de bataille » – dans le temps relativement court d'une rencontre.

le fameux « génie guerrier » que lui ont attribué et lui attribuent encore ses fanatiques est une monumentale imposture.

* **Rivoli** (14 janvier 1797)

À Rivoli, au cours de la première campagne d'Italie, c'est le vieux général autrichien Alvinczy (soixante et onze ans) qui a été l'artisan de sa propre défaite. Son but était de délivrer Mantoue, dans laquelle était encerclée depuis six mois une garnison autrichienne, mais persuadé que la ville n'était menacée que par une seule division française, commandée par le général Joubert, Alvinczy a commis l'erreur de diviser ses forces (quarante-cinq mille hommes) en six colonnes, auxquelles il donna l'ordre de converger sur le plateau de Rivoli par deux chemins différents : la cavalerie et l'artillerie devaient suivre la rive droite et la rive gauche de l'Adige, et les quatre colonnes d'infanterie devaient passer par le col du Brenner puis descendre sur Rivoli par une route de montagne.

L'ordre de bataille des forces françaises va se former progressivement : le 12 janvier, une seule colonne, commandée par Joubert, est opposée aux colonnes autrichiennes qui arrivent par la montagne, puis deux colonnes, commandées par Vial sur l'aile droite et par Masséna sur l'aile gauche, viennent flanquer les troupes de Joubert, et deux autres, qui sont plus en arrière, montent lentement vers le plateau de Rivoli dans la journée du 13 janvier. Toutes ces marches ainsi que le transport des matériels d'artillerie se font sous la neige, dans le froid et le brouillard alpins que connaissent bien, de nos jours, les amateurs de sports d'hiver. Le 14 janvier, vers 9 heures, l'armée française est en place, au grand complet, sur les hauteurs qui commandent l'accès au plateau de Rivoli et les premières forces autrichiennes qui s'y avancent sont accueillies par le feu des canons français ; les tirailleurs autrichiens les plus avancés sont culbutés sur les flancs glacés des montagnes et, dans la nuit du 14 au 15, Alvinczy ordonne la retraite... aux flambeaux, mais ses malheurs ne sont pas terminés : Bonaparte, en prévision de cette retraite, avait fait prévenir Murat qui, depuis le 14 janvier au soir, se trouvait avec ses cavaliers à Salo, vers les bords du lac de Garde, sur la ligne de retraite de l'ennemi dont les troupes, démoralisées, se débandent et laissent cinq mille prisonniers entre les mains de Murat. Bonaparte était vainqueur, certes, mais sa victoire n'était due ni à ses troupes ni à sa tactique, mais à l'imprudence insensée de son adversaire.

* **Marengo** (14 juin 1800, lors de la seconde campagne d'Italie)

Si Rivoli fut une victoire occasionnelle, Marengo (un minuscule village de montagne qui comptait deux maisonnettes et trois fermes) fut une victoire volée à son véritable vainqueur, Desaix, au cours de la campagne de Bonaparte en Italie et en Allemagne. Bonaparte, qui est reparti en guerre contre l'Autriche, se retrouve dans les Alpes, à la recherche de l'armée autrichienne que commande le général Melas, mais il est surpris lui-même par les Autrichiens dans la plaine parsemée de fermes où serpente la rivière Bormida où vont se rencontrer les deux armées (trente mille Autrichiens et vingt-deux mille Français, qui seront vingt-huit mille quand le général Desaix aura rejoint ses compatriotes). La bataille occupera la journée tout entière (de 9 heures du matin à 22 heures), elle fut longtemps indécise et finalement, après l'arrivée de Desaix, les Autrichiens se retirèrent sans qu'il n'y ait eu vraiment ni de vainqueurs, ni de vaincus, mais de nombreux morts (six mille Français et neuf mille quatre cents Autrichiens). Néanmoins, dans le communiqué officiel qu'il concoctera avec peine, Napoléon s'attribuera le titre de vainqueur ; c'était une imposture de plus.

* **Austerlitz** (2 décembre 1805, lors de la campagne d'Allemagne)

Cette bataille – la plus fameuse des batailles de Napoléon – s'est déroulée après la formation de la Troisième coalition (Angleterre, Autriche, Naples et Russie) ouverte contre la France à Saint-Pétersbourg, le 11 avril 1805. Pour de nombreux historiens militaires, ce serait à une manœuvre « *de génie* » que Napoléon devrait de l'avoir remportée ; en réalité, nous l'allons encore démontrer, cette opinion presque universellement répandue est une imposture, car cette manœuvre n'avait que très peu de chances de réussir. Austerlitz a bel et bien failli être la dernière bataille de Napoléon et, comme elle a été mise en œuvre dans le cadre de la plus importante des campagnes napoléoniennes, les conséquences de son échec auraient été pour la France pire que celles de Waterloo... mais, comme on disait dans les années trente, il n'y a de la chance que pour la canaille !

Nous voici donc en 1805. Face à l'Europe qu'il a commencé de ravager et à laquelle il a l'intention déclarée d'imposer sa loi et sa domination, Napoléon Bonaparte se tient sur ses gardes : de Boulogne, où il prépare une hypothétique invasion de l'Angleterre qu'il considère comme sa pire ennemie, il surveille l'évolution de la situation.

Vers la fin du mois d'août il a pris définitivement son parti et l'écrit dans une lettre à Talleyrand :

> « Mon escadre est sortie du Ferrol [*port militaire en Galice (Espagne)*]. Elle n'avait pas d'ennemis en vue. Si elle suit mes instructions, se joint à l'escadre de Brest et entre dans la Manche, il est encore temps : je suis maître de l'Angleterre. Si au contraire mes amiraux hésitent, manœuvrent mal et ne remplissent pas leur but, je n'ai d'autre ressource que d'attendre l'hiver pour passer [*la Manche*] avec ma flottille. L'opération est hasardeuse, elle le serait davantage si, pressé par le temps, les événements politiques me mettaient dans l'obligation de passer d'ici au mois d'avril. [...] Dans cet état de choses, je cours au plus pressé : je lève mes camps et je fais remplacer mes bataillons de guerre par mes 3e bataillons, ce qui me donnera une armée assez redoutable à Boulogne, et, au 1er Vendémiaire [*23 septembre*] je me trouve avec 200 000 hommes en Allemagne et 25 000 hommes dans le royaume de Naples. Et je marche sur Vienne... »

Une fois en Autriche, Napoléon avait prévu de marcher sur Vienne par deux voies : par la Bavière, en suivant le cours du Danube, et par la Bohême-Moravie. Le champ de bataille qu'il avait choisi était la vaste plaine d'Austerlitz située entre Brünn et Olmütz, bordée à l'ouest par un grand ruisseau, le Goldbach, et dominée à l'est par le plateau de Pratzen, dont l'altitude était d'environ deux cents mètres. Son plan de bataille était le suivant : 1° laisser les troupes austro-russes, commandées par l'archiduc autrichien Charles et par le général Koutouzov, occuper le plateau ; 2° feindre de battre en retraite en passant le Goldbach et de marcher vers Vienne via la petite ville de Telnitz.

Quand il arriva sur le site d'Austerlitz avec ses troupes, le 29 novembre 1805, au lieu de s'installer sur le plateau pour dominer le champ de bataille, il *feignit* donc de battre en retraite devant les troupes autrichiennes et russes, les laissa occuper le plateau et déploya son armée en arrière du Goldbach, comme s'il avait l'intention de marcher sur Vienne. Les alliés tombèrent dans le piège, et voici comment, point par point, se déroula la bataille d'Austerlitz :

1. Le 29 novembre, les Austro-Russes avancent vers le plateau de Pratzen et Napoléon envoie son armée au-delà du Goldbach ;

2. Le 30 novembre, les Russes, commandés par Koutouzov, occupent le plateau tandis que les Autrichiens partent dans la plaine, vers Telnitz.

3. Le 2 décembre, vers 7 h 30 du matin, les Autrichiens quittent le plateau et se ruent vers Telnitz et les villages voisins (occupés par Davout), pour être en mesure de barrer la route de Vienne aux Français.

4. Vers 8 h 30 du matin, pendant ce combat, Napoléon, *profitant* du brouillard très dense qui noie la vallée du Goldbach et les flancs du plateau de Pratzen, envoie Soult vers le plateau.

5. Une demi-heure plus tard, vers 9 heures, le brouillard d'Austerlitz commence à se dissiper et les Austro-Russes constatent l'avance des Français sur le plateau, qu'ils tentent de reconquérir ; le combat dure jusqu'à la tombée du jour (c'est-à-dire jusqu'à environ 16 heures : n'oublions pas que nous sommes presque en hiver)

6. Vers 16 heures, la nuit est tombée, les Austro-Russes ne sont pas parvenus à reprendre Pratzen et ils doivent se replier dans la nuit : Napoléon a gagné la bataille grâce à la manœuvre qu'on appellera dorénavant la « *manœuvre d'Austerlitz* » et qui n'était qu'un « *coup de poker* » comme

l'écrit Jacques Garnier, spécialiste de l'histoire des batailles napoléoniennes. En effet, cette manœuvre qui consistait à laisser le plateau de Pratzen à l'ennemi, l'attirer à Telnitz et profiter du brouillard ne pouvait réussir que sous trois conditions : 1° que les Austro-Russes tombent dans le piège de Napoléon qui les attirait à Telnitz et dégarnissent le plateau ; 2° que le brouillard d'Austerlitz fasse son apparition au bon moment ; 3° qu'il se maintienne suffisamment longtemps pour permettre aux Français d'escalader les flancs du plateau sans être vus. Quelle pythonisse pouvait prévoir tout cela ? C'est donc une imposture que de qualifier de « *géniale* » la manœuvre victorieuse de Napoléon à Austerlitz : l'empereur y a simplement joué au loto (avec la vie des soldats de sa Grande Armée)... et il a gagné le gros lot ! Mais il aurait pu tout aussi bien perdre. C'est pour cette raison que l'on peut parler ici d'une *imposture*, non pas de sa part, mais de celle des historiens qui lui attribuent la réussite de la manœuvre d'Austerlitz alors qu'elle n'est due qu'à un concours de circonstances dont il n'était pas le maître.

* **Iéna** (14 octobre 1806, au cours de la campagne de Prusse)

La victoire d'Iéna ne fut pas due à un « pari » de Napoléon, comme celle d'Austerlitz, mais à une erreur malchanceuse des Prussiens. Le 13 octobre Napoléon, à la tête de sa Grande Armée au grand complet, atteignait la verte vallée de la Saale, à proximité de la ville d'Iéna, alors célèbre depuis trois siècles par son université ; il ignorait que le roi de Prusse et ses généraux, craignant d'être encerclés dans cette vallée relativement étroite, avaient décidé de se retirer et que l'armée prussienne s'était imprudemment divisée en deux colonnes, respectivement commandées par le duc de Brunswick et le prince de Hohenlohe. Napoléon, croyant avoir devant lui l'armée prussienne au grand complet, attaque la colonne de Hohenlohe, dont il vient à bout sans mal, et envoie l'un de ses lieutenants, Davout, vers la ville voisine d'Auerstedt pour la prendre à revers, mais celui-ci tombe sur la deuxième colonne prussienne, qu'il écrase sans mal.

* **La campagne de Pologne** (1806-1807)

Cette campagne menée contre les Russes fut très mal préparée et, selon le mot de Napoléon lui-même, ce fut une boucherie inutile. Il se trouva que les forces du tsar Alexandre Ier furent vaincues à Eylau le 8 février 1807, à Friedland le 14 juin suivant, mais ces deux victoires n'impliquèrent aucune prouesse particulière des forces françaises qui se trouvaient à égalité numérique avec leurs adversaires (la Grande Armée comptait entre cinquante-cinq et soixante mille hommes, commandés par Davout, Soult, Augereau et Murat, et devait être rejointe par environ deux ou trois unités supplémentaires ; les Russes avaient une très légère supériorité numérique). Les pertes humaines furent énormes dans les deux camps (environ 50 % des effectifs) et il n'y eut ni véritable vainqueur, ni véritable vaincu. Certes, le 21 juin, le tsar demandait l'armistice et la paix fut signée à Tilsit le 8 juillet 1807, mais ce n'était qu'une simple trêve, lourde de guerres futures, qui prévoyait le démembrement de la Russie et la résurrection de la Pologne, à laquelle Alexandre Ier ne risquait pas de souscrire.

*** Le blocus continental contre l'Angleterre** (1807)

L'ennemi le plus dangereux de la France napoléonienne était cependant le plus difficile à vaincre, car il s'agissait de l'Angleterre, que protégeait des invasions son insularité. Napoléon décida de l'asphyxier économiquement en organisant le *blocus continental*, initiative qui l'entraîna dans une politique de guerres et d'annexions, en particulier à deux interventions militaires qui devaient lui être fatales, l'une contre le Portugal (en 1807) et l'autre en Espagne (en 1808) : l'empereur y détrôna les deux dynasties régnantes, nomma son frère Joseph roi d'Espagne et dut faire face ensuite à une longue et meurtrière *guérilla* dans la péninsule Ibérique qui, soutenue par un corps expéditionnaire anglais que dirigeait Wellington, eut finalement raison de la Grande Armée.

*** La campagne contre l'Autriche et l'Allemagne** (1809)

Elle fut marquée par les batailles d'Essling (21-22 mai) et de Wagram (4-6 juillet). La première fut perdue par Napoléon, qui cherchait un passage sur le Danube (alors en crue) pour atteindre Vienne, quant à la seconde elle ne fut pas décisive militairement car l'archiduc d'Autriche, Charles de Habsbourg, put s'échapper et se réfugier en Bohême, mais elle fut suivie du traité de Vienne, signé le 14 octobre 1809, et du mariage, le 1er avril 1810, de Napoléon avec la fille de l'empereur d'Autriche, Marie-Louise, destiné à fonder une dynastie Bonaparte, l'impératrice Joséphine n'ayant pas donné d'héritier à l'empereur ; un enfant – Napoléon II, le *roi de Rome*, devait naître de cette union le 20 mars 1811. Le rapprochement inattendu franco-autrichien qui eut lieu après Wagram et la création du grand-duché de Varsovie par Napoléon, qui laissait présager une renaissance de la Pologne que s'étaient partagée jadis l'Autriche et la Russie, entraîna inévitablement la rupture de l'alliance franco-russe qui avait été conclue après Erfurt.

*** La campagne de Russie** (1812)

Cette campagne fut la maladroite et mortelle conséquence du rapprochement franco-autrichien après la bataille de Wagram et de la création par Napoléon du duché de Varsovie qui laissait présager la renaissance de l'État polonais, ce qui détermine le tsar à renouer une coalition avec les Anglais contre Napoléon. La guerre franco-russe éclata au mois de juin 1812. Napoléon lança contre la Russie une Grande Armée de près de huit cent mille hommes qui partirent – à pied ou à cheval – de Paris pour Moscou, et il fit dans cette campagne les mêmes erreurs que fera Hitler en juin 1941 : il partit vers Moscou avec une armée sans service sanitaire ni services d'intendance. L'inefficacité totale de Napoléon en matière de stratégie – c'est-à-dire en matière d'organisation et d'utilisation du cadre spatio-temporel d'un conflit – se manifesta alors cruellement, car il manquait d'informations géographiques certaines. Il n'avait à sa disposition, en la matière, qu'un atlas de Russie rapporté quelques années auparavant de Varsovie par le peintre et cartographe Bacler d'Albe (1762-1824) qu'il avait nommé, à son retour d'Égypte, directeur de ses services topographiques. Lors de la campagne de Russie, celui-ci dressait chaque jour l'esquisse des mouvements de troupes projetés pour le lendemain mais, épuisé par un tel travail, il ne put résister aux fatigues toujours croissantes de cette folle aventure militaire, dont les points forts furent le franchissement du Niémen (24 juin 1812), la prise de Vilna (26 juin), la bataille de la Moskova (5-7 septembre 1812) et le passage de la Bérézina (28-29 novembre) qui coûta à Napoléon une bonne partie de sa Grande Armée (vingt-cinq mille hommes). Le flambeau du guerrier Napoléon Bonaparte, qui avait fait illusion pendant dix-neuf ans, s'éteignit et le désastre de Russie fut pour lui, selon le mot célèbre de Talleyrand, « *le commencement de la fin* ».

*** Une imposture majeure : le mensonge des historiens traditionnels sur Waterloo** (16-18 juin 1815)

Pourquoi donc Napoléon a-t-il perdu la bataille de Waterloo – baptisée mensongèrement et avec grandiloquence « *la bataille des nations* » par les historiens français traditionnels, qui l'ont dépeinte comme un affrontement gigantesque opposant la Grande armée de Napoléon aux forces de l'Europe coalisées, lesquelles ont mis fin ce jour-là à la carrière du plus grand fauteur de guerre de tous les temps ?

Le récit en quelque sorte officiel de cette fameuse bataille a été publié dans *La Campagne de 1815*, un ouvrage écrit à Sainte-Hélène par le général Gourgaud (1783-1852), qui y avait sans doute fait tirer les derniers coups de canon, mais il n'éclaire en rien les causes de la défaite de Napoléon qui disposait de tout ce qu'il fallait pour vaincre – une armée de cent vingt-quatre mille hommes, et suffisamment expérimentée pour affronter victorieusement les armées ennemies alliées (cent vingt-quatre mille Prussiens sous les ordres de Blücher, quatre-vingt-quinze mille Anglais et Hollandais commandés par Wellington), deux cent soixante-six pièces d'artillerie, des armes et des munitions en quantité, des généraux de qualité et le même enthousiasme qu'à Austerlitz. Comment donc a-t-il fait pour perdre à Waterloo ?

La version traditionnelle, communément admise, et à laquelle nous venons de faire allusion, explique sa défaite par le fait que ses principaux généraux n'ont pas obéi à ses ordres stratégiques ou sont arrivés trop tard sur le lieu de la bataille ; une analyse méticuleuse des événements va nous montrer que cette version est une monstrueuse imposture, à mettre au compte de l'empereur, lui-même débiteur une fois de plus vis-à-vis de la vérité historique.

Replaçons d'abord cette bataille dans son contexte historico-guerrier. Nous sommes en 1814 ; Napoléon, vaincu par les nations européennes coalisées, a dû abdiquer sans conditions le 6 avril, il a fait à sa Grande Armée – du moins à ce qu'il en restait – les « *adieux de Fontainebleau* » le 20 avril et il s'est retiré sur la petite île d'Elbe, située au large de Bastia, dont les alliés lui ont accordé la souveraineté à la condition qu'il y reste. La paix est revenue en Europe et la France a retrouvé la dynastie des Bourbons en la personne du piètre Louis XVIII. Cependant, on le sait, ce n'était pas la véritable fin de l'aventure napoléonienne : le 26 février 1815, Napoléon s'enfuyait de l'île d'Elbe, débarquait à Golfe-Juan et, le 7 mars, les troupes se ralliaient à lui dans le défilé alpin du Laffrey tandis que les Alliés, dont les représentants politiques et militaires étaient en train de négocier les conditions du traité de Vienne, reprenaient la route des champs de bataille vers la Belgique. Le 9 juin était signé l'Acte final du congrès de Vienne et, le 12 juin, Napoléon quittait Paris pour la Belgique.

1. *Le jeudi 15 juin*, Napoléon passe la Sambre à la

hauteur de Charleroi avec ses troupes (cent vingt-quatre mille hommes) : il a choisi de combattre les deux armées ennemies l'une après l'autre. Au moment où il franchit le fleuve avec ses troupes, un ancien Vendéen, le général comte de Bourmont (1773-1846), royaliste avéré que l'empereur avait maintenu en activité à la prière de Ney, déserte et court prévenir les avant-postes prussiens de l'approche de l'armée française, dont l'aile droite est commandée par le général Drouet d'Erlon et l'aile gauche par Kellermann. Le plan de bataille de Napoléon est simple : il a décidé d'attaquer d'abord les Prussiens, contre lesquels il envoie l'aile gauche de son armée, et les Anglais ensuite, vers lesquels il enverra sa cavalerie.

2. *Le vendredi 16 juin*, aux alentours de 9 heures, Napoléon se porte donc contre l'armée prussienne, commandée par Blücher, avec l'aile droite de son armée commandée par Drouet ; mais il doit y attendre les troupes de Grouchy qui ne sont pas encore arrivées sur le champ de bataille en raison du mauvais état des routes détrempées par la pluie.

3. Napoléon lance alors vers les Prussiens trente mille de ses hommes. Il ne lui reste plus que soixante-quatorze mille hommes et deux cent soixante-six pièces d'artillerie pour faire face à l'armée anglo-hollandaise de Wellington ; mais il est confiant car il attend les renforts qui lui ont été annoncés. On lui apprend ensuite que l'ennemi attend lui aussi des renforts et n'attaquera donc pas immédiatement.

4. Napoléon recule à nouveau le commencement de la bataille, initialement prévu pour 9 heures du matin, de deux ou trois heures ; une partie des troupes qu'il attend n'étant pas encore arrivée, ses hommes utilisent ce délai pour se mettre en formation de bataille (deux lignes de combattants, une troisième ligne de réserve).

5. Le plan initial de l'Empereur est de fixer les deux ailes de l'armée anglaise et d'enfoncer ensuite son centre : cette première attaque est confiée au général Drouet d'Erlon, qui commande la première ligne et qui attaque au centre à partir de 9 heures tandis que Jérôme Bonaparte se porte un peu plus tard (vers 11 h 30) à l'attaque de la ferme-château d'Hougoumont, qui se trouve face à l'aile gauche de l'armée impériale. Les renforts prussiens, que commande Blücher, ne sont pas encore arrivés.

6. À midi, ou un peu avant midi, le combat s'engage. Napoléon lance les divisions de son aile droite, commandées par Drouet d'Erlon, vers Papelotte.

7. À 15 h 30 environ, Grouchy reçoit l'ordre de marcher sur Wavre (ordre parti à 10 heures) ; il y obéit immédiatement.

8. À 17 heures, Grouchy reçoit un ordre de confirmation, qui est parti du quartier général de l'Empereur à 13 h 30, et parvient en contact avec deux divisions prussiennes, commandées par Thielmann.

9. Pendant ce temps, à Waterloo, Ney a reçu (à 13 h 30) l'ordre de déclencher l'attaque principale, vers Hougoumont, mais elle échoue et coûte cinq mille hommes à la Grande Armée ; les divisions françaises ne sont pas repoussées, mais elles n'avancent plus. À ce stade de la bataille de Waterloo (17 heures), tous les efforts de Napoléon contre le centre ennemi ont échoué et il n'a plus assez de troupes pour attaquer simultanément le centre ennemi et son aile droite ; de plus, il a déjà perdu cinq mille hommes. Aucune manœuvre subtile ne peut compenser une telle infériorité numérique et l'on peut dire qu'à 17 heures les jeux sont faits : les Anglo-Prussiens sont virtuellement vainqueurs.

10. Il est 19 heures, tous les efforts de Napoléon pour percer le centre ennemi ont échoué et il n'a plus que la Garde en réserve ; c'est maintenant au corps prussien, commandé par le général Ziethen, de pénétrer sur le champ de bataille. La phase du combat est devenue critique et Napoléon, qui n'a plus que deux ou trois bataillons de disponibles, appelle la Garde, qui était restée jusque-là en réserve, tandis que les Prussiens de Blücher entrent à leur tour sur le champ de bataille.

11. Il est 19 h 30 : l'attaque de von Bülow a échoué et Napoléon fait donner ses dernières réserves ; trois bataillons de la Garde restent auprès de l'empereur, qui ordonne la charge finale. Il lance maintenant les cinq bataillons de grenadiers et de chasseurs de la Garde, qu'il tenait en réserve pour ce combat de la dernière chance, mais le feu nourri des Anglais, toujours aussi efficace, en couche plus de la moitié à terre. C'est alors qu'à l'extrême droite de l'aile droite française, vers Papelotte, le canon tonne : « *Voilà Grouchy !* » crie-t-on de toutes parts. Mais ce n'est pas Grouchy, c'est le deuxième corps de l'armée prussienne, commandé par le général Ziethen, qui entre dans la bataille tandis que l'armée anglaise dégringole les pentes du mont Saint-Jean. Le désastre des Français, pris en tenaille entre les Anglais, qui les assaillent de face, et les Prussiens, qui les attaquent sur leur droite, est complet : alors, toutes armes confondues, les fantassins, les dragons et les grenadiers Français battent en retraite, poursuivis par les Prussiens : la victoire des Anglais à Waterloo est totale.

Le déroulement et surtout la conclusion de cette bataille mémorable ont été mille fois commentés avec une mauvaise foi invraisemblable par les historiens traditionnels, par les poètes et par les romanciers comme un événement dramatique gigantesque au cours duquel le Destin aurait brisé d'un geste la carrière militaire de Napoléon que non seulement les napoléonomaniaques, mais aussi quantité d'historiens et surtout nombre de guerriers professionnels considèrent comme l'un des plus grands guerriers de tous les temps. Ont-ils vraiment raison ?

Au risque de choquer nombre de lecteurs, je m'avancerai à dire qu'ils ont totalement tort. La plupart des guerres de Napoléon ont été des guerres subies, face à des coalitions européennes, ce qui faisait d'elles des guerres perdues d'avance ; dans de telles circonstances, un bon guerrier ne les engage pas, à moins d'y être forcé, et un bon chef d'État non plus : à Waterloo, Napoléon n'a pas perdu une bataille, il a définitivement perdu la guerre qu'il avait déclarée à l'Europe.

*
* *

La défaite de Waterloo, le 18 juin 1815, était sans précédent non seulement dans l'histoire de l'Empire, dont elle marquait irrémédiablement la fin, mais aussi dans l'histoire de la France. Celle-ci fut néanmoins admise – par charité pourrait-on dire – à participer aux conférences du Congrès de Vienne qui s'était ouvert le 1er novembre 1814 (sept mois après l'abdication sans conditions de Napoléon, le 6 avril de la même année, et les adieux de Fontainebleau qui l'avaient suivie) et qui avait pour but de réorganiser l'Europe et ses frontières bouleversées par les guerres de la Révolution et de l'Empire.

À vrai dire – et c'est là une imposture de plus à inscrire

au palmarès des historiens amateurs ou journalistiques –, ce congrès ne fut jamais véritablement ouvert : il n'y eut jamais de séance plénière où les représentants de tous les États intéressés auraient été réunis et auraient réglé en commun, ne serait-ce que par un vote, les questions soulevées. Il y eut simplement des séances de commissions particulières à l'issue desquelles ne furent signés que des traités séparés. Ceux-ci furent ensuite assemblés et contresignés par les différentes puissances intéressées sous le nom d'*Acte final du Congrès de Vienne*, daté du 9 juin 1815, lequel acte fut complété par un *Second traité de Paris*, daté du 20 novembre 1815. L'ensemble de ces traités conféra aux cinq grandes puissances concernées (l'Angleterre, l'Autriche, la France, la Prusse et la Russie) des frontières qui ne furent bouleversées qu'à partir du règne de Napoléon III, et à la suite des guerres européennes et mondiales nées d'une part des revendications territoriales que firent valoir ultérieurement – à tort ou à raison – l'Allemagne, la France et l'Italie, et, d'autre part, au XXe siècle, des politiques expansionnistes de certains États et de la naissance de nouvelles idéologies.

– Fin du tome I –

Chronologie des principaux événements de l'histoire de France, de Vercingétorix à Napoléon

I – L'ARRIVÉE EN GAULE DES « BARBARES » GERMANIQUES

121 Voyage en Gaule de l'empereur romain Hadrien (117-138, successeur de Trajan).

162 Premières incursions germaniques dans l'est de la Gaule, sous le règne de l'empereur Marc Aurèle (121-180).

250 Les Francs arrivent sur le Rhin ; les Alamans en Alsace.

258-68 L'imperator des Gaules, Postumus, repousse les premières invasions franques.

259 Premières bagaudes (révoltes) en Gaule.

306 Campagnes de l'empereur Constantin contre les Francs et les Alamans.

450 Attila et ses Huns envahissent l'Occident.

418-51 Règne de Théodoric Ier, premier roi des Wisigoths (« Goths de l'Ouest ») connu.

451 Le Romain Ætius et les Wisigoths battent les Huns aux Champs Catalauniques. Les Burgondes s'installent dans la vallée du Rhône.

460-72 Olybrius, gouverneur des Gaules.

476 Romulus Augustule, dernier empereur romain d'Occident.

II – La fin de la Gaule romaine et le temps des Mérovingiens

481 Clovis (465-511), fils de Childéric Ier (v. 436-481) lui-même fils de Mérovée, roi des Francs Saliens.

498 Conversion de Clovis au christianisme.

511 À la mort de Clovis, ses fils (Childebert Ier, Clotaire Ier, Thierry Ier) se partagent le royaume des Francs, dorénavant appelé France, en trois royaumes : l'Austrasie, la Neustrie et la Bourgogne.

531-41 Règne de Childebert Ier roi des Francs ; son territoire contient Paris) ; les Francs conquièrent la Thuringe et repoussent les Wisigoths en Espagne.

533-34 Les Francs conquièrent le royaume burgonde.

536-37 Les Francs conquièrent la Provence.

543-46 À Lutèce fondation du monastère Sainte-Croix-Saint-Vincent, future abbaye Saint-Germain-des-Prés.

511-61 Règne de Clotaire Ier, qui parvient à conférer une certaine unité aux trois royaumes francs et devient seul roi des Francs ; à sa mort, ses trois fils se partagent son royaume.

561-84 Règne de Chilpéric Ier, fils du précédent et petit-fils de Clovis, roi de Soissons ; épouse Frédégonde. Invasion de la Gaule par les Avars (568), les Lombards (569-575), et les Bretons (de Grande-Bretagne) qui envahissent les pays de Rennes et de Nantes).

570-95 Règne de Childebert II, qui soumet les Gascons.

584-629 Règne de Clotaire II, roi de « tous les Francs » en 613.

629-38 Règne de Dagobert Ier. Guerres entre les Francs.

640 Mort de Pépin de Landen, dit Pépin le Vieux, maire du palais d'Austrasie et fils d'un certain Carloman dont on ne sait rien. Trois ans plus tard son fils Grimoal, lui succède, mais on ignore ce qui s'est passé entre 640 et 643.

673-75 Début des divisions dans les royaumes mérovingiens : les Aquitains proclament leur indépendance, dans chaque royaume les grands se révoltent et, peu à peu, des guerres vont éclater entre eux. Pépin d'Héristal, maire du palais d'Austrasie, est vaincu par Ébroïn, maire du palais de Neustrie.

689 Naissance de Charles Martel, fils de Pépin d'Héristal, souche de la dynastie des Carolingiens. Il soumettra la Neustrie, combattra les envahisseurs saxons, contrôlera la Frise et la Bavière, repoussera les Sarrasins de Provence et s'assurera la subordination de l'Aquitaine.

687-751 Dans chacun des royaumes francs (l'Austrasie, la Neustrie et la Bourgogne) va naître un embryon d'organisation politique. Apparaissent alors les fonctions administratives de maire du palais, de maréchal et de sénéchal du palais.

III – LA FRANCE DES CAROLINGIENS (741-987)

741 Mort de Charles Martel. Révolte générale des Francs contre ses fils. Carloman (741-747), administrateur de l'Austrasie.

715-68 Règne de Pépin le Bref, roi d'Austrasie en 747, proclamé roi de tous les Francs en 751, avec l'assentiment du pape Zacharie.

742 Naissance à Aix-la-Chapelle du futur Charlemagne, fils aîné de Pépin le Bref, qui avec l'aide de Carloman soumettra les Aquitains et les Alamans et édifiera l'empire franc.

743 Rétablissement sur le trône du dernier roi mérovingien.

743-46 Soumission des Bavarois et à nouveau des Alamans.

747 Carloman abdique ; Pépin le Bref reste seul maire du palais.

751 Pépin le Bref élu roi des Francs à l'assemblée des Francs de Soissons ; il se fait sacrer par saint Boniface.

751-68 Règne de Pépin le Bref, marqué essentiellement par les guerres qu'il entreprend contre les Aquitains, les Alamans et les Saxons.

768 Mort de Pépin le Bref ; ses deux fils, Carloman et Charles, se partagent son royaume.

771 Mort de Carloman ; Charles reste seul roi des Francs jusqu'à sa mort, en 814 ; on l'appellera, en latin, « *Carolus Magnus* » (« Charles le Grand »), dont nous avons fait, en français, Charlemagne (né le 2 avril 742, mort le 28 janvier 814).

772 Soumission des Saxons.

774 Charlemagne vainqueur des Lombards, maître de l'Italie.

775 Expédition contre les Saxons, sur les rives de la Weser.

776 Nouvelle expédition contre les Saxons.

785 Charlemagne soumet les Frisons.

789-90 Création de la marche de Bretagne (Angleterre).

796 Charlemagne soumet les Avars (en Hongrie actuelle).

799 Il soumet les Saxons et rattache la Saxe à l'État franc, mais ce rattachement sera régulièrement remis en question par les Saxons, qu'il ne parviendra pas à soumettre.

800 *25 décembre* : Charlemagne couronné empereur, à Rome, par le pape Léon III. Il instaure une patiente politique d'entente pacifique avec les chefs anglais.

812 L'empereur byzantin reconnaît Charlemagne comme *basileus* (roi) des Francs.

813 Charlemagne fait couronner son fils Louis Ier le Pieux.

814 *28 janvier :* mort de Charlemagne, ses fils vont se partager son empire.

814-40 Règne de Louis Ier le Pieux ou le Débonnaire.

816 Étienne IV pape. Couronnement de Louis Ier à Reims.

818 Répression de la révolte de Bernard, roi d'Italie.

v. 820 Élimination des anciens ministres de Charlemagne.

823 Naissance de Charles II le Chauve, fils de Louis le Pieux

v. 830 L'aristocratie franque contre Louis le Pieux.

833 Louis Ier détrôné par son fils aîné, Lothaire.

838 Louis Ier couronne son plus jeune fils Charles II le chauve, né de son second mariage (avec Judith de Bavière).

839 Nouveau partage de l'Empire.

840 *20 juin :* mort de Louis Ier le Pieux. Ses fils, Charles II le Chauve, Louis le Germanique (v. 805-876), Lothaire Ier (né en 795) empereur, Pépin II (838- 843) et Louis II le Bègue (805-876) se disputent le pouvoir.

841 Bataille de Fontenoye-en-Puisaye entre les fils de Louis le Pieux.

841-48 Premières incursions des Normands sur les côtes de la Manche.

842 Les Sarrasins pillent Arles. *14 février* : Serment de Strasbourg confirmant l'entente de Charles le Chauve avec Louis le Germanique.

843 Traité de Verdun partageant l'Empire franc entre les trois prétendants : Lothaire reçoit le titre d'empereur, l'Italie et un territoire allant de la Provence à la mer du Nord avec deux capitales (Rome, Aix-la-Chapelle) ; Louis le Germanique obtient les pays allemands à l'est du Rhin et la Bavière ; Charles le Chauve les pays de langue romane à l'ouest du Rhône. Ainsi naissent les trois États qui deviendront l'Italie, l'Allemagne et la France. Charles le Chauve reconnaîtra plus tard l'indépendance de « l'île » de Bretagne, à savoir de l'Angleterre actuelle.

847 Élection du pape Léon IV.

848 Sacre de Charles le Chauve à Orléans.

849 Charles le Chauve reprend Toulouse.

855-61 Les Normands ravagent l'Île-de-France.

858 Élection du pape Nicolas Ier.

858-59 Louis le Germanique échoue dans une tentative d'invasion de la France.

861 Robert le Fort, « duc » entre Seine et Loire.

863 Les Normands envahissent l'Auvergne ; Charles le Chauve en Aquitaine ; Lothaire II s'empare du Lyonnais.

866 Robert le Fort bat les Normands à Brissarthe.

869 Mort de Lothaire II ; ouverture de la succession de Lorraine.

870 (août) Traité de Meersen ; accroissement des terres de Charles le Chauve et de Louis le Germanique.

872 Jean VIII élu pape après la mort de Léon IV.

875 Mort de Louis II de Provence. Charles le Chauve couronné empereur par le pape (août).

877-84 Mort de Charles le Chauve (octobre 877), puis règnes de Louis le Bègue (877-879), de Louis III (879-882) et de Carloman II (879-884).

884-87 Règne de Charles III le Gros.

887 Déposition de Charles III le Gros.

888-98 Eudes élu roi de France contre Charles le Simple.

893 Charles le Simple couronné roi de France par l'évêque Foulque de Reims. Guerre civile entre les partisans des deux rois.

897 Paix entre Charles le Simple et Eudes, qui meurt l'année suivante (en janvier 898) et que l'on peut considérer comme le dernier Carolingien.

IV – La France des Capétiens directs (987-1328)

987-96 Règne de Hugues Capet, descendant de Robert le Fort.

996-1031 Règne de Robert II le Pieux, fils d'Hugues Capet, qui conquiert la Bourgogne et les comtés de Dreux et de Melun.

1031-60 Règne de Henri Ier ; en rivalité avec Guillaume de Normandie, qui l'emporte à la bataille de Mortemer (1054).

1060-1108 Règne de Philippe Ier : Pierre l'Ermite prêche la Première Croisade (1096), qui échoue, et Godefroi de Bouillon organise la Croisade des chevaliers (1097-1099).

1108-37 Règne de Louis VI le Gros (fils de Philippe Ier et de Berthe de Hollande) marqué par la pacification du domaine royal, une guerre contre le roi d'Angleterre Henry Ier et surtout par la participation de l'abbé Suger au gouvernement du royaume à partir de 1132.

1137 Mariage de Louis VII, fils de Louis VI, avec Aliénor d'Aquitaine, dont les territoires sont très étendus.

1137-80 Règne de Louis VII le Jeune, régence de l'abbé Suger (mort en 1151).

1141-44 Invasion de la Normandie par le roi d'Angleterre, Geoffroy Plantagenêt.

1152-77 Aliénor d'Aquitaine divorce et épouse, en 1154, Henry Plantagenêt, roi d'Angleterre, qui refuse de se reconnaître le vassal de Louis VII. La guerre va bientôt éclater entre eux (1177), puis la paix s'installe pour dix ans entre les deux royaumes.

1180-1223 Règne de Philippe II Auguste, fils de Louis VII et d'Adèle de Champagne, époux d'Isabelle de Hainaut.

1187 Philippe Auguste reprend la guerre contre Henry II Plantagenêt, son vassal aquitain récalcitrant.

1189 Victoire française sur les Anglais à Azay-le-Rideau.

1189-92 Troisième Croisade conduite par Philippe Auguste, Richard Cœur de Lion et Frédéric Barberousse, pour reconquérir Jérusalem sur le sultan Saladin, qui l'avait prise en 1187 ; échec des croisés.

1193-94 Guerre de Philippe Auguste contre Richard Cœur de

Lion : victoire des Anglais et trêve de Verneuil entre la France et l'Angleterre.

1193 Philippe Auguste épouse Isambour de Danemark qu'il répudiera bientôt pour épouser Agnès de Méran (1196).

1197 Coalition féodale contre Philippe Auguste, qui est battu à Ypres, puis à Gisors (1198).

1199-1200 Mort en 1199 de Richard Cœur de Lion auquel succède Jean sans Terre (1199-1216), qui conclut avec la France la paix du Goulet et le traité de Péronne.

1202 Philippe Auguste reconquiert la Normandie, le Maine, la Touraine, l'Anjou et le Poitou sur Jean sans Terre.

1202-04 Quatrième Croisade, prêchée par Foulques de Neuilly et conduite par Boniface de Montferrat ; les Croisés s'emparent de Constantinople et fondent l'Empire latin de Constantinople.

1208-09 Début de la Croisade contre les Albigeois dans le sud-ouest de la France, à l'instigation de saint Dominique, prêchée par Innocent III : sac de Béziers par Simon de Montfort (« Dieu reconnaîtra les siens ! »).

1214 Naissance de Saint Louis. Victoire de Philippe Auguste à Bouvines sur l'empereur Otton IV.

1219-21 Échec de la Cinquième Croisade, décidée au Latran.

1223 Mort de Philippe Auguste (14 juillet 1223).

1223-26 Règne de Louis VIII le Lion, fils de Philippe Auguste et d'Isabelle de Hainaut, époux de Blanche de Castille. Il va régner à peine le temps de conquérir le Poitou et la Saintonge et d'obtenir du comte de Montfort qu'il lui cède ses droits sur le Languedoc : il se trouve être ainsi, dès le début de son règne, le roi de France le mieux apanagé ; mais il meurt le 8 novembre 1226, sans doute d'une maladie épidémique qui ravageait la France cette année-là.

1226-70 Règne de Louis IX ou Saint Louis, fils de Louis VIII le Lion et de Blanche de Castille.

1226-42 Régence de Blanche de Castille.

1229 Fin de la Croisade contre les Albigeois dans le Sud-Ouest.

1234 Saint Louis épouse Marguerite de Provence.

1248-54 Septième Croisade, après la reprise de Jérusalem par les musulmans du Sultan d'Égypte ; Saint Louis ne rentrera en France qu'en 1254.

1258 Traité de Corbeil avec le roi d'Aragon.

1259 Traité de Paris avec le roi d'Angleterre.

1262 Philippe III le Hardi épouse Isabelle d'Aragon.

1270 Huitième et dernière Croisade ; mort de Saint Louis devant Tunis.

1270-85 Règne de Philippe III le Hardi (fils de Saint Louis et de Marguerite de Provence).

1271 Philippe III hérite le comté de Toulouse.

1274 Philippe III épouse Marie de Brabant.

1274 Protectorat français imposé à la Navarre.

1279 Traité d'Amiens, restituant à l'Angleterre l'Agenais et une partie de la Saintonge.

1284 Le futur Philippe IV le Bel épouse Jeanne de Navarre.

1285 Philippe III le Hardi envahit l'Aragon.

1285-1314 Règne de Philippe IV le Bel, qui signe le traité de Paris avec l'Angleterre (1286), un accord avec Alphonse III d'Aragon (1287), ainsi que le traité de Tarascon avec l'Aragon (1291), interviendra en 1294 en Guyenne, qui est un fief anglais, limitera les droits de l'Inquisition dans son royaume (1295), mais y maintiendra les privilèges du clergé. Philippe le Bel prendra Lille (1297), et signe la paix de Montreuil avec la Flandre, qu'il annexe en 1300. Les États généraux approuvent sa politique vis-à-vis du pape, qui finira par l'excommunier.

1306 Philippe le Bel confisque les biens des Juifs de France.

1307-14 Poursuites contre les Templiers ; le concile de Sens ordonne la confiscation de leurs biens.

1314-16 Règne de Louis X le Hutin, fils de Philippe IV le Bel et de Jeanne de Navarre ; épouse Marguerite de Bourgogne, puis Clémence de Hongrie, mais le fils issu de cette union ne vit que quatre jours et la couronne passera au frère du roi, Philippe V le Long.

1316-22 Règne de Philippe V le Long, fils de Philippe le Bel, auquel on doit d'avoir terminé la guerre de Flandre (en 1320).

1322-28 Règne de Charles IV le Bel, fils de Philippe le Bel et frère des précédents, qui meurt sans descendance mâle. Dernier

Capétien direct, à sa mort, la couronne de France passera à son cousin germain Philippe VI de Valois, à l'origine de la quatrième dynastie de rois de France, dans laquelle on distingue la branche des Valois-Orléans qui comptera huit rois, de Philippe VI (1328-1350) à Louis XII (1498-1515), et celle des Valois-Angoulêmes, de François Ier (1515-1547) à Henri III (1574-1589).

V – La France des Valois directs (1328-1515)

1328-50 Règne de Philippe VI de Valois, fils de Charles de Valois et neveu de Philippe le Bel.

1329 Édouard III d'Angleterre, vassal de ce roi de France en qualité de duc de Guyenne, lui prête l'hommage lige que tout vassal doit à son suzerain.

1337 Édouard III retire son hommage à Philippe VI de Valois qui, en retour, prononce la saisie de la Guyenne pour ce « retrait d'hommage », incident équivalent à la rupture d'un traité et qui déclenche la « guerre de Cent Ans », qui fut non pas une guerre continue, mais une suite de périodes de guerres séparées par des périodes de paix plus ou moins longues.

1339 Siège de Cambrai par Édouard III, premier épisode de la guerre de Cent Ans.

1340 Défaite de la flotte française à la bataille de l'Écluse, premier combat naval de la guerre de Cent Ans.

1346 *26 août* : Bataille de Crécy (aujourd'hui : Crécy-en-Ponthieu) : première bataille terrestre de la guerre de Cent Ans, où la chevalerie française fut vaincue par les archers anglais.

1347 Prise de Calais par les Anglais et première trêve franco-anglaise.

1350-1364 Règne de Jean II le Bon. Il sera capturé à Poitiers par les Anglais et emprisonné à Londres, où il mourra le 8 avril 1364.

1356 *Juillet* : le Prince Noir envahit le Poitou. 19 septembre : bataille désastreuse de Poitiers ; Jean le Bon prisonnier à

Londres. Hiver : Étienne Marcel, prévôt des marchands, soulève les Parisiens contre la « mauvaise » monnaie royale.

1357 Le dauphin Charles (futur Charles V) nommé régent du royaume ; *22 mars* : trêve de Bordeaux avec l'Angleterre.

1358 *Janvier* : Étienne Marcel soulève Paris contre le dauphin et ouvre les portes de la ville aux Anglais (chassés par les Parisiens, qui tuent Étienne Marcel).

1359 Pourparlers de paix franco-anglais à Londres, mais le dauphin Charles V repousse les préliminaires proposés par Londres, selon lesquels Jean II le Bon (toujours prisonnier) devrait céder aux Anglais la moitié de son royaume en échange de sa libération. *28 octobre* : Édouard III débarque en force à Calais et va mettre le siège devant Reims, où il espère se faire sacrer roi de France ; mais, après un mois de siège, un orage décime son armée et détruit ses chariots. Il se dirige alors vers la Beauce et parvient dans le petit hameau de Brétigny, près de Chartres, où vont se dérouler les dernières tentatives de paix.

1360 *1er mai* : ouverture des négociations à Brétigny ; *9 mai* : signature des accords de Brétigny aux termes desquels Édouard III renonce au trône de France mais obtient les villes de Calais et de Ponthieu, ainsi que les provinces de la Saintonge, du Poitou, du Quercy, de l'Agenais, du Périgord et du Rouergue. *24 octobre* : Paix de Calais, confirmant les accords de Brétigny et mettant fin officiellement – mais hélas provisoirement – à la ruineuse guerre de Cent Ans.

1362 Élection du pape Urbain V (1362-1370), qui installe la papauté en Avignon.

1364-80 Règne du roi Charles V (qui sera surnommé « le Sage ») ; il était régent depuis 1356 et avait épousé Jeanne de Bourbon en 1350.

1364 *8 avril* : mort du roi Jean II le Bon à Londres, où il est en captivité. *29 septembre* : fin de la guerre de succession en Bretagne (traité de Guérande, en 1365).

1368 *Hiver* : reprise de la guerre franco-anglaise.

1370 Du Guesclin nommé connétable ; il reconquiert le Limousin.

1371-72 Charles V reprend le Poitou et la Saintonge.

1375 Trêve de Bruges entre la France et l'Angleterre.

1377 Mort du roi d'Angleterre, Édouard III, auquel succède Richard II.

1378 Élections des papes Urbain VI et Clément VII (début du Grand Schisme d'Occident).

1380 Mort de Du Guesclin, puis de Charles V.

1380-1422 Règne du roi Charles VI (qui sera surnommé « le Bien-Aimé »).

1382 Troubles sociaux en France (émeutes des Maillotins, des Hérelles et des Tuchins).

1384 Philippe le Hardi, duc de Bourgogne, devient comte de Flandre : sa puissance s'accroît d'autant que la maladie mentale de Charles VI affaiblit le pouvoir du roi, maintenant contrôlé par ses oncles.

1385 Charles VI épouse Isabeau de Bavière.

1388 Charles VI reprend le pouvoir à ses oncles et rappelle les conseillers de son père, les Marmousets.

1392 Aggravation de l'état mental de Charles VI ; le pouvoir est exercé par ses oncles.

1393 Bal des ardents.

1396 Début de la rivalité personnelle entre le duc de Bourgogne, Jean sans Peur (1371-1419), fils de Philippe II le Hardi, et le duc Louis d'Orléans (dit « de France » ou « de Valois », 1372-1407). fils du roi Charles V et donc frère puîné du roi Charles VI.

1404 Mort du duc de Bourgogne, Philippe le Hardi ; avènement de son fils Jean sans Peur à la tête du parti des Bourguignons et soutenu par les Anglais.

1407 *23 novembre* : Jean sans Peur fait assassiner Louis d'Orléans : début de la guerre civile entre Armagnacs et Bourguignons.

1412 Naissance de Jeanne d'Arc à Domrémy. Cession de la Guyenne aux Anglais par les Bourguignons.

1413 États généraux de Paris ; soulèvement des Cabochiens, qui chassent les Bourguignons de Paris. Mort du roi Henry IV de Lancastre à Londres ; son fils Henry V lui succède.

1414 Henry V, nouveau roi d'Angleterre, réclame l'héritage des Plantagenêts à la France.

1415 Paix d'Arras entre les Armagnacs et les Bourguignons. *25 octobre* : défaite de la chevalerie française à Azincourt.

1416-17 Jean sans Peur reconnaît le roi d'Angleterre Henry V comme roi de France. La reine, Isabeau de Bavière, adopte le parti des Bourguignons.

1418 *Mai* : les Parisiens accueillent dans Paris les partisans de Jean sans Peur.

1419 Henry V conquiert la Normandie.

1420 *21 mai* : Philippe III le Bon (duc de Bourgogne) signe avec Henry V d'Angleterre le traité de Troyes, aux termes duquel Henry V deviendrait roi de France en lieu et place du dauphin (le futur Charles VII) à la mort du roi Charles VI. *10 septembre* : le duc de Bourgogne, Jean sans Peur, périt dans un guet-apens organisé contre lui par les Armagnacs, sur le pont de Montereau, pour venger le meurtre du duc d'Orléans en 1407 (voir cidessus).

1422 *31 août* : mort du roi d'Angleterre, Henry V (de maladie, au château de Vincennes). 21 octobre : mort du roi de France, Charles VI (un seul prince suivit son convoi funèbre, ce fut un Anglais, le duc de Bedford, fils du roi Henry V, mort la même année). Charles VII dauphin de France, le duc de Bedford, régent, gouverne la partie du royaume de France occupée par le Anglais.

1423 Victoire écrasante des Anglo-Bourguignons sur les Français à Cravant.

1424 Victoire des Anglo-Bourguignons sur les Français à Verneuil ; trêve entre le dauphin Charles et le duc de Bourgogne, Philippe le Bon. À Domrémy, dans le jardin de son père, Jeanne d'Arc entend pour la première fois sa « Voix ».

1429 *23 février* : Jeanne d'Arc rencontre pour la première fois le dauphin Charles à Chinon. Combats devant Orléans durant le premier semestre de l'année : Dunois et les capitaines français prennent les bastides devant la ville (entre le 29 avril et le 8 mai) et chassent les Anglais des places qu'ils occupent sur la Loire. *18 juin* : dernière bataille du siège à Patay. *29 juin* : départ de « l'armée du sacre » pour Reims, où Charles VII est sacré roi le *17 juillet* ; retour de cette armée sur la Loire le *12 septembre.*

1422-61 Règne du roi Charles VII.

1430 *29 mai* : Jeanne d'Arc capturée par les Anglais devant Compiègne. *16 décembre* : le régent anglais fait couronner roi de France le fils d'Henry V, à savoir Henry VI.

1431 *30 mai* : après son procès, Jeanne est brûlée vive à Rouen.

1436 Charles VII reprend Paris aux Anglo-Bourguignons.

1441 Charles VII prend Pontoise et commence à progresser vers la Normandie.

1442 Henry VI et Charles VII acceptent la médiation du duc de Bourgogne pour envisager la fin de la guerre franco-anglaise.

1444 Accords de Tours : trêve entre Charles VII et Henry VI et définition d'un statut territorial entre la France et l'Angleterre.

1449 *24 mars* : un chef de bande, François de Surienne, enlève la place de Fougères pour le compte d'un seigneur anglais, rompant ainsi la trêve de Tours, et la guerre recommence : le *10 novembre* Charles VII reprend Rouen, et Honfleur quelques jours plus tard.

1450 *15 avril* : bataille de Formigny : Charles VII reprend définitivement la Normandie à l'Angleterre. *Août* : reprise de Cherbourg. *10 novembre* : entrée grandiose de Charles VII dans Rouen, à la tête de ses troupes.

1451-52 Reconquête de la Guyenne, pour laquelle était née la guerre un siècle plus tôt : Dunois reprend Bordeaux pratiquement sans combattre le 30 juin 1451, puis Bayonne le 20 août. La deuxième grande bataille de la guerre de Cent Ans, véritable revanche d'Azincourt, eut lieu devant Castillon, où Talbot, le chef de l'armée anglaise, trouva la mort.

1461-83 Règne du roi Louis XI, dont l'arme favorite était la négociation et non la guerre. En 1463, il se fait céder le Roussillon et la Cerdagne par Jean III d'Aragon.

1470 *Novembre* : Assemblée de Tours ; Louis XI récupère les villes de la Somme. Dans la même année, à Paris, la Sorbonne est dotée d'une imprimerie.

1472 Louis XI occupe la Picardie ; siège de Beauvais par Charles le

Téméraire : la ville est défendue, en particulier, par Jeanne Hachette.

1473 Entrevue de Trèves entre l'empereur germanique, Frédéric III, et le fils de Philippe le Bon, Charles le Téméraire (duc de Bourgogne), qui tente de se constituer une principauté puissante.

1474-75 Affaiblissement de la puissance bourguignonne ; *13 septembre 1475* : trêve entre Charles le Téméraire et Louis XI.

1477 *5 janvier* : mort de Charles le Téméraire au siège de Nancy ; le duché de Bourgogne devient une province française. Marie de Bourgogne, fille du Téméraire, épouse Maximilien de Habsbourg.

1480-81 Louis XI occupe le Barrois et l'Anjou, soumet la Franche-Comté et acquiert le Maine et la Provence.

1482 *23 décembre :* Négociation d'Arras entre le duc de Bourgogne et Maximilien de Habsbourg, qui renonce à ses prétentions sur la Bourgogne et la Picardie.

1483 *30 août* : mort de Louis XI à Plessis-lès-Tours, où il s'était retiré ; avènement de son fils Charles VIII qui n'a que treize ans.

1483-98 Règne du roi Charles VIII (sa sœur aînée, Anne de Beaujeu, étant régente durant sa minorité, de 1483 à 1419).

1484 *Janvier* : première réunion des véritables États généraux au niveau national et non plus provincial : y participent les envoyés des pays de langue d'oïl et ceux des pays de langue d'oc.

1491 Occupation de la Bretagne par les Français ; annulation du mariage autrichien d'Anne de Bretagne qui épouse en *décembre* le roi de France, Charles VIII.

1493 Henry VII met le siège devant Boulogne. Accord franco-autrichien (traité de Senlis) : le roi de France Charles VIII restitue le Roussillon au roi Ferdinand d'Aragon.

1494 Début de la campagne de Charles VIII en Italie. *Septembre* : il libère Pise de la tutelle de Florence.

1495 *22 février* : Charles VIII prend Naples, dans laquelle il entre en costume d'empereur byzantin, mais il doit en partir huit jours plus tard, en raison de la formation de la « ligue de Venise » par les cités italiennes, et il échoue devant Fornoue (*5 juillet*).

1496 *Février* : réaction des Napolitains, qui infligent une sévère défaite aux Français à Naples.

1498 *8 avril* : Mort de Charles VIII.

1498-1515 Règne du roi Louis XII, né à Blois en 1462, fils du duc Charles d'Orléans et de Marie de Clèves ; son père était le petit-fils du roi Charles V.

1499 Mariage de Louis XII avec Anne de Bretagne. *16 mars* : traité de Lucerne entre la France et la Suisse.

1503 Rupture de la France avec l'Aragon.

1506 États généraux de Tours : fiançailles de Claude de France (fille de Louis XII et d'Anne de Bretagne) avec François d'Angoulême, le futur François Ier.

1513 Louis XII signe une trêve avec Ferdinand d'Aragon.

1515 Mort de Louis XII et avènement de François Ier : la couronne passe des Valois directs aux Valois-Angoulêmes. L'un des premiers actes de ce roi est de créer un Parlement de Normandie.

VI – La France des Valois-Angoulêmes (1515-1594)

1515 Début de la campagne d'Italie. *13 septembre* : victoire de François Ier à Marignan. Paix perpétuelle avec les Cantons suisses. *14 décembre :* le roi se réconcilie avec le pape Léon X.

1516 Concordat de Bologne entre François Ier et le pape. Traité d'alliance de Noyon entre François Ier et Charles Quint.

1517 Le Parlement de Paris refuse d'enregistrer le Traité de Noyon ; François Ier l'y contraindra en 1518. Luther affiche ses *95 thèses* contre les Indulgences sur les portes de l'église de Wittenberg. François Ier choisit Duprat comme chancelier.

1519 Charles Quint élu « roi des Romains ». Début de la rivalité entre la maison des Habsbourg et la maison de France.

1520 *7 juin :* entrevue du camp du Drap d'Or, où François Ier rencontre Henry VIII d'Angleterre.

1521 Charles Quint prend Tournai.

1522 En Italie, défaite de La Bicoque : les Français sont chassés du Milanais. Les Anglais envahissent la Picardie.

1523 Le connétable de Bourbon passe à l'ennemi. Mort de Bayard à la bataille de la Sésia l'année suivante.

1524 Expulsion des hérétiques de Lyon. Le connétable de Bourbon envahit la Provence.

1525 *24 février :* en Italie, les Français sont battus à Pavie par Charles Quint ; François Ier prisonnier.

1526 Traité de Madrid avec Charles Quint. La France abandonne Naples, Milan et la Bourgogne.

1527 Marguerite d'Angoulême reine de Navarre.

1527 Nouvel échec du roi de France en Italie.

1529 Traité de Cambrai : la Bourgogne est restituée à la France par Charles Quint.

1530 François Ier épouse Éléonore, fille du roi d'Espagne.

1531 François Ier s'allie aux princes allemands (Ligue de Smalkalde).

1534 Affaire des Placards (affichage à Amboise, par les huguenots, d'un tract anticatholique, dans la nuit du 17 au 18 octobre).

1534 Jacques Cartier au Canada.

1535 Mort du chancelier Duprat (chancelier de la Justice) ; édit de Coucy (amnistie aux Réformés).

1536 Accords avec Constantinople et début de la prépondérance française au Proche-Orient. Charles Quint en Provence ; François Ier confisque la Flandre, l'Artois et le Charolais.

1538 Reprise des persécutions contre les réformés.

1539 Ordonnance de Villers-Cotterêts (le français substitué au latin dans les actes judiciaires et notariaux).

1541 Disgrâce de Montmorency.

1542 Reprise de la guerre en Italie : Charles Quint allié à Henry VIII contre la France, qui s'allie à la Turquie.

1544 Affranchissement des serfs du domaine royal. Amnistie pour les réformés. Traité de Crépy entre François Ier et Charles Quint (18 novembre) : le roi de France renonce à la Savoie, à la Flandre et à l'Artois ; Charles Quint renonce à la Bourgogne.

1545 Persécutions contre les hérétiques vaudois d'Avignon.

1546 Traité d'Ardres entre les rois de France et d'Angleterre : Henry VIII restitue la ville de Boulogne à François Ier.

1547 *31 mars* : mort de François Ier. Avènement de Henri II, époux (depuis 1533) de Catherine de Médicis (1519-1589), qui fut la mère de trois rois de France (François II, Charles IX et Henri III), puis régente à l'avènement de Charles IX, en 1560. Quant à Henri II, il subit non seulement l'influence autoritaire de sa femme et de l'entourage de cette dernière, mais aussi celle de sa maîtresse favorite, Diane de Poitiers.

1547 Rappel de Montmorency (disgracié en 1541). Révoltes paysannes en Guyenne. Rétablissement des « chambres ardentes » dans les parlements.

1548 Expédition française en Écosse dans le but d'enlever Mary Stuart.

1551 Henri II reprend la guerre en Italie contre le pape et prend position officiellement contre le concile de Trente.

1552 Occupation des évêchés de Metz, Toul et Verdun.

1554 Les Français perdent la Toscane.

1556 Abdication de Charles Quint. Son fils Philippe II lui succède, en particulier comme roi d'Espagne.

1557 François de Guise lieutenant général du royaume. Essor du parti protestant de la Réforme qui se dresse contre l'autorité royale. L'Angleterre et l'Espagne de Philippe II alliées contre la France.

1558 Conversion de l'amiral de Coligny à la religion protestante. François de Guise reprend Calais aux Anglais.

1559 *3 avril* : signature par Henri II des traités du Cateau-Cambrésis mettant fin aux guerres d'Italie. *2 juin* : Promulgation par Henri II de l'édit d'Écouen, réclamant la peine de mort pour les protestants ; traque des hérétiques (en principe, dans toutes les villes du royaume). *10 juillet :* mort d'Henri II (tué accidentellement dans un tournoi) ; la couronne revient à François II, fils aîné de Henri II et de Claude de France, né à Fontainebleau le 19 janvier 1543.

1560 *5 décembre* : mort à Orléans de François II, peut-être suite à un empoisonnement criminel. Charles IX, fils aîné de Henri II et de Catherine de Médicis, né à Saint-Germain-en-Laye le 27 juin 1550, lui succède. Il a dix ans lorsqu'il est sacré roi de France : la régence du royaume va être assurée par Catherine de Médicis jusqu'en 1570.

1562 *Janvier* : Charles IX promulgue l'Édit de Saint-Germain, accordant aux protestants la liberté de pratiquer leur religion, mais le Parlement de Paris refuse de l'enregistrer. *1er mars* : à Wassy (actuelle Haute-Marne), soixante protestants sont massacrés par les catholiques du village. Cette tragédie marque le début de la 1re guerre de religion, elle sera suivie du siège de Rouen et de la bataille de Dreux entre protestants et catholiques.

1563 *24 février* : assassinat du duc François de Guise par les protestants. *19 mars* : Édit de pacification d'Amboise et fin de la première guerre de religion. *28 juillet* : Réconciliation générale en vue de reprendre Le Havre aux Anglais.

1567 Tentative d'enlèvement par les protestants, près de Meaux, du roi Charles IX et de Catherine de Médicis.

1568 *23 mars* : paix de Longjumeau, mettant fin à la 2e guerre de religion.

1569 Début de la 3e guerre de religion. *13 mars* : bataille de Jarnac ; *3 octobre* : bataille de Montcontour.

1570 Paix de Saint-Germain mettant fin à la 3e guerre de religion, accordant aux protestants les places fortes de La Rochelle, Cognac, La Charité et Montauban. Fin de la régence de Catherine de Médicis, qui n'en conservera pas moins son influence. Quant au roi Charles IX, il épouse Élisabeth, fille de l'empereur Maximilien II.

1571 Bataille de Lépante, entre les chrétiens de la Sainte-Ligue et les Turcs.

1572 *24 août* : à Paris, massacres de la Saint-Barthélemy ; début de la 4e guerre de religion. Henri de Navarre abjure le protestantisme.

1573 Paix de La Rochelle entre catholiques et protestants mettant fin à la 4e guerre de religion.

1574 Début de la 5e guerre de religion, dite « de Monsieur », et mort du roi Charles IX sans postérité. *30 mai* : avènement de Henri III, troisième fils de Henri II et de Catherine de Médicis, duc d'Anjou, né à Fontainebleau le 19 septembre 1551.

1575 Henri III épouse Louise de Lorraine-Mercœur (ce qui ne l'empêche pas de donner libre cours à son homosexualité).

1576 Fin de la 5e guerre de religion et début de la 6e. Formation de la « Sainte Ligue » (parti catholique animé par le duc Henri de Guise), qui s'oppose au parti protestant de Henri de Navarre. Proclamation de l'Édit de Beaulieu établissant la liberté du culte.

1579 Ordonnance de Blois relative à l'administration du royaume (« Code Henri III ») ; début de la 7e guerre de religion, qui se termine en 1580.

1582 Adoption du calendrier grégorien ; le roi très catholique d'Espagne, Philippe II, soutient et finance la Ligue.

1584 Ouverture précoce de la crise successorale : Henri III n'ayant pas d'enfants, le futur héritier légitime de la couronne, quand il mourra, sera Henri de Navarre (le futur Henri IV), qui est protestant, et la Ligue s'oppose évidemment à son avènement.

1585 Traité de Joinville entre les Guise et Philippe II d'Espagne ; Henri de Navarre est déchu de ses droits à la couronne par le pape Sixte Quint. Ouverture de la dernière guerre de religion.

1588 *12 mai* : Journée des Barricades à Paris ; États généraux de Blois. *23 décembre* : assassinat du duc de Guise, chef du parti catholique ; *24 décembre* : assassinat du cardinal de Lorraine.

1589 *Janvier* : mort de Catherine de Médicis. Réconciliation d'Henri de Navarre et d'Henri III. *2 août* : mort d'Henri III. La Ligue désigne le cardinal Charles de Bourbon comme son successeur (« Charles X ») ; mais Henri de Navarre (futur Henri IV), l'héritier biologique et en quelque sorte « légal » de la couronne, réagit : il s'empare de Dieppe le 20 septembre et prend ses dispositions pour combattre les forces de la Ligue, dont le chef est maintenant le duc de Mayenne, qui est vaincu par Henri IV aux batailles d'Arques, le 20-21 septembre 1589, et d'Ivry le 14 mars 1590.

1591 *Septembre* : le pape lève une armée contre Henri IV tandis que la Ligue fait régner la terreur à Paris.

1593 Convocation, au Louvre, des États généraux du royaume pour résoudre le conflit. Finalement Henri IV accepte de faire ce qu'il appelait « le saut périlleux », c'est-à-dire d'abjurer le protestantisme (« *Paris vaut bien une messe* », aurait-il dit). *Juillet* : la cérémonie d'abjuration a lieu à Saint-Denis. La dynastie des

Valois s'étant éteinte avec Henri III, elle peut passer sur le front des Bourbons.

VII – La France des Bourbons (1594-1789)

1594 *17 février* : à Chartres, sacre d'Henri IV, fils d'Antoine de Bourbon et de Jeanne d'Albret, né à Pau le 14 décembre 1553. *22 mars* : entrée de nuit dans Paris du nouveau roi de France, Henri IV de Bourbon, contre lequel est cependant préparé (et manqué) un attentat par le ligueur Jean Châtel.

1594-98 Soumission progressive des Ligueurs.

1595 *5 juin* : Henri IV l'emporte, à Fontaine-Française, sur une petite armée espagnole commandée par le connétable de Castille, envoyée par Philippe II d'Espagne (qui soutient la Ligue). Quelques jours plus tard, le gouverneur des Pays-Bas fond à l'improviste sur la Picardie, dont Henri IV doit reprendre les places les unes après les autres (La Fère, Ham, Doullens notamment). *16 septembre* : le pape Clément VIII reconnaît Henri IV comme légitime roi de France et Mayenne vient faire sa soumission, qui entraîne celle des principaux ligueurs.

1596-98 La guerre continue contre l'Espagne.

1598 *15 avril* : promulgation de l'Édit de Nantes, qui accorde des garanties civiles et religieuses aux protestants de France. *2 mai* : à Vervins, signature d'un traité de paix franco-espagnol confirmant celui du Cateau-Cambrésis de 1559. Le roi de France recouvre Calais, Ardres, Doullens, La Capelle et Le Câtelet en Picardie, plus deux villages en Bretagne, et ne rend à ses adversaires que le Charolais.

1599 Le traité de Vervins ayant laissé pendant le problème des rapports de la France avec le duc de Savoie, celui-ci vient à Paris et, comptant sur l'appui du roi d'Espagne, se refuse à tout accommodement. S'ensuit une guerre, dirigée par Lesguidières. *Décembre* : Henri IV fait casser son mariage avec Marguerite de Valois et demande la main de Marie de Médicis, nièce du grand-duc de Toscane.

1600 *Décembre* : Mariage de Henri IV avec Marie de Médicis.

1601 Signature par le duc de Savoie d'un traité aux termes duquel il cède au roi de France la Bresse, le Bugey, le pays de Gex, la citadelle de Bourg et une somme de trois cent mille francs. Ce traité devint un nouveau motif de sécurité pour la jeune maison de Bourbon, dont il marque la naissance historique. *27 décembre* : Naissance du dauphin Louis, le futur Louis XIII.

1602 Intrigues contre Henri IV de l'amiral Charles de Gontaut duc de Biron (1562-1602), ancien compagnon d'armes du roi, avec le duc de Milan, qui est arrêté, jugé et condamné à mort par le Parlement. *31 juillet* : exécution de Biron.

1603 *Septembre* : Henri IV, mettant les divers complots que l'on découvrait sur le compte du fanatisme religieux, rappelle les jésuites.

1604-05 Intrigues contre le roi du comte d'Entragues et du comte d'Auvergne, arrêtés et condamnés à mort ; mais le roi gracie le premier et retient le second à la Bastille.

1605-07 Le roi, attribuant (avec raison) tous ces complots au fanatisme religieux des protestants, qui lui reprochent son reniement, recherche l'alliance des puissances protestantes (la Suisse, la Hollande, l'Angleterre, la Suède, le Danemark, les princes d'Allemagne) et envisage la constitution d'un gouvernement fédéral européen sous le nom de République chrétienne, afin de pouvoir l'opposer à la dangereuse Turquie conquérante.

1609 *25 mars* : mort du duc de Clèves sans postérité (v. p. 118). *Mois suivants* : Henri IV, malgré ses cinquante-cinq ans, tombe amoureux de la plus jeune fille du connétable de Montmorency et lui fait épouser le prince de Condé, son neveu, mais celui-ci montre pour elle une passion inattendue et, jaloux du roi, emmène sa femme en Picardie puis en Belgique ; le roi, outré, ordonne à Condé de revenir en France et somme les archiducs de Flandre de ne pas recevoir son neveu. Les archiducs obéissent, Condé se retire en Italie et les princes flamands renvoient la princesse en France.

1610 *3 février* : Henri IV dirige des forces considérables vers la Belgique et dix princes allemands – suivant leur allié le roi de France – publient une déclaration solennelle contre la maison d'Autriche (union de Halle). Par suite des traités, la France devrait obtenir la Lorraine, la Savoie, l'Artois, les pays de Cambrai et de Tournai, la province de Namur, le duché de Luxembourg et le Roussillon. *Vendredi 14 mai* : assassinat du roi par Ravaillac. Avènement de Louis XIII (neuf ans), fils aîné de Henri IV et de Catherine de Médicis, né à Fontainebleau, le 27 septembre 1601 ; régence de Marie de Médicis.

1612 Traités de paix entre la France et l'Espagne.

1613 Concini principal conseiller de Marie de Médicis.

1614 Révolte des princes. États généraux du Parlement de Paris (*27 octobre*) et paix de Sainte-Menehould.

1615 Louis XIII épouse Anne d'Autriche ; ses favoris homosexuels (Luynes, Fayette et Hautefort) l'influencent plus ou moins au début de son règne.

1617 Influence de Luynes sur Louis XIII : arrestation et meurtre de Concini ; renvoi de Richelieu. Exil de Marie de Médicis.

1618 Début de la guerre de Trente ans.

1620 Nouvelle révolte de Marie de Médicis ; rappel de Richelieu. Réunion du Béarn à la France.

1621 Lutte contre les protestants (siège de Montauban). Mort de Luynes.

1623 Traité de Paris ; alliance entre la France, la Savoie et Venise.

1624 Richelieu, qui est soutenu par Anne d'Autriche, entre au Conseil du roi. Révolte des « Croquants » dans le Quercy.

1625 Révolte du cardinal de Rohan.

1626 Édit de Richelieu interdisant les duels ; premier édit imposant la destruction des châteaux fortifiés. Assemblées des notables à Rouen. Complot contre le roi du marquis de Chalais (exécuté en décembre 1626).

1627 *Octobre* : Richelieu fait mettre le siège devant La Rochelle (ville protestante) ; exécution du comte de Montmorency-Bouteville.

1628 *1er novembre* : capitulation de La Rochelle.

1629 « Édit de grâce » d'Alès, ordonnant la destruction des châteaux fortifiés ; Richelieu devient le principal ministre de Louis XIII.

1630 Émeutes de Dijon. « Journée des Dupes ».

1631 Révolte du duc Gaston d'Orléans. Fuite de Marie de Médicis aux Pays-Bas.

1632 Défaite du duc d'Orléans.

1636 Nouveau complot du duc d'Orléans. Dans le Limousin, le Poitou, l'Anjou et la Saintonge : révolte paysanne des « Croquants ».

1639-41 En Normandie : révolte des « Va-nu-pieds ».

1641 Complot du comte de Soissons.

1642 Complot et exécution de Cinq-Mars. *4 décembre* : mort de Richelieu.

1643 *14 mai* : mort de Louis XIII à Saint-Germain-en-Laye. Avènement de Louis XIV, fils aîné de Louis XIII et d'Anne d'Autriche, né à Saint-Germain-en-Laye le 16 septembre 1638. Régence de sa mère, Anne d'Autriche, Mazarin ministre. Bataille de Rocroi où le duc d'Enghien (futur prince de Condé) écrase l'infanterie du roi d'Espagne, Philippe IV.

1644 Ouverture des conférences de Munster et d'Osnabrück ; victoire de Turenne à Donaueschingen.

1645 Turenne en campagne dans le pays de Bade : il est défait à Marienthal et vainqueur à Nördlingen.

1646-47 Opérations militaires de Turenne en Bavière ; armistice d'Ulm.

1648 Abolition des intendants ; révolte parisienne et début de la Fronde. *Début de l'année* : victoires de Turenne sur les Impériaux, notamment à Zusmarshausen. *24 octobre* : traités de Westphalie (mais la guerre franco-espagnole continue). *26 août :* révolte parisienne.

1649 Fuite d'Anne d'Autriche avec son fils (qui n'a pas encore six ans) et de la cour à Saint-Germain ; siège de Paris, où partout s'élèvent des barricades. *11 mars* : paix de Rueil mettant fin à la Fronde parlementaire, mais la Fronde des princes, dont les meneurs sont le prince de Condé et le duc de Bourbon-Beaufort (surnommé le « roi des Halles » en raison de sa popularité), va se développer.

1651 *Mars* : les représentants du clergé et de la noblesse réclament la convocation des État généraux. Alliance du Parlement de Paris et des princes (Condé et Turenne se rallient). Exil de Mazarin. Début des persécutions contre les jansénistes.

1652 La guerre civile atteint son sommet : Condé, vainqueur à

Béneau, est vaincu par Turenne au Faubourg Saint-Antoine où il s'est réfugié, et le roi rentre à Paris le 21 octobre.

1653 Fin de la Fronde et rétablissement du système des « intendants du Roi » : Fouquet devient surintendant des Finances.

1654 Louis XIV (qui vient d'avoir seize ans) est couronné à Reims. Colbert est nommé intendant particulier du cardinal Mazarin, qui se réconcilie avec Cromwell.

1659 7 *novembre* : signature de la paix des Pyrénées avec l'Espagne.

1660 Mariage de Louis XIV avec la fille de Philippe IV d'Espagne, Marie-Thérèse d'Autriche. Paix du Nord, achevant la pacification de l'Europe après la guerre de Trente ans et la guerre franco-espagnole.

1661 Traité de Vincennes avec le duc de Lorraine, confirmant hypocritement la possession de ce duché (convoité par l'Autriche) par le duc Charles IV de Lorraine... suivi, en 1662, du traité de Montmartre établissant le protectorat de la France sur ce duché !

1663 De Lionne ministre des Affaires étrangères. Louis XIV saisit le comtat Venaissin, renouvelle la Ligue du Rhin et intègre le Canada, colonisé progressivement depuis Champlain (mort en 1635). Début de l'occupation de la Lorraine (qui sera complète l'année suivante).

1664 Colbert établit le premier tarif douanier protecteur aux frontières du royaume, crée des manufactures d'État et les premières grandes compagnies de commerce françaises. Dispersion des religieuses de Port-Royal.

1665 Colbert contrôleur général des finances du royaume et secrétaire d'État à la Marine. Les Français à Saint-Domingue et à Saint-Christophe.

1667 Réorganisation de la Police : La Reynie lieutenant-général de Police à Paris. « Guerre de Dévolution » aux Pays-Bas, conduite par Turenne. Vauban consolide la frontière septentrionale de la France. Conclusion d'une alliance militaire avec le Portugal.

1668 Limitation de la portée de l'édit de Nantes. Louvois nommé secrétaire d'État à la Guerre. Traité secret de Louis XIV avec l'Empereur germanique. Condé conquiert la Franche-Comté. En Europe : formation de la Triple-Alliance (Angleterre, Provinces-

Unies des Pays-Bas, Suède) dans le but de limiter les ambitions de Louis XIV aux Pays-Bas : traité d'Aix-la-Chapelle.

1670 La Triple-Alliance garantit à l'Espagne la possession des Pays-Bas. Traité secret de Douvres par lequel l'Angleterre s'engage à déclarer la guerre aux Provinces-Unies (Hollande) et à soutenir les prétentions de Louis XIV à la couronne d'Espagne.

1671 Mort de De Lionne, remplacé par Pomponne comme secrétaire d'État aux Affaires étrangères. Nouveaux traités secrets avec le roi d'Angleterre et avec l'Empereur.

1672 Traités d'entente avec la Suède, les Pays-Bas et le Brandebourg. Louvois entre au Conseil du roi. La cour quitte le Louvre pour s'installer à Versailles.

1673 Extension de la régale (droit pour le roi de conserver les revenus des évêchés pendant leurs vacances) à toute la France.

1674 Mme de Maintenon, remarquée par le roi, devient marquise.

1678 Début du conflit avec le pape à propos de la régale.

1679 Disgrâce de Pomponne. Vauban commence la construction de son système de fortifications.

1680 Persécutions contre les protestants : interdiction des synodes, « dragonnades » (mesure coercitive à l'égard des protestants, auxquels on imposait de loger les dragons royaux). Liaison du roi avec Mlle de Fontanges. De Croissy ministre des Affaires Étrangères.

1681 Nouvelles persécutions contre les protestants : la puissance paternelle leur est enlevée, ainsi que le droit d'aller étudier hors de France. Occupation civile et militaire de Strasbourg. Traité secret franco-brandebourgeois. Alliance des Pays-Bas et de la Suède ; divers traités internationaux en rapport avec l'équilibre précaire européen.

1683 Mort de Colbert. Influence croissante de Mme de Maintenon avec laquelle Louis XIV conclura un mariage morganatique. Début de la guerre avec l'Espagne. Louis XIV envahit la Belgique. Traités avec le Danemark et avec le Brandebourg. Médiation anglo-néerlandaise.

1684 Congrès de La Haye ; ultimatum de Louis XIV à la Hollande. Prise de Luxembourg. Trêve de Ratisbonne.

1685 Édit de Fontainebleau prononçant la révocation de l'édit de Nantes. Fuite (difficile) des protestants hors de France.

1686 Persécutions accrues contre les protestants. Formation de la Ligue d'Augsbourg contre les ambitions de Louis XIV.

1688-97 Guerre de la Ligue d'Augsbourg contre Louis XIV, qui va durer près de neuf ans : victoires françaises de Fleurus (1690), de Steinkerque (1692), de La Marsaille (1693) et de Neerwinden (1693) ; défaite navale de La Hougue.

1693 Les Hollandais s'emparent de Pondichéry.

1697 Paix de Ryswick mettant fin à la guerre engagée contre la France par les puissances de la Ligue d'Augsbourg : Louis XIV doit restituer la Lorraine à son duc, Luxembourg à Charles II d'Espagne, aux Impériaux les villes et les territoires conquis, reconnaître le protestant Guillaume III d'Orange comme roi constitutionnel d'Angleterre et promettre de ne plus soutenir les partisans catholiques des Stuarts. La France conserve cependant les territoires de la baie d'Hudson (l'Acadie et Terre-Neuve).

1698 Convention de La Haye sur la succession d'Espagne.

1699 Arrêt des persécutions contre les protestants. En Amérique, Le Moyne d'Iberville fonde la Louisiane.

1701 Louis XIV reconnaît à Philippe V d'Espagne, son petit-fils, ses droits à la couronne de France.

1702-04 Révolte des Camisards (calvinistes cévenols dont les chefs étaient Jean Cavalier et Abraham Mazel) durement réprimée.

1702 Formation d'une nouvelle coalition contre la France de Louis XIV : la Grande Alliance de La Haye, réunissant l'Angleterre, les Provinces-Unies, l'Empire, la Prusse, la Saxe et Trèves.

1702-12 Guerre des coalisés contre la France.

1702 Friedlingen, première bataille de la guerre, remportée par les Français.

1703 Le Portugal et la Savoie rejoignent les coalisés qui prennent Huy et remportent la victoire de Höchstädt.

1704 Les Anglais maîtres de Gibraltar, les Français en Savoie.

1705 Les Français prennent Nice et occupent le Piémont.

1706 Défaites françaises à Ramilles et Turin.

1707 Les coalisés conquièrent le royaume de Naples, mais perdent Saragosse, Valence et Lerida.

1708 Défaite française à Audenarde ; les coalisés conquièrent la Sardaigne et les Baléares.

1709 Défaite française à Malplaquet ; prise de Mons par les coalisés. Une famine se répand en France.

1710 Conférence de Geertruidenberg, mais victoire des coalisés à Villaviciosa.

1711 Préliminaires de Londres.

1712-13 Bataille incertaine de Denain. Congrès d'Utrecht. Armistice franco-anglais (1712) et franco-portugais (1712) ; signature en 1713 des traités d'Utrecht qui mettent fin à la guerre, mais qui sont défavorables à Louis XIV et assurent pour deux siècles la prépondérance maritime anglaise en Méditerranée.

1714 *6 mars* : traité de Rastatt mettant fin à la guerre de succession d'Espagne.

1715 *1er septembre* : mort du roi Louis XIV. Louis XV, troisième fils de Louis, duc de Bourgogne, second dauphin (1682-1712) et de Marie-Adélaïde de Savoie, né à Versailles le 15 février 1710, hérite de la couronne. La régence échoit à Philippe, duc d'Orléans, en sa qualité de premier prince du sang, lequel fait annuler par le Parlement le testament de Louis XIV.

1716 Expédients financiers : refonte des monnaies, création par Law de la Banque générale. Traité franco-anglais de La Haye.

1717 Triple-Alliance de La Haye, entre l'Angleterre, les Provinces-Unies et la France, dans le but de maintenir les traités d'Utrecht de 1713 contre l'Espagne. Convention d'Amsterdam avec la Russie et la Prusse dans ce sens.

1718 Ascension de Law, dont la banque devient établissement d'État ; la Compagnie Law se substitue aux compagnies françaises des Indes (fondée en 1664), de Chine et d'Afrique ; le duc de Bourbon-Condé principal ministre du roi. L'Autriche rejoint les signataires de la Triple-Alliance, qui devient ainsi la Quadruple-Alliance. Fondation en Amérique, par les Français, de La Nouvelle-Orléans.

1719 Nouvelle guerre franco-espagnole : les forces françaises prennent Fontarabie, Saint-Sébastien et Urgel ; traité de Stockholm.

1720 Philippe V d'Espagne renonce à la couronne de France. Law est nommé Contrôleur général des Finances, mais son système connaît ses premières difficultés qui provoquent des émeutes à Paris ; Law s'enfuit à Bruxelles.

1721 Réconciliation franco-espagnole ; l'Espagne rejoint la Quadruple-Alliance : c'est enfin la paix sur toutes les frontières en Europe.

1722 Dubois principal ministre de Louis XV.

1723 Fin de la Régence. Mort de Dubois et du Régent. La Compagnie des Indes est reconstituée. Fondation à Paris du club de l'Entresol par l'abbé Alary (club « libéral » où l'on traitait de questions administratives, politiques et financières). Fondation de la Bourse de Paris.

1725 Louis XV épouse Marie Leszcincka.

1726 Exil de Bourbon-Condé. Le cardinal de Fleury ministre de Louis XV. Le Pelletier des Fortis contrôleur général des finances royales. Rétablissement des fermes générales (organismes qui avaient pour mission de récolter les impôts indirects et les taxes).

1727 Affaire des convulsionnaires de Saint-Médard. Chauvelin, secrétaire d'État aux Affaires étrangères ; il met sur pied un projet de conquête militaire de la Corse.

1729 Traité de Séville réglant pacifiquement la question italienne (Toscane, Parme et Plaisance), pendante depuis le temps de François Ier. Dans la colonie française de Louisiane, en Amérique : soulèvement des Natchez.

1730-45 D'Orry contrôleur général des Finances : programme de compression des dépenses de l'État et de soutien à l'extension des Compagnies françaises économiques et commerciales.

1731 Dispersion du club de l'Entresol.

1732 139 membres du Parlement de Paris exilés.

1733 Établissement de l'impôt dit « du dixième ». Début de la guerre de la succession de Pologne, qui va durer jusqu'en 1738 : la France, alliée à l'Espagne, à la Bavière et à la Sardaigne contre une entente austro-russe. Mme de Mailly maîtresse de Louis XV, à laquelle succèdent ses sœurs, Mmes de Vintimille, de Lauragais et de La Tournelle ; cette dernière sera faite duchesse de Châteauroux et restera favorite jusqu'en 1744.

1738 Traité de Vienne entre la France et l'Autriche, amorçant le rapprochement – voulu par Fleury – des deux puissances ; l'Angleterre adhère au traité.

1740-48 Guerre de la succession d'Autriche, qui se déclenche à la mort de Charles VI : les droits successoraux de Marie-Thérèse, la fille de l'empereur, sont contestés par le roi de Prusse, Frédéric II le Grand, et la Prusse entraîne la France dans une guerre contre l'Autriche, alliée à l'Angleterre. Le conflit se terminera par le traité d'Aix-la-Chapelle (1748), reconduisant purement et simplement le statu quo européen. La seule puissance bénéficiaire de cette guerre, qui connut les batailles de Mollwitz (1740), Linz (1740), Dettingen (1743), Fontenoy (1745), Hohenfriedberg (1745), Bassignano (1745), Plaisance (1746), Lawfeld (1747) et Berg-op-Zoom (1747), fut la Prusse, qui conserva la Silésie.

1742 Dupleix gouverneur général de l'Inde française.

1743 Mort du cardinal Fleury, qui fut successivement évêque de Fréjus, précepteur du jeune Louis XV, puis un de ses conseillers les plus écoutés. Le comte d'Argenson nommé secrétaire d'État. Mise en place progressive du Secret du roi, organisme principalement diplomatique qui gouvernait à l'insu des ministres.

1744 Le duc d'Argenson ministre des Affaires étrangères.

1745 La marquise de Pompadour favorite en titre du roi.

1747 Disgrâce du duc d'Argenson.

1749 Disgrâce de Maurepas, secrétaire d'État à la Marine et aux colonies depuis 1723. Création d'impôts nouveaux : impôt « du vingtième », contrôle des biens du clergé : « guerre de l'impôt ».

1750 La politique fiscale du contrôleur général des Finances, Machault d'Arnouville, se heurte au clergé ; dissolution des États généraux du Languedoc. Mme de Pompadour conseillère du roi et organisatrice de ses plaisirs (le Parc aux Cerfs). Au Canada, les Anglo-Américains tentent de conquérir l'Acadie (un traité provisoire sur cette contrée sera signé entre la France et l'Angleterre en 1751).

1751 Édit royal supprimant l'obligation de l'impôt du vingtième par le Clergé.

1752 Première condamnation de l'*Encyclopédie*. Scandale des « billets de confession » exigés par l'archevêque de Paris.

1753 « Grandes remontrances » au roi du Parlement.

1754 Machault d'Arnouville secrétaire d'État à la Marine.

1755 Les Anglo-Américains s'emparent de l'Acadie et en déportent les habitants (les actuels Cajuns de Louisiane sont les descendants de ces Acadiens). Début de la Guerre de Sept ans opposant la France et l'Autriche alliées – une fois n'est pas coutume – à une alliance anglo-prussienne.

1756 Occupation de Minorque par les Français.

1757 Attentat de Damiens contre Louis XV. Victoires de Frédéric II sur les Français à Rossbach et Lauthen.

1758 Le roi nomme Choiseul secrétaire d'État aux Affaires étrangères. Prise de Saint-Louis du Sénégal par les Anglais.

1759 Débarquement des Anglais à La Guadeloupe. Victoire des Russes sur les Prussiens à Junesdorf.

1761 Choiseul, secrétaire d'État à la Guerre et à la Marine. Capitulation de Lally-Tollendal à Pondichéry.

1762 Le Parlement ordonne la suppression de l'ordre des Jésuites et de leurs activités. La Martinique prise par les Anglais.

1763 Signature du traité de Paris, qui met fin à la guerre coloniale franco-anglaise. La France doit céder à l'Angleterre la quasi-totalité de son empire : le Canada, Cuba et la Floride, Saint-Louis du Sénégal et la Louisiane, ainsi que les trois îles des Antilles (Guadeloupe, Martinique, Saint-Domingue).

1764 Mort de la marquise des Pompadour (quarante-trois ans). Dissolution des Jésuites et affaires de Bretagne (Chalotais).

1766 Mort de Stanislas Lescynski ; rattachement de la Lorraine à la France. Procès et condamnation du Chevalier de La Barre.

1768 Mme du Barry (vingt-quatre ans) nouvelle favorite du roi.

1770 Mariage du Dauphin (le futur Louis XVI) et de Marie-Antoinette d'Autriche. Conflit entre le roi et le Parlement ; disgrâce de Choiseul. Formation du gouvernement Maupeou-Terray-d'Aiguillon.

1771 Exil du Parlement de Paris ; le duc d'Aiguillon secrétaire d'État aux Affaires étrangères.

1774 *10 mai* : mort du roi Louis XV au Petit-Trianon, de la variole, que l'on appelait alors la « petite vérole ». Avènement de Louis XVI, fils aîné du dauphin Louis et de Marie-Josèphe de Saxe, petit-fils de Louis XV, né à Versailles le 23 août 1754. Maurepas conseiller intime du roi ; Turgot, aux Finances, établit la libre circulation des grains et rappelle le Parlement (le 12 novembre). Vergennes devient ministre des Affaires étrangères.

1775 Disette à Paris (« *guerre des farines* »). Malesherbes secrétaire d'État à la Maison du roi ; Saint-Germain ministre de la Guerre.

1776 Suppression de la corvée et des corporations. Chute de Turgot, démission de Malesherbes.

1777 Disgrâce de Saint-Germain ; Necker directeur général des Finances du royaume. Alliance de la France avec les Cantons suisses.

1778 Traité de commerce et de défense franco-américain ; intervention de la France contre l'Angleterre dans la guerre d'indépendance américaine. Les Anglais prennent Pondichéry et Chandernagor. *6 février* : la France reconnaît l'indépendance des États-Unis et conclut avec eux une alliance défensive et offensive.

1779 Abolition du servage sur les domaines royaux.

1781 Démission de Necker, après qu'il a révélé les gaspillages de la cour. Édit réservant les grades militaires à la noblesse.

1783 Calonne contrôleur général des Finances. Il élabore un vaste projet de réforme financière et fiscale. Signature du traité de Versailles : fin de la guerre américaine et indépendance des treize États américains du Nord, fédérés en une Union des États d'Amérique.

1785-86 Scandale du Collier de la Reine.

1787 L'Assemblée des Notables refuse les projets de Calonne, qui est remplacé par Loménie de Brienne. Mort de Vergennes. Exil du Parlement le 27 juillet, d'où émeutes à Paris et rappel du Parlement.

1788 Soulèvements et émeutes à travers le royaume ; le roi et le Parlement décrètent une série de mesures visant à calmer l'opinion publique. *1er mai* : abolition de la procédure pénale de la Question préalable (torture qui était infligée aux suspects pour obtenir des aveux). *8 mai* : édits réorganisant la justice. *9-10 mai* : émeutes à Rennes. *11 juin* : émeutes à Dijon. *19 juin* :

émeutes à Pau. *7 juillet* : « Journée des tuiles » à Grenoble. *21 juillet* : assemblée du Parlement à Versailles. *8 août* : convocation des États généraux de la nation. *16 août* : le trésor royal se déclare en banqueroute. *25 août* : rappel de Necker, dont le retour apaise les milieux commerciaux et financiers. *14 septembre* : disgrâce de différents hauts magistrats. *23 septembre* : rappel du Parlement. *6 nov.-12 décembre* : seconde Assemblée des Notables. Le Conseil du roi décide de modifier la composition des États généraux pour l'année 1789 : le nombre de représentants du Tiers État, qui était le même que celui des deux autres ordres de la Nation (la noblesse et le clergé) sera doublé.

VIII – De la Révolution au 18 Brumaire

– 1789 –

24 janvier : convocation des sujets du roi pour les élections aux États généraux du royaume ; les élections se font par ordre (les sujets membres du clergé élisent les députés du clergé, etc.). Cependant, alors que tous les membres du clergé et de la noblesse avaient le droit de vote et élurent directement leurs députés, seuls les citoyens du Tiers État qui payaient un impôt direct pouvaient voter, mais dans le cadre d'un scrutin à deux tours : ils élurent dans chaque paroisse des délégués qui, à leur tour, élurent leurs députés (en nombre double des députés du clergé et de la noblesse en vertu d'une décision royale). Finalement, il y eut en tout 1196 députés élus, dont 598 pour le Tiers État. Ces députés devaient avoir pour tâche d'établir une Constitution définissant les droits du roi et de son peuple et qui devrait, en particulier, garantir à chaque sujet du roi de France sa liberté individuelle et en particulier la liberté de penser et d'écrire. Quant aux députés, ils participeraient désormais à la confection des lois et voteraient (ou refuseraient) les impôts que décideraient le roi et ses ministres et qui devraient être payés également par tous. Pour tous les sujets du roi de France il semblait que les maux dont ils souffraient allaient se terminer, et l'on pouvait lire dans les cahiers de doléances à la disposition de ces sujets dans chaque paroisse l'expression de leurs espérances, par exemple, dans les cahiers d'Auxerre, cette phrase souvent citée : « Le naufrage est passé et nous arrivons dans une terre qui présente l'image du Paradis. » Ce Paradis, cependant, était encore bien turbulent, et des émeutes ne cessaient d'éclater, à Paris comme en province, mais rien ne pouvait faire penser que le royaume de Louis XVI allait vivre une Révolution bien plus sanglante que les guerres civiles d'un passé encore récent.

27 janvier : émeutes à Rennes (affrontement entre nobles et étudiants).

11 et 12 mars : émeutes à Reims (attaques par le peuple des greniers ecclésiastiques, des boulangeries et des convois de blé).

23 mars : émeutes à Marseille, comparables à celles de Reims.

24 mars : émeutes à Aix-en-Provence, comme à Marseille.

27 avril : émeutes à Paris, au Faubourg Saint-Antoine ; saccage des établissements Réveillon (entreprise de papiers peints). Les autorités réagissent et il y a plusieurs morts. Deux manifestants sont arrêtés le 29 avril.

30 avril : nouvelles émeutes à Marseille. Le peuple s'empare de trois forts et tue le commandant de l'un d'eux. Au café Amaury de Versailles : formation du Club breton par un groupe de députés aux États généraux qui ont été élus à Brest et à Lorient ; ce club se transportera plus tard à Paris, où il deviendra le club des Jacobins.

2 mai : présentation au roi des députés aux États généraux.

4 mai : procession du Saint-Sacrement à Versailles, avec défilé des 1154 représentants de la Nation.

6 mai et jours suivants : vérification individuelle des pouvoirs des 1154 députés. Les représentants du clergé et de la noblesse siègent au premier étage de l'hôtel des Menus-Plaisirs, ceux du Tiers État dans la grande salle du rez-de-chaussée.

20 mai : le clergé, après en avoir délibéré, déclare renoncer à ses privilèges fiscaux et accepte le principe de l'égalité devant l'impôt de tous les sujets du roi de France.

22 mai : la noblesse revient sur ses positions, abandonne à son tour ses privilèges fiscaux et se rallie elle aussi à ce principe.

4 juin : mort à Meudon du fils aîné de Louis XVI, le dauphin Louis ; son frère cadet, Louis Charles de Normandie, devient le nouveau dauphin.

10 juin : sur proposition de Sieyès, le Tiers État est chargé de vérifier les pouvoirs des députés des trois ordres.

12 juin : début de la vérification des pouvoirs des représentants par le Tiers, qui fait procéder à l'appel nominal des 1154 députés.

13 juin : trois députés du clergé dont le nom devait être appelé ce jour-là descendent au rez-de-chaussée pour rejoindre le Tiers État.

14 juin : six autres députés du clergé rejoignent à leur tour le Tiers ; parmi eux se trouve l'abbé Henri Grégoire (1750-1831), qui représentait sa paroisse lorraine d'Embermesnil et qui était l'auteur d'un ouvrage de tolérance intitulé *Essai sur la Régénération physique et morale des Juifs*.

17 juin : sur proposition de Sieyès, le Tiers État se déclare Assemblée nationale ; c'est la première fois, dans l'histoire de la France, qu'apparaît ce concept.

19 juin : les députés du clergé votent leur réunion avec ceux du Tiers par 149 voix contre 137.

20 juin : fermeture, sur ordre du roi, de la grande salle de l'hôtel des Menus-Plaisirs où se réunissait le Tiers, au prétexte sans doute sincère que l'on doit y procéder à des travaux d'aménagement en vue de la séance royale qui a été prévue pour le 23 juin. Les députés du Tiers se réunissent alors dans la salle du Jeu de Paume et prêtent le fameux serment, rédigé par l'avocat Target et lu par Bailly, de ne jamais se séparer avant que la Constitution du royaume ne soit rédigée et votée.

23 juin : la séance royale a lieu dans la salle des Menus-Plaisirs maintenant prête à accueillir le roi. Le roi ordonne que chaque ordre délibère séparément et se retire. La noblesse s'exécute mais les députés du Tiers État ne bougent pas et refusent d'évacuer la salle. C'est au cours de cette journée que Mirabeau lança à Dreux-Brézé sa fameuse apostrophe que la tradition a rapporté sous la forme (hautement improbable) : « Allez dire à votre maître que nous sommes ici par la volonté du peuple et que nous n'en sortirons que par la force des baïonnettes ! »

25 juin : 47 députés de la noblesse, dont Philippe d'Orléans, rejoignent l'Assemblée nationale.

27 juin : Louis XVI capitule et invite lui-même le clergé et la noblesse à s'unir au Tiers État dans la fameuse salle de Versailles : la totalité des États généraux est devenue maintenant l'Assemblée nationale.

30 juin : émeutes dans Paris ; la foule délivre des Gardes françaises incarcérées pour avoir assisté à des séances tenues par des clubs politiques.

3 juillet : l'archevêque de Vienne, Lefranc de Pompignan, est élu président de l'Assemblée nationale ; le roi l'informe des mesures qu'il a prises pour assurer l'ordre dans Paris.

6 juillet : création, à l'Assemblée, d'un Comité de la Constitution dont le rapporteur est le député Mounier.

8 juillet : face aux manifestations et aux troubles de plus en plus nombreux dans Paris, Mirabeau demande la création d'une garde bourgeoise dans la capitale.

9 juillet : l'Assemblée nationale se proclame Assemblée nationale constituante.

Samedi 11 juillet : Louis XVI renvoie Necker et le remplace par le baron de Breteuil. Ce renvoi cause la plus vive émotion.

12 juillet : les émeutes se multiplient à Paris. Le publiciste Camille Desmoulins (1760-1794), membre du club des Cordeliers, appelle aux armes la foule qui s'agite devant les Tuileries et que charge l'armée, avec une relative mollesse.

13 juillet : à l'Hôtel de Ville se constitue un Comité permanent et se forme une milice bourgeoise ; le président du Conseil municipal n'est autre que le puissant prévôt des marchands. Au soir du 13 juillet, la milice compte quelque douze mille hommes.

Mardi 14 juillet : la foule s'empare de trente mille fusils aux Invalides et se rend à la Bastille, où elle espère trouver de la poudre et des armes ; elle y aperçoit une quinzaine de canons, braqués sur la ville, et le gouverneur (de Launay) ou quelqu'un d'autre, après avoir parlementé avec les émeutiers, fait tirer sur la foule. On ignore qui en donna vraiment l'ordre mais, vers la fin de la matinée, les émeutiers se ruent à l'assaut de la forteresse. Au bout de quatre heures de combat ils sont maîtres de la place, le gouverneur est massacré et le prévôt des marchands subit le même sort. Presque immédiatement, le peuple commence à démolir la Bastille, dont la destruction sera achevée un an plus tard, le 14 juillet 1790.

15 juillet : le roi Louis XVI vient lui-même à l'Assemblée, qui siège sans discontinuer depuis trois jours. Il annonce aux députés qu'il a donné l'ordre de dislocation de troupes.

16 juillet : le roi rappelle Necker tandis qu'en province le mouvement qui a troublé si violemment Paris s'étend.

17 juillet : le Comité permanent qui s'était formé le 13 juillet se transforme d'office en municipalité ; il nomme Bailly maire de la capitale et La Fayette chef de la milice bourgeoise, qui prend l'appellation officielle de Garde nationale. les Grands (le comte d'Artois, le prince de Condé, le duc de Bourbon, le duc d'Enghien, etc.) commencent à quitter Paris et à émigrer, mais le roi joue vraiment son rôle de roi ; il entre dans la capitale en arborant la cocarde tricolore (un ruban blanc, liseré de bleu et de rouge) que La Fayette vient de faire adopter par la Commune de Paris. Dans le même temps se propage, dans les campagnes comme dans certaines villes, la Grande Peur, produit de l'imagination collective apeurée.

21 juillet : émeutes à Strasbourg.

22 juillet : émeutes à Paris, dont l'intendant (Bertier de Sauvigny) et son beau-père (Foulon), accusés de trafic sur les grains, sont massacrés.

23 juillet : émeutes au Mans.

24 juillet : mise en place d'une nouvelle administration municipale ; Paris divisé en soixante districts, dont chacun géré par deux représentants élus (ils sont, en quelque sorte, les ancêtres de nos modernes conseillers municipaux).

25 juillet : émeutes à Colmar ; révolte paysanne en Alsace.

26 juillet : insurrections paysannes dans le Mâconnais.

28 juillet : Brissot (Jean-Pierre Brissot de Warville, 1754-1793) publie *Le Patriote français*, qui deviendra bientôt le journal des Girondins.

4 août : remaniement ministériel autour de Necker, qui attire à lui les amis de La Fayette. *Nuit du 4 août* : un député noble, le vicomte de Noailles, déclare que les troubles révolutionnaires qui mettent Paris et les grandes villes de province à feu et à sang ont pour unique cause la persistance des droits féodaux, qu'il qualifie de « restes odieux de la féodalité », et propose d'en supprimer les plus odieux et de déclarer les autres « rachetables ». Cette proposition, soutenue par le duc d'Aiguillon et par l'évêque de Nancy, obtient un très vif succès et, durant toute la nuit du 4 août et la journée du 5, les députés votent, aux applaudissements de tous, la suppression des droits féodaux, des justices seigneuriales, des privilèges, des maîtrises et des jurandes, le rachat des dîmes et de la vénalité des offices, l'institution d'une justice gratuite pour tous les sujets du roi de France, l'admissibilité de tous à tous les emplois : en quelques heures, toutes les obligations et les chaînes de l'Ancien Régime sont annulées.

10 août : l'Assemblée décrète l'obligation, pour les militaires, de prêter serment « à la Nation, au Roi et à la Loi ».

11 août : décret de l'Assemblée qui entérine les décisions prises au cours de la Nuit du 4 août. Émeutes à Caen.

20 août : création de la Société des colons français, dont le but était de défendre les intérêts des colons contre les partisans de l'abolition de l'esclavage, qui sont nombreux parmi les membres de la Constituante, ainsi qu'on désigne maintenant l'Assemblée.

23 août : la Constituante proclame la liberté d'opinion en matière religieuse.

24 août : la Constituante proclame la liberté de la presse.

26 août : la Constituante adopte la *Déclaration des droits de l'homme et du citoyen*, dont les principaux rédacteurs sont Mirabeau et Sieyès.

29 août : la Constituante rétablit la liberté du commerce des grains (liberté de circulation et liberté des prix).

30 août : manifestation organisée par Camille Desmoulins dans les jardins du Palais-Royal, exigeant la ratification par le roi des décrets du 4 août, s'opposant au droit de veto du roi et réclamant l'installation à Paris du roi et de l'Assemblée.

9 septembre : émeutes à Troyes et assassinat du maire de la ville.

11 septembre : la Constituante accorde au roi un droit de veto suspensif pour la durée de deux législatures.

12 septembre : émeutes à Orléans.

16 septembre : Marat publie le premier numéro de son journal, *L'Ami du peuple*.

20 septembre : un député d'Arras encore inconnu d'une très grande partie de l'opinion, l'avocat Maximilien de Robespierre, membre du club des Jacobins, publie une communication écrite intitulée *Contre le veto royal*.

22 septembre : la Constituante vote le premier article de la Constitution.

1er octobre : banquet des Gardes du roi à Versailles ; la cocarde tricolore est foulée aux pieds par les Gardes qui la remplacent par l'emblème de la reine (une cocarde noire).

4 octobre : la nouvelle de l'incident du banquet des Gardes se répand dans Paris, où des émeutes éclatent dans les quartiers.

5 octobre : Marat appelle à l'insurrection ; les femmes de Paris organisent spontanément une marche sur Versailles.

6 octobre : la foule parisienne, hommes et femmes réunis, marche sur Versailles et obtient le retour immédiat à Paris du roi Louis XVI, qu'elle accompagne jusqu'à son palais des Tuileries.

10 octobre : la Constituante modifie la titulature du roi, qui portait jusqu'alors le titre de « roi de France et de Navarre », et la remplace par « roi des Français ». La Fayette est nommé par l'Assemblée commandant des troupes dans la région parisienne. Le même jour, un certain Dr Joseph-Ignace Guillotin (1738-1814), originaire de Saintes, député pour sa ville aux États généraux et maintenant membre de la Constituante, exprime le vœu qu'à la décapitation à la hache qu'on utilisait pour exécuter les condamnés à mort on substitue une peine dont l'action serait plus rapide et moins infamante ; mais, nous le verrons plus loin, ce vœu ne sera suivi d'effet que trois années plus tard, en 1792, avec l'institution de la guillotine.

13 octobre : émeutes à Alençon.

v. le 15 octobre : le Club breton (voir plus haut, à la date du *30 avril*) s'installe dans le couvent des Jacobins, rue Saint-Honoré, à

Paris ; appelé officiellement Société des amis de la Constitution, il prend le nom de club des Jacobins.

19 octobre : la Constituante s'installe à Paris, dans la chapelle de l'archevêché.

31 octobre : émeutes à Ajaccio, où un groupe de jeunes « patriotes » (trente-sept notables locaux totalement inconnus à Paris, menés par un lieutenant d'artillerie qui servait dans l'armée du roi de France) proclame une *Adresse à la Constituante* dans laquelle il exprime le vœu des Corses de devenir « Français à jamais ».

3 novembre : début des travaux de l'Assemblée sur les nouvelles divisions administratives de la France.

7 novembre : les biens du clergé sont placés sous le contrôle de l'État.

9 novembre : la Constituante s'installe dans la salle du Manège, près des Tuileries.

30 novembre : décret de la Constituante, en contradiction avec son propre principe du droit des peuples à disposer d'eux-mêmes, annexant officiellement la Corse à la France sans aucune consultation préalable du peuple corse.

9 décembre : la Constituante décrète, après en avoir voté, la division de la France en départements.

17 décembre : la Constituante décide de garantir les dettes de l'État sur les biens du clergé (qui sont considérables).

19 décembre : création des assignats (bons d'achat payants portant intérêts et permettant en particulier à leurs détenteurs d'acheter les biens de l'Église de France).

22 décembre : décret organisant les départements.

24 décembre : décret instituant « éligibles » les non-catholiques (pratiquement, les protestants) ; le cas des Juifs reste à l'étude.

– 1790 –

7 janvier : émeutes du pain à Versailles.

15 janvier : les « Gardes nationales » de Bretagne et d'Anjou se fédèrent.

21 janvier : le Dr Guillotin présente à l'Assemblée la machine à décapiter, qui avait été inventée par un certain Dr Louis et qu'on appelait alors la Louison avant de la nommer guillotine.

4 février : les députés prêtent le serment civique « à la Nation, au Roi et à la Loi ».

7 février : émeutes à Lyon.

21 février : les « Gardes nationales » d'Alsace, de Bourgogne et de Franche-Comté se fédèrent. Dorénavant, les soldats des différentes Gardes nationales seront appelés les Fédérés.

26 février : décret fixant le nom, l'étendue et les divisions administratives des 83 départements français.

7 mars : les milices des Vosges se fédèrent.

15 mars : Rabaut Saint-Étienne, député de la sénéchaussée de Nîmes, élu président de l'Assemblée constituante.

21 mars : la Constituante vote la suppression de l'impôt sur le sel (la gabelle).

31 mars : Robespierre élu président du club des Jacobins pour le mois d'avril.

5 avril : émeutes monarchistes à Vannes.

6 avril : émeutes à Nîmes ; affrontements entre protestants favorables à la Constituante et les catholiques excités par des agents du comte d'Artois (Charles Philippe, dit « Charles X », quatrième fils du dauphin, 1757-1836), adversaire jusqu'à la bêtise des idées nouvelles et qui fut exhorté à quitter la France par Louis XVI lui-même, au lendemain de la prise de la Bastille.

14 avril : décret de la Constituante remettant à l'État les dépenses liées à l'entretien du culte catholique et de son clergé.

18 avril : émeutes contre-révolutionnaires à Toulouse.

20 avril : nouvelles émeutes catholiques à Nîmes.

27 avril : fondation à Paris du club révolutionnaire des Cordeliers, dont les chefs sont Danton, Marat, Camille Desmoulins, Hébert et Chaumette.

1er mai : nouvelles émeutes contre-révolutionnaires à Nîmes.

3 mai : émeutes contre-révolutionnaires à Toulon.

8 mai : décret de la Constituante instituant le système métrique.

21 mai : réorganisation administrative de Paris ; jusque-là découpée en soixante districts, la capitale est divisée en quarante-huit sections.

28 mai : le port de la cocarde blanche est dorénavant interdit (les officiers doivent arborer une cocarde tricolore).

30 mai : fête de la Fédération des Gardes nationales à Lyon.

31 mai : début du vote, article par article, de la Constitution civile du clergé.

6 juin : fête de la Fédération (locale) des Gardes nationales à Lille.

9 juin : décret de la Constituante instituant une fête de la Fédération des Gardes nationales à Paris pour le 14 juillet 1790.

10-11 juin : insurrections contre-révolutionnaires à Avignon et dans le comtat Venaissin, réprimées par les Gardes nationales locales.

13 juin : massacre de protestants à Nîmes. Fête de la Fédération à Strasbourg.

16 juin : fête de la Fédération (locale) à Besançon.

19 juin : décret de la Constituante abolissant la noblesse héréditaire, ainsi que les titres nobiliaires.

29 juin : fête de la Fédération à Rouen.

12 juillet : la Constituante adopte le texte définitif de la Constitution civile du clergé.

14 juillet : première fête nationale de la Fédération, au Champ-de-Mars, à Paris.

25 juillet : émeutes monarchistes à Lyon.

5 août : soulèvement des régiments de Châteauvieux et de Mestre-de-Camp à Nancy.

18 août : réunion au camp de Jalès, dans le Gard, de vingt mille royalistes armés auxquels se sont joints des gardes nationaux.

21 août : création par la Constituante des tribunaux militaires.

31 août : le général Bouillé (1739-1800) réprime la révolte de la garnison de Nancy et condamne un grand nombre des insurgés aux galères ; il en sera félicité trois jours plus tard par la Constituante.

2 septembre : manifestations, à Paris, contre l'envoi aux galères des insurgés de Nancy.

4 septembre : démission de Necker.

16 septembre : mutinerie des marins à Brest.

6 octobre : lettre de Louis XVI au roi d'Espagne, dans laquelle il affirme son opposition à la Constitution civile du clergé (qu'il a cependant sanctionnée en juillet).

20 octobre : démission générale des ministres.

21 octobre : la Constituante décrète que dorénavant le drapeau tricolore remplacera le drapeau blanc à fleurs de lys comme emblème de la France.

26 *octobre* : Fersen propose un plan pour organiser la fuite du roi et de la famille royale.

27 *novembre* : décrets de la Constituante imposant aux membres du clergé de prêter le serment civique à la Nation, à la Loi et au Roi.

3 *décembre* : lettre de Louis XVI au roi de Prusse Frédéric-Guillaume II lui demandant une intervention armée européenne pour l'aider à restaurer l'autorité monarchique en France.

27 *décembre* : 59 députés ecclésiastiques prêtent serment à la Constitution civile du clergé devant l'Assemblée.

– 1791 –

9 *février* : départ pour l'émigration des filles de Louis XV (« Mesdames » : ce sont les tantes de Louis XVI).

23 *février* : le prince de Condé s'installe à Worms et organise l'armée des émigrés.

28 *février* : émeutes au Faubourg Saint-Antoine. Rassemblement aux Tuileries de 400 gentilshommes armés de pistolets et de poignards (les « chevaliers du poignard ») venus offrir leur protection au roi. Ils sont désarmés et arrêtés par La Fayette, chef suprême de la Garde nationale.

16 *février-17 mars* : suppression des corporations, des jurandes, des octrois ; création des patentes.

19 *mars* : bref du pape Pie VI condamnant la Constitution civile du clergé (huit mois après sa promulgation).

19 *mars* : émeutes à Douai.

29 *mars* : manifestations contre-révolutionnaires à Toulouse.

2 *avril* : mort de Mirabeau.

4 *avril* : Mirabeau inhumé au Panthéon.

13 *avril* : le pape réitère la condamnation de la Constitution civile du clergé.

18 *avril* : la Garde nationale interdit au roi de se rendre à Saint-Cloud (craignant qu'il n'en profitât pour s'enfuir).

7 *mai* : à la Constituante, début du débat sur les colonies antillaises.

16 *mai* : Robespierre fait voter un décret interdisant aux députés de

la Constituante de se présenter aux élections pour la future Assemblée législative prévue par la Constitution.

30 mai : décret ordonnant le transfert des cendres de Voltaire au Panthéon.

12 juin : début des élections des députés de la future l'Assemblée législative (suffrage censitaire à deux degrés) qui doit remplacer la Constituante.

14 juin : vote de la loi Le Chapelier abolissant les corporations et interdisant les coalitions ouvrières (précurseurs des syndicats d'aujourd'hui) et les grèves.

15 juin : le comte d'Artois se réfugie à Coblence.

20 juin : fuite du roi et de sa famille, de nuit, en direction de Montmédy, et fuite de son frère, le comte de Provence, en direction de Mons.

21 juin : arrestation du roi à Varennes.

22 juin : Barnave, Pétion et Latour-Maubourg sont envoyés par l'Assemblée pour ramener à Paris le roi, dont on prétend qu'il a été enlevé.

23 juin : le duc d'Orléans admis au club des Jacobins.

25 juin : suspension du roi jusqu'à nouvel ordre.

27 juin : le club des Jacobins de Montpellier demande l'abolition de la monarchie et l'institution de la République.

3 juillet : les chômeurs manifestent à Paris.

14 juillet : deuxième fête nationale de la Fédération célébrée au Champ-de-Mars, à Paris.

15 juillet : la Constituante règle l'affaire de la fuite du roi, proclamé inviolable (donc il ne peut passer en jugement).

16 juillet : scission au club des Jacobins, dont les modérés créent le club des Feuillants (dominé par La Fayette, Barnave, Dupont et Lameth).

17 juillet : fusillade du Champ-de-Mars ; la Garde nationale disperse la foule qui venait signer une pétition demandant la déchéance du roi.

18 juillet : à la suite de la fusillade du Champ-de-Mars, la Constituante vote une série de décrets réprimant l'incitation des citoyens à la désobéissance et les émeutes. Danton s'enfuit en Angleterre et Marat se cache.

8 août : début de la discussion, article par article, de la Constitution.

9 août : l'Assemblée constituante proclame la République française une et indivisible.

29 août : début des élections des députés qui siégeront à l'Assemblée législative, la première « Chambre des députés » de l'histoire de France, qui doit remplacer l'assemblée provisoire qu'était la Constituante.

2 septembre : décret supprimant l'Ordre des avocats.

13 septembre : sanction de la Constitution par le roi.

14 septembre : Avignon et le comtat Venaissin sont intégrés dans la République française après un plébiscite (la Corse est aussi intégrée, mais sans plébiscite : elle est simplement annexée).

25 septembre : promulgation du Code pénal.

27 septembre : décret octroyant la citoyenneté française aux Juifs et déclarant « libre » toute personne vivant sur le sol de France « quelle que soit sa couleur » ; ce décret ne concernant que « le sol de France », l'esclavage n'est donc pas aboli dans les colonies françaises.

30 septembre : l'Assemblée constituante se sépare après avoir voté un dernier décret amnistiant toutes les personnes condamnées dans le cadre des troubles révolutionnaires, depuis 1788.

1er octobre : première séance de l'Assemblée législative ; élection de son président par les députés, en l'occurrence le Marseillais Claude Pastoret (1755-1840), issu d'une famille de noblesse de robe.

9 octobre : troubles religieux contre-révolutionnaires dans les Deux-Sèvres.

16 octobre : grave émeute contre-révolutionnaire en Avignon (meurtre d'un fonctionnaire de la commune d'Avignon, Lescuyer, qui engendre le massacre des prisonniers).

20 octobre : le député Brissot et ceux qu'on appelle les « brissotins » commencent à développer des thèses bellicistes (notamment contre l'Autriche), combattues par Robespierre.

25 octobre : discours du député Vergniaud, membre du parti girondin, appelant l'Assemblée à déclarer la guerre à l'Autriche et à la

Prusse, qui accueillent et soutiennent les émigrés français, qui fuient la Révolution.

9 novembre : décret de l'Assemblée législative enjoignant aux émigrés de revenir en France avant le 1er janvier 1792, sous peine de condamnation à mort par contumace.

14 novembre : Pétion, député jacobin d'extrême gauche, élu maire de Paris contre La Fayette par 6728 voix contre 3126.

30 décembre : discours à l'Assemblée du député girondin Isnard appelant à la guerre contre l'Autriche.

– 1792 –

17 janvier : discours de Brissot à l'Assemblée en faveur d'une déclaration de guerre à l'archiduc d'Autriche, qui est aussi empereur germanique.

23 janvier : émeutes à Paris et spéculations sur le sucre et le café (conséquences de l'insurrection de Saint-Domingue).

25 janvier : ultimatum à l'empereur Léopold.

13 février : émeutes à Montlhéry (pillage des greniers à grains).

14 février : émeutes à Dunkerque (pillage des entrepôts du port).

18 février : mutinerie militaire à Béthune.

23 février : émeutes à Beauvais, à propos d'un chargement de grains.

3 mars : émeutes à Étampes contre la vie chère et assassinat du maire, Simonneau.

8 mars : émeutes de la faim à Coches.

9 mars : le ministre de la Guerre, Narbonne-Lara, est remplacé par le colonel de Grave.

15 mars : nouveau ministère Dumouriez, soutenu par le ministre des Affaires étrangères.

23 mars : remaniement ministériel. Roland à l'Intérieur et Clavière aux Finances.

24 mars : décret établissant l'égalité politique entre les Blancs et les hommes de couleur libres aux Antilles (où, cependant, l'esclavage n'est pas abrogé).

20 avril : la France déclare la guerre à l'Autriche.

25 avril : Rouget de Lisle chante pour la première fois le *Chant pour l'armée du Rhin*, la future *Marseillaise*, chez le maire de Strasbourg, de Dietrich. Apparition des premiers « Enragés » à Paris.

8 mai : démission du ministre de la Guerre, de Grave, remplacé le lendemain par Servan.

17 mai : Robespierre fait paraître le premier numéro du *Défenseur de la Constitution*.

27 mai : décret ordonnant la déportation des prêtres réfractaires.

8 juin : décrets ordonnant la levée de 20 000 fédérés, devant être cantonnés à proximité de Paris.

11 juin : veto de Louis XVI aux deux décrets précédents.

12 juin : renvoi des ministres girondins Roland, Servan et Clavière ; Dumouriez devient ministre de la Guerre. L'Assemblée législative vote la confiance aux ministres renvoyés et attaque Dumouriez (*13 juin*.).

15 juin : démission de Dumouriez. Nouveau ministère de droite (feuillant), avec Lajard à la Guerre.

20 juin : manifestation commémorant le serment du Jeu de Paume. La foule, conduite par le brasseur Santerre, le boucher Legendre et le capucin Chabot, envahit les Tuileries. Le roi est contraint de coiffer le bonnet rouge des républicains et de boire à la santé de la Nation. Les sans-culottes portent des pétitions à l'Assemblée.

28 juin : intervention de La Fayette pour demander à l'Assemblée de voter des sanctions contre les « factieux », en particulier contre les Jacobins. La Fayette avait l'intention de prendre le pouvoir le 29 juin, à l'occasion d'une revue de la Garde nationale, mais Pétion, qui en avait été informé, avait annulé la revue.

30 juin : La Fayette part rejoindre son armée ; son effigie est brûlée au Palais-Royal.

7 juillet : séance de réconciliation à l'Assemblée législative, entre la droite et la gauche, à l'instigation de l'évêque Lamourette (l'embrassade générale qui mit fin à la séance et qui ne devait d'ailleurs avoir aucune suite a été nommée, par dérision, le « baiser Lamourette »).

9 juillet : émeutes monarchistes à Fouesnant, en Bretagne, réprimées par la Garde nationale.

10 juillet : démission du ministère feuillant.

11 juillet : l'Assemblée législative proclame « la patrie en danger ».

14 juillet : troisième fête de la Fédération au Champ-de-Mars.

18 juillet : la commune d'Angers demande la déchéance du roi.

23 juillet : remaniement ministériel ; d'Abancourt nommé ministre de la Guerre.

25 juillet : arrivée à Paris des Fédérés du Finistère.

27 juillet : les 48 sections de Paris siègent en permanence et créent un organe de liaison, le Bureau central de correspondance.

30 juillet : arrivée à Paris des Fédérés de Marseille ; ils chantent le *Chant de guerre pour l'armée du Rhin* que l'on va appeler, pour cette raison, *La Marseillaise.* Un banquet leur est offert en plein air aux Champs-Élysées, qui se termine par une énorme bagarre entre les fédérés marseillais et les gardes nationaux parisiens.

3 août : Pétion présente une motion à l'Assemblée législative, votée par 47 des 48 sections parisiennes, demandant la déchéance du roi.

4 août : la section parisienne des Quinze-Vingts annonce une insurrection pour le 10 août si l'Assemblée législative ne proclame pas la déchéance demandée par Pétion.

9 août : les forces anglaises s'emparent de Toulon ; les autorités locales font allégeance au comte de Provence en tant que régent du royaume et arborent le drapeau blanc (12 septembre).

10 août : insurrection des sectionnaires, prise des Tuileries ; le roi et sa famille se réfugient au sein de l'Assemblée législative, qui suspend provisoirement le roi et décide la réunion d'une nouvelle Assemblée constituante élue qu'elle appelle Convention, à la mode américaine, pour la distinguer de la première Assemblée constituante et de l'Assemblée législative qui en était issue.

11 août : l'Assemblée nomme un « Conseil exécutif » pour remplacer le Conseil du roi, c'est-à-dire ce que nous appelons de nos jours un « ministère », avec Danton comme ministre de la Justice, Roland à l'Intérieur, Servan à la Guerre, Clavière aux Finances, Lebrun aux Affaires étrangères et le savant Monge à la Marine.

13 août : le roi et sa famille sont internés à la prison du Temple.

17 août : à la demande de Robespierre (formulée le 15 août), l'Assemblée décide la création d'un Tribunal criminel habilité à prononcer des condamnations à mort.

21 août : première exécution à la guillotine du royaliste Colonnot d'Angremont, condamné par le Tribunal criminel.

26 août : début des opérations électorales en vue de l'élection des députés à la Convention, la nouvelle assemblée de députés.

30 août : arrestations massives de suspects à Paris (contre-révolutionnaires suspects d'être en rapport avec les émigrés à l'étranger et prêtres réfractaires, non jureurs).

2-5 septembre : massacres des prisonniers maintenus dans les prisons parisiennes et dans certaines prisons provinciales ; au total, sur un ensemble de deux mille six cents prisonniers, il y eut environ treize cents exécutions sommaires ; 72 % des victimes étaient des prisonniers de droit commun.

20 septembre : dernière séance de l'Assemblée législative qui vote, ce jour-là, ses ultimes décrets concernant la législation du divorce et l'établissement de l'état civil. Le même jour a lieu la bataille de Valmy, où commande Kellermann ; repli des Prussiens.

21 septembre : première séance de la Convention (dite « montagnarde » en raison de la majorité qu'y tenait le parti jacobin de la Montagne), présidée par Couthon, député du Puy-de-Dôme ; l'Assemblée décrète, à l'unanimité des présents, l'abolition de la monarchie en France et décide que désormais les actes publics seront datés de l'an I de la République.

23 septembre : siège de Lille par les Autrichiens.

24 septembre : Montesquiou reprend Chambéry.

29 septembre : prise de Nice par l'armée du Var, commandée par le général d'Anselme, et pillage de la ville.

30 septembre : Custine prend Spire (sur le Rhin).

3 octobre : les Français occupent Bâle.

5 octobre : Custine prend Worms.

7 octobre : les Autrichiens lèvent le siège de Lille.

9 octobre : Garat promu ministre de la Justice à la place de Danton.

14 octobre : les Prussiens évacuent Verdun.

19 octobre : les Prussiens évacuent Longwy.

21 octobre : Custine prend Mayence. Une partie des Niçois demande le rattachement de Nice à la France.

22 octobre : les révolutionnaires de Savoie, groupés en une Société des Allobroges, demandent la réunion de la Savoie à la France.

27 octobre : Dumouriez envahit la Belgique dès que la retraite des Prussiens a libéré son armée.

6 novembre : victoire de Dumouriez sur les Autrichiens à Jemmapes, au chant de *La Marseillaise*.

7 novembre : les Français prennent Mons.

13 novembre : à Paris, début des débats sur le procès du roi à la Convention.

14 novembre : entrée de Dumouriez à Bruxelles.

20 novembre : découverte, au Palais des Tuileries, d'une chambre forte aménagée dans un mur du château et qu'on a appelée l'armoire de fer, dans laquelle le roi conservait sa correspondance privée avec l'émigration et avec La Fayette, le général Dumouriez et Mirabeau.

22 novembre : révoltes des paysans, qui réclament la taxation des grains. L'insurrection part de la Beauce et gagne rapidement l'Eure-et-Loir, le Loir-et-Cher, l'Indre-et-Loire et la Sarthe.

25 novembre : reprise de Toulon (qui était aux mains des royalistes) par le capitaine Bonaparte ; la répression qui suit fera onze mille morts dans la ville.

28 novembre : les Français prennent Liège.

29 novembre : suppression du Tribunal criminel qui avait été créé le 17 août à la demande de Robespierre.

30 novembre : les Français prennent Anvers.

1er décembre : début de l'action du mouvement des Enragés, menés par Jacques Roux.

2 décembre : les Français prennent Namur, mais Custine perd Francfort.

3 décembre : discours de Robespierre à la Convention, demandant la condamnation à mort du roi.

6 décembre : Marat fait adopter la procédure de vote dans le procès du roi (appel nominal et vote à voix haute).

11 décembre : le roi comparaît à la barre de la Convention.

26 décembre : plaidoirie de De Sèze, l'avocat du roi.

27 décembre : motion proposée par Salles, l'un des fondateurs du club des Feuillants, en faveur d'un appel au peuple pour juger le roi.

28 décembre : discours de Buzot, député du Tiers État d'Évreux, en faveur de la motion Salles ; discours de Robespierre contre cette motion.

– 1793 –

4 janvier : la Convention rejette la motion Salles.

7 janvier : clôture des débats sur la procédure à adopter dans le procès du roi.

11 janvier : manifestation en faveur du roi à Rouen.

12 janvier : manifestation en faveur du roi à Paris, au théâtre de la Nation, nouveau nom de la Comédie-Française.

13 janvier : à Rome, l'ambassadeur de France est assassiné par la foule.

14 janvier : la France annexe la principauté de Monaco.

15 janvier : premier vote de la Convention dans le procès du roi ; Louis est déclaré « coupable de conspiration contre la sûreté générale de l'État » par 707 voix contre 0.

16 janvier : deuxième vote de la Convention, sur la peine à infliger au roi ; les opérations de scrutin commencent à 20 heures et se poursuivront le lendemain.

17 janvier : fin du scrutin sur la peine à infliger au roi. À 21 heures, le résultat est annoncé : sur 721 votants, 361 ont voté pour la mort sans délai ; 26 députés ont voté pour la mort en adhérant à l'amendement proposé par le député girondin Mailhe (qui avait proposé à la Convention d'examiner « s'il ne serait pas utile de retarder le moment de l'exécution ») ; 334 députés ont voté pour une peine autre que la peine de mort. Quant à l'amendement Mailhe, il est retenu avec 361 voix *pour* et 360 voix *contre*.

20 janvier : troisième scrutin dans le procès du roi ; la Convention rejette le sursis à l'exécution du jugement par 380 voix contre 310. Le soir du 20 janvier, le député Michel de Saint-Fargeau est assassiné par un royaliste.

21 janvier : exécution du roi Louis XVI sur la place de la Révolution (actuellement place de la Concorde) à 10 h 22.

22 janvier : démission de Roland, ministre de l'Intérieur, remplacé par Garat.

24 janvier : rupture des relations diplomatiques entre la France et l'Angleterre.

31 janvier : la Convention proclame l'annexion à la France du comté de Nice.

1er février : la Convention déclare la guerre à l'Angleterre, la Hollande et l'Espagne.

14 février : Pache, du parti de la Montagne, élu maire de Paris en remplacement de Pétion. La Convention proclame l'annexion de la principauté de Monaco par la France.

15 février : Condorcet présente à l'Assemblée un projet de Constitution.

17 février : Dumouriez envahit la Hollande.

18 février : échec d'une tentative de débarquement français en Sardaigne, sur une « idée » malencontreuse d'un capitaine d'artillerie nommé Bonaparte.

24 février : la Convention décrète la levée de 300 000 hommes pour les besoins de la Défense nationale. Ce décret provoque la guerre de Vendée.

Mars-septembre : formation de la Première coalition contre la France qui annexe, en mars, la Belgique et la Rhénanie.

7 mars : la France déclare la guerre à l'Espagne.

9 mars : la Convention envoie des « représentants en mission » dans les départements pour assurer l'exécution du décret du 24 février.

10 mars : création du Tribunal révolutionnaire composé de cinq juges, d'un accusateur public (poste auquel est nommé le redoutable Fouquier-Tinville) et de douze jurés tirés au sort. Soulèvement de la Vendée (réaction à l'exécution du roi).

18 mars : la Convention vote un décret menaçant de la peine de mort tout partisan d'une loi agraire ou d'une loi portant atteinte au droit de propriété. Affrontements, à Lyon, entre républicains et contre-révolutionnaires. Défaite de Dumouriez devant les Autrichiens à Neerwinden.

19 mars : loi instituant la peine de mort pour tous les insurgés vendéens.

20 mars : Gohier remplace Garat comme ministre de la Justice.

21 mars : institution d'un Comité de surveillance dans les communes et dans les sections composant les communes, à raison de douze citoyens par commune.

30 mars : le général Dumouriez, auteur d'une proclamation contre l'anarchie révolutionnaire qui se répand, est convoqué à la Convention qui lui envoie le ministre de la Guerre, Beurnonville, assisté de quatre commissaires.

1er avril : Dumouriez livre aux Autrichiens le ministre de la Guerre, Beurnonville, et quatre commissaires de la Convention.

2 avril : les sections parisiennes créent un Comité insurrectionnel.

3 avril : après une intervention de Robespierre à la Convention, Dumouriez est mis hors la loi.

4 avril : Bouchotte ministre de la Guerre en remplacement de Beurnonville.

5-6 avril : création du Comité de salut public destiné, en principe, à être renouvelé tous les mois. Trahison de Dumouriez.

12 avril : les Girondins font décréter d'accusation Marat, proposition adoptée malgré les efforts des Montagnards pour la faire repousser, par 222 voix *pour*, 92 *contre* et 41 *abstentions*.

13 avril : arrestation et procès de Marat.

24 avril : Marat jugé par le Tribunal révolutionnaire ; il est acquitté triomphalement.

10 mai : la Convention s'installe au palais des Tuileries.

24 mai : arrestation des « Enragés » Hébert et Varlet.

26 mai : rébellion en Corse qui, sous l'impulsion de Pascal Paoli, offre l'île aux Anglais.

31 mai et 2 juin : arrestation des Girondins.

11-24 juin : examen, discussion et vote de la Constitution de 1793.

13 juillet : assassinat de Marat, dans sa baignoire, par Charlotte Corday qui déclare : « J'ai tué un homme pour en sauver cent mille. »

23 juillet : capitulation de Mayence ; la légion française qui s'y trouvait est envoyée en Vendée combattre les Vendéens insurgés contre la politique anti-catholique de l'Assemblée.

27 juillet : Robespierre entre au Comité de salut public : la Révolution va se durcir, notamment en raison de la guerre que ses armées doivent mener contre les Anglais, les Autrichiens, les Prussiens et les Espagnols.

4 août : ratification de la Constitution de l'an I, dont l'application est remise à plus tard, lorsque la paix civile sera rétablie.

8 août : suppression des académies et des universités.

23 août : la Convention décrète la « levée en masse » contre les ennemis étrangers.

27-29 août : Toulon (seul port militaire français en Méditerranée) livré aux Anglais qui l'assiègent par les royalistes et les contre-révolutionnaires.

5 septembre : réorganisation du Tribunal révolutionnaire.

8 septembre : victoire française de Hondschoote, en Flandre, sur les Anglais, les Autrichiens et les Hollandais, qui permet au général Houchard de délivrer Dunkerque, port d'une grande importante stratégique dans la perspective bien peu probable d'ailleurs à cette époque d'un débarquement des Français en Angleterre.

11 septembre : création de l'armée révolutionnaire.

17 septembre : loi des suspects.

3 octobre : décret traduisant la reine Marie-Antoinette devant le Tribunal révolutionnaire.

9 octobre : prise de Lyon par les forces de la Révolution.

12 octobre : décret de la Convention ordonnant la destruction de la ville de Lyon, destinée à être appelée « Ville affranchie ». La reine Marie-Antoinette comparaît devant le Tribunal révolutionnaire.

16 octobre : condamnation à mort et exécution de la reine. Victoire de Jourdan et de Carnot à Wattignies ; début du redressement militaire français.

20 octobre : répression générale contre les Enragés.

30 octobre : condamnation à mort des députés girondins arrêtés en juin.

31 octobre : exécution des députés girondins.

7 novembre : la plupart des députés ecclésiastiques rendent leur lettre de prêtrise. Exécution de Philippe d'Orléans.

8 novembre : exécution de Madame Roland.

11 novembre : exécution de Bailly, qui avait été le premier maire de Paris.

14 novembre : décret décidant le transfert des cendres de Marat au Panthéon.

17 novembre : arrestation des partisans de Danton.

24 novembre : fermeture des églises.

25 novembre : les restes de Mirabeau retirés du Panthéon.

5 décembre : Camille Desmoulins crée *Le Vieux Cordelier.*

8 décembre : Robespierre fait décréter la liberté de tous les cultes.

19 décembre : l'instruction primaire est décrétée gratuite et obligatoire pour tous les enfants français. Début de la reprise de Toulon sur les Anglais par l'armée de la Convention, que supervisent une bonne demi-douzaine de représentants en mission dont Barras, Robespierre le jeune (frère de Maximilien) et Saliceti, et que commande Dugommier qui a sous ses ordres un capitaine d'artillerie nommé Bonaparte.

22 décembre : Toulon est repris ; le capitaine Bonaparte sera promu général de brigade.

24 décembre : la Convention débaptise Toulon et l'appelle Port-la-Montagne.

28 décembre : exécutions de Lebrun et de Dietrich.

– 1794 –

12 janvier : Amar (avocat au barreau de Boulogne, extrémiste) dénonce les combinaisons financières de Fabre d'Églantine.

16 janvier : Marseille est débaptisée en Ville-sans-nom.

27 janvier : le français devient la langue obligatoire de tous les actes publics.

4 février : décret abolissant l'esclavage dans les colonies françaises.

5 février : Robespierre prononce un grand discours sur les principes de la morale politique ; il célèbre la vertu de la Terreur.

6 février : Bonaparte est promu général de brigade. Le général Carrier, auteur d'une répression trop féroce en Bretagne, est rappelé à Paris.

12 février : au club des Cordeliers, Robespierre est accusé de modérantisme par le député d'extrême gauche Momoro.

22 février : aux Cordeliers, Hébert dénonce les dantonistes qu'il qualifie d'« Indulgents » et les robespierristes, qualifiés d'« Endormeurs ».

26 février (8 Ventôse) : premier décret dit « de Ventôse » (nom du mois dans le calendrier républicain) prévoyant que les biens des suspects seront séquestrés.

3 mars (13 Ventôse) : deuxième décret de Ventôse, prévoyant la redistribution des biens des suspects aux indigents.

4 mars : nouvel appel à l'insurrection au club des Cordeliers.

7 mars : aux Cordeliers, tentative de réconciliation avec les robespierristes par Collot d'Herbois.

11 mars : création de l'École polytechnique.

13 mars : troisième décret de Ventôse décidant de juger rapidement les comploteurs au service de l'étranger.

14 mars : arrestation de Hébert et Momoro, du club des Cordeliers.

17 mars : arrestation, après un discours de Saint-Just, de Vincent et du général Romain, sur lequel s'appuient les Cordeliers.

18 mars : arrestation de Chaumette, un des meneurs du club des Cordeliers, auquel les Jacobins reprochent son immoralité.

20 mars : arrestation du lieutenant Hoche (le futur général), membre du club des Cordeliers, accusé d'incivisme.

21 mars : début du procès des hébertistes, mêlés à divers suspects contre-révolutionnaires.

24 mars : exécution des hébertistes.

27 mars : suppression de l'armée révolutionnaire, suspecte d'être favorable aux hébertistes.

28 mars : Condorcet se suicide en prison.

30 mars : arrestation de Danton, Delacroix, Desmoulins et Philippeaux.

2 avril : début du procès des dantonistes. Arrestation de deux militants du groupe des Enragés, Claire Lacombe et Leclerc.

3 avril : Danton comparaît devant le Tribunal révolutionnaire quatre jours après son arrestation.

5 avril : condamnation à mort et exécution des dantonistes.

8 avril : au club des Jacobins, Robespierre attaque Fouché.

20 avril : rapport de Billaud-Varenne sur la théorie du gouvernement démocratique ; il attaque indirectement Robespierre.

22 avril : exécution de Malesherbes (qui s'était offert pour défendre le roi en 1792) et de Le Chapelier, soupçonné d'être un agent de l'Angleterre.

7 mai : Robespierre fait décréter par la Convention l'institution du culte de l'Être Suprême.

8 mai : exécution de vingt-sept anciens fermiers généraux, parmi lesquels le chimiste Lavoisier.

22-23 mai : attentats d'Admiral puis, le lendemain, de Cécile Renault contre Robespierre.

4 juin : Robespierre élu président de la Convention.

8 juin : première célébration de la fête de l'Être Suprême.

10 juin (22 Prairial) : premier « *décret de Prairial* » accélérant la procédure du Tribunal révolutionnaire.

11 juin : deuxième « décret de Prairial » conférant à l'Assemblée, et à elle seulement, le droit de faire arrêter ses propres membres. Début de la « Grande Terreur ».

12 juin : troisième « décret de Prairial » annulant le décret voté la veille ; les membres de la Convention ne sont plus protégés et Robespierre annonce qu'il va demander la tête des « intrigants ».

29 juin : Robespierre traité de « dictateur » au Comité de salut public par Carnot, Collot d'Herbois et Billaud-Varenne.

1er juillet : Robespierre, qui sans doute par prudence ne retourne plus au Comité de salut public, dénonce au club des Jacobins une conspiration qui serait ourdie contre lui par la Convention et par les Comités de salut public et de sûreté générale.

4 juillet : Barrère fait l'apologie de la Terreur à la Convention.

7 juillet : Dubois-Crancé exclu du club des Jacobins à la demande de Robespierre qui lui reproche son modérantisme au siège de Lyon.

14 juillet : Fouché exclu du club des Jacobins à la demande de Robespierre.

22 juillet : séance de conciliation entre les deux Comités organisée par Barrère et Saint-Just.

24 juillet : au club des Jacobins, Couthon demande des sanctions contre les conspirateurs, sans préciser lesquels.

25 juillet : exécution du poète André Chénier.

26 juillet : grand discours de Robespierre à la Convention contre les Comités, mais il se refuse à donner les noms des députés dont il réclame la tête.

27 juillet : la Convention vote l'arrestation immédiate de Robespierre, Saint-Just, Couthon, Lebas et Robespierre le Jeune. Ils sont libérés par leurs partisans et se réfugient à l'Hôtel de Ville (à partir de ce jour crucial, la Convention est appelée « Convention thermidorienne »).

28 juillet : les troupes fidèles à la Convention, conduites par Barras, s'emparent de l'Hôtel de Ville et, dans la soirée, 22 conventionnels sont guillotinés, dont Robespierre, Saint-Just, Couthon, Lebas et Robespierre le Jeune.

29 juillet : 84 robespierristes sont guillotinés.

24 août : réorganisation complète du gouvernement révolutionnaire.

3 septembre : parution du premier numéro du *Journal de la Liberté* de Gracchus Babeuf.

21 septembre : les cendres de Marat sont transportées au Panthéon.

11 octobre : les restes de Jean-Jacques Rousseau sont également transportés au Panthéon.

19 novembre : fermeture du club des Jacobins.

– 1795 –

30 janvier : Pichegru s'empare de la flotte hollandaise.

31 janvier : reprise des relations commerciales avec l'étranger (qui avaient été suspendues en 1793).

Février : négociations avec les Chouans. Suppression du Tribunal révolutionnaire. La Convention thermidorienne décide d'appliquer la loi des suspects aux terroristes.

21 mars : troubles et émeutes dans Paris, dont le peuple réclame à la Convention « du pain et la Constitution ».

1er avril : insurrection des sans-culottes, qui envahissent l'Assemblée. Barrère, Billaud-Varenne et Collot d'Herbois sont déportés en Guyane.

5 avril : signature de la paix de Bâle avec la Prusse.

10 avril : décret ordonnant le désarmement des « terroristes ».

Mai : Désarmement du Faubourg Saint-Antoine, d'où partaient presque toutes les émeutes. Suppression du Tribunal révolutionnaire (le 31).

8 juin : mort du dauphin Louis XVII à la prison du Temple ; son oncle, le comte de Provence, est proclamé roi sous le nom de Louis XVIII par les émigrés (qui vivent à l'extérieur des frontières françaises).

23 juin : rapport de Boissy d'Anglas à la Convention sur la nouvelle Constitution.

22 août : vote de la Constitution de l'an III destinée à remplacer celle de 1793 ; elle instaure le régime du Directoire, fondé sur un suffrage censitaire, qui risque d'installer au pouvoir une aristocratie d'argent. Pour parer ce danger, la Convention décide, par les décrets des 22 et 30 août que les deux tiers de la future Assemblée nationale devront être choisis par elle-même et dans ses rangs (« décrets des deux tiers). Ces décrets ruinent les espérances des royalistes, qui espéraient reprendre la majorité à l'Assemblée.

5 octobre (13 Vendémiaire an III) : les royalistes tentent un coup de force pour faire rapporter ces décrets ; plus de vingt mille manifestants monarchistes marchent sur la Chambre des députés en deux colonnes. Le Directeur Barras fait avorter cette tentative de coup d'État « bourgeois » en utilisant les talents d'un général qui s'était révélé deux ans plus tôt en reprenant Toulon aux Anglais et qui traînait maintenant ses guêtres à Paris dans l'attente d'une promotion qui tardait à venir : le général Bonaparte. Après avoir déplacé les pièces d'artillerie qui stationnaient au camp des Sablons[35] jusqu'aux abords des Tuileries et des rives de la Seine, vers 4 heures de l'après-midi il fait donner ses canons et tirer sur les émeutiers et, trois quarts d'heure plus tard, les rebelles – dont un grand nombre ont été tués – sont en fuite.

– 1796 –

2 mars : Bonaparte, soutenu par Barras et guidé dans le milieu politique parisien par Joséphine de Beauharnais, est promu général en chef de l'armée de l'intérieur.

9 mars : avant de partir pour Nice, où sont réunies les forces françaises destinées à assurer la campagne d'Italie, Bonaparte épouse Joséphine de Beauharnais, grande amie de Barras.

Avril : début de la campagne d'Italie contre les troupes autrichiennes et sardes. Victoires de Montenotte sur les Sardes (le 12), de Millesimo sur les Autrichiens (le 13) et de Mondovi à nouveau sur les Sardes (le 21).

10 mai : victoire de Lodi sur les Autrichiens.

Août et septembre : victoires de Lanato, Castiglione, Roveredo et Bassano sur les Autrichiens.

10 octobre : les Anglais évacuent la Corse. Le Directoire signe un traité de paix avec Naples.

6 novembre : défaite de Bonaparte à Bassano.

12 novembre : défaite de Bonaparte à Cardiero.

17 novembre : victoire de Bonaparte au pont d'Arcole.

– 1797 –

14 janvier : victoire de Bonaparte sur les Autrichiens à Rivoli.

2 février : capitulation de Mantoue, où se trouvaient les dernières troupes autrichiennes d'Italie. Après cette victoire, Bonaparte, maître de l'Italie du Nord, renforce ses troupes et, au mois de mars, entreprend de marcher sur Vienne.

18 avril : l'armée française est à 100 km de Vienne ; l'archiduc Charles d'Autriche demande l'armistice ; entretiens préliminaires de Leoben.

4 septembre : à Paris, tentative de coup d'État du Directoire contre les députés royalistes de l'Assemblée, qui sont arrêtés, ainsi que deux Directeurs royalistes, Pichegru et Barthélemy ; Bonaparte envoie le général Augereau soutenir le Directoire.

17 octobre : traités de Campo-Formio avec l'Autriche, signé par Bonaparte et ratifiés le 26 octobre par le Directoire. L'empereur autrichien reconnaît la frontière du Rhin à la France et les transformations politiques entreprises en Italie par Bonaparte (création d'une République ligurienne, substituée à celle de Gênes, et d'une République cisalpine réunissant le Milanais, la Lombardie, le duché de Modène et la Romagne).

28 novembre : ouverture du congrès de Rastatt. La France n'a plus qu'un adversaire en Europe : l'Angleterre.

5 décembre : Bonaparte de retour à Paris. Berthier le remplace à la tête de l'armée d'Italie.

– 1798 –

5 mars : le Directoire accepte le projet d'une expédition en Égypte que lui propose Bonaparte.

19 mai : l'expédition égyptienne embarque à Toulon avec d'importantes forces militaires (trois cents navires, dix mille marins et une armée de trente-cinq mille hommes, ainsi qu'une équipe de savants). But de l'expédition : « chasser » les Anglais de l'Orient, transformer l'isthme de Suez en un détroit et assurer à la France la possession de la mer Rouge.

11 juin : les troupes françaises prennent Malte.

2 juillet : prise d'Alexandrie.

21 juillet : victoire de Bonaparte sur les Mamelouks aux Pyramides.

24 juillet : entrée de Bonaparte au Caire.

1er août : la force navale française est détruite et coulée par Nelson à Aboukir.

Septembre : le sultan turc entreprend de reconquérir l'Égypte et déclare la guerre à la France.

21 octobre : soulèvement de la population cairote contre les Français.

19 décembre : début de la liaison de Bonaparte avec une jeune modiste de Carcassonne, Marguerite Fourès, épouse d'un officier de l'armée d'Égypte, le lieutenant Fourès.

– 1799 –

7 mars : prise de Jaffa par Bonaparte.

19 mars-10 mai : siège de Saint-Jean-d'Acre par Bonaparte, qui échoue quatre fois dans sa tentative de prendre la ville et y renonce finalement.

14 juin : Bonaparte retourne au Caire.

19 juillet : découverte de la pierre de Rosette dont les inscriptions permettront aux premiers égyptologues de percer le mystère des écritures hiéroglyphiques.

16 août : victoire de Bonaparte (pratiquement la seule victoire qu'il ait vraiment remportée en Égypte) sur les Turcs près du mont Thabor, en Palestine.

23 août : Bonaparte rentre en France, laissant son armée d'Égypte sous le commandement de Kléber.

9 octobre : Bonaparte débarque en France.

16 octobre : Bonaparte arrive à Paris vers la fin de l'après-midi et prend dès les jours suivants contact avec Barras, Sieyès et Roger Ducos.

9-10 novembre : coup d'État du 18 Brumaire an VIII.

TABLE DES MATIÈRES

Avant-propos 7

I – Le mythe du « peuple gaulois » 13
II – Attila n'a jamais été le fléau de Dieu 31
III – Capet l'usurpateur 55
IV – La sanglante imposture des croisades 67
V – Azincourt et le prétendu « honteux » traité de Troyes 77
VI – « L'affaire » Jeanne d'Arc 87
VII – Henri IV fut-il vraiment le « bon » roi Henri ?.. 105
VIII – De Louis XIV à Louis XV 127
IX – La Révolution française et ses acteurs 143
X – Les innombrables impostures napoléoniennes (1) 159
XI – Les innombrables impostures napoléoniennes (2) 181
XII – Les innombrables impostures napoléoniennes (3) 209
XIII – Les innombrables impostures napoléoniennes (4) 217

Chronologie des principaux événements de l'histoire de France, de Vercingétorix à Napoléon 237

Direction littéraire
Huguette Maure

assistée de
Maggy Noël

Impression réalisée sur CAMERON par

BRODARD & TAUPIN

GROUPE CPI

La Flèche

pour le compte des Éditions Michel Lafon
en octobre 2004